特立独行

特斯拉是如何炼成的

张申福——著

电子工业出版社

Publishing House of Electronics Industry

北京·BEIJING

内容简介

本书全面描述了特斯拉（美国电动汽车及能源公司）在智能电动汽车领域的营销、自动驾驶、核心技术等方面的垂直整合运营，梳理了特斯拉的营销策略、电池技术、自动驾驶技术、能源及未来战略。书中对特斯拉在近十年内如何建立起智能电动汽车的龙头企业地位做了详尽的分析和研判，折射了智能电动汽车为汽车行业带来的变化及面临的挑战，还展现了人工智能对人类既定生活方式及认知的改变。

图书在版编目（CIP）数据

特立独行：特斯拉是如何炼成的 / 张申福著 .

北京：电子工业出版社，2025. 8. -- ISBN 978-7-121
-49774-2

Ⅰ . F471.264

中国国家版本馆CIP数据核字第20256AA752号

责任编辑：秦　聪　　特约编辑：李　然

印　　刷：天津千鹤文化传播有限公司

装　　订：天津千鹤文化传播有限公司

出版发行：电子工业出版社

　　　　　北京市海淀区万寿路173信箱　　邮编：100036

开　　本：720×1 000　1/16　印张：17.75　字数：284千字

版　　次：2025年8月第1版

印　　次：2025年8月第1次印刷

定　　价：79.90元

2018年年初，出于对智能电动汽车的热爱，我离开了工作多年的传统车企，毅然决然地加入了"造车新势力"。在全新的工作过程中，我逐渐意识到，汽车行业在经历了百年发展之后，大家在对智能电动汽车这个新事物充满了好奇的同时，也存在着一些知识盲区，当时我便萌生了通过写作来普及智能电动汽车知识的想法。尽管我们的生活中不乏讲解特斯拉或智能电动汽车的视频和文章等，但如果想要全面、立体地了解，书或许是最好的呈现形式。

于是，从2020年年底我便开始写作，初期我想通过对中国三大"造车新势力"——蔚来汽车、小鹏汽车及理想汽车的分析来讲解智能电动汽车的发展，但我发现在写作中总有一个绕不开的品牌——特斯拉。大家如此关注特斯拉，而且它也称得上是智能电动汽车的先驱，于是我改变了写作方向，开始对特斯拉进行全面的分析和研究，这才有了《特立独行：特斯拉是如何炼成的》这本著作。

本书描述的不仅是特斯拉这家公司二十年的发展史，更是一部智能电动汽车的发展史。

为了更加全面地呈现最为真实的特斯拉，我查阅了特斯拉过去十余年的官方博客，翻阅了特斯拉自上市以来几乎所有的财报信息，浏览了马斯克几乎所有的社交媒体内容，观看了无数个对马斯克的采访。为了对一些信息进行确认，我也采访了特斯拉曾经的工作人员，与在大洋彼岸的特斯拉忠实粉丝进行交流，以及与行业专家进行技术细节探讨等。

在写作中，我尽最大可能用简单易懂的词汇来描述那些听上去非常枯燥的技术专有名词，所以本书不仅适合汽车行业从业者阅读，也非常适合智能电动汽车爱好者阅读。美中不足的是，因为各种客观原因，本书跟大家见面晚了，导致书中部分内容未能呈现出特斯拉及智能电动汽车行业最新的发展概况，甚至有好几次我认真地考虑过放弃出版，但每当我翻阅书稿的时候，依然觉得它能给读者带来一定的价值。正所谓鉴往知来，希望这本书能让您了解过去二十年的特斯拉，以及近些年全球智能电动汽车的发展历程。

目录 | CONTENTS

第一章

独树一帜的营销策略

特斯拉品牌在汽车行业被认为是一种特殊的存在，无论是它的创始人埃隆·马斯克，还是快人一步的企业战略，又或是独树一帜的营销策略。与众多汽车企业相比，特斯拉始终坚持自建销售和服务渠道，不为品牌和产品宣传提供广告预算，甚至在美国市场取消了自己的公关团队等。由于笔者出身营销，从特斯拉进入到中国市场后就对它的营销策略充满了好奇，而在笔者研究特斯拉为什么会在多年发展后形成如此差异化的营销策略的过程中，它的很多理念和策略都颠覆了笔者的固有认知。或许现在人们已经认识了2020年之后的特斯拉，但下面的内容将会带领大家回到过去，重新认识一个非同寻常的特斯拉。

直营还是授权

2015年前后，由于工作需要，笔者经常会去国内各个城市出差，如北京、上海、杭州及成都等。工作之余，当笔者在这些城市中出游时，总有机会路过特斯拉的零售门店，而笔者也一定会去店内欣赏拥有流线型车身的Model S和充满科幻感的Model X。就在笔者某次进店体验时，销售人员需要留下笔者的电话号码，接下来所发生的事则完全出乎笔者的意料——这位销售人员竟能完整讲出笔者以往的到店与试驾记录，例如笔者在何时、哪家门店试驾了哪种车型等，以及当时的销售人员对于笔者到访经历详细的评价等。出于行业敏感，那时的笔者除感叹特斯拉销售系统强大的功能外，也在思考为什么很多汽车企业不能实现这样的功能。如果销售人员通过电话号码就可以在销售系统中查到客户以往在全国范围内的访店经历，这将对销售工作起到事半功倍的作用。

于是笔者就跟当时所在公司负责销售运营的同事讨论了这一情况，通过交流沟通，笔者才意识到这根本不是软件技术的问题，也不是企业是否愿意进行资金投入等的问题，而是因为商业模式不同。由于受限于当时的商业模式，汽车企业在每个城市的经销商基本是不同的投资人，对于门店客户的信息是需要保密的，那么汽车主机厂又怎么可能将所有的客户信息进行共享？但是特斯拉不同，因为它在全球都采用直营模式，所以后台系统数据完全可以实现共享，关于客户的信息自然也可以实现后台查询。销售人员向笔者透露可以在他那里订车，提车地点则可选择为笔者所在的城市。这和许多汽车经销商引导客户在自己的店里购车、提车的销售模式完全不同。

任何一家公司在将产品推向市场之时都需要决策采用何种销售及服务模式，如完全独资经营、合资经营或品牌授权等模式。而汽车行业较多采用品牌授权模式，也就是所谓的经销商模式。汽车主机厂通过与经销商签订品牌授权协议，允许经销商在当地进行相关品牌产品的销售及服务。无论是在我国，还是在汽车工业起步较早的欧洲和美国等地区和国家，都倾向采用品牌授权模式。

"特立独行"的特斯拉却剑走偏锋，从一开始就采用直营策略，这与特斯拉当时的发展境遇和创始人埃隆·马斯克（以下简称马斯克）的理念都有很大的关系。

首先，如果采用品牌授权模式，授权经销商在短期内是无法盈利的。2008年5月，特斯拉历史上首家零售门店在洛杉矶的圣莫尼卡大道开业。当时特斯拉只有旗下首款车型Roadster，作为一款纯电动跑车，Roadster在当时的销量和产能都很有限，如2009年全年的产能只有500辆左右。如果采用传统的品牌授权模式，授权经销商就需要借助很高的销量来维持经营。而Roadster当时的订单分布非常分散，除了北美地区，还有欧洲和亚洲地区，但这些订单和有限的产能都无法帮助经销商在短期内实现盈利。如果无法盈利，就会导致经销商选择终止授权协议，这会给特斯拉品牌带来不小的负面影响，同时也是传统汽车企业在品牌授权时基本不会在一个城市只选择一家经销商的主要原因之一。为了确保品牌在当地的销量和影响力，汽车企业会选择多个经销商来降低品牌风险。此外，与燃油汽车完全不同的是，纯电动汽车没有传统的发动机与变速器，因而在汽车出售后不需要客户进行过多的维护与保养。而传统的燃油汽车经销商，因为销售层面的激烈竞争，通常会通过捆绑售后服务和其他服务来实现盈利。如果采用传统的品牌授权模式，经销商的利润来源会受到不小的影响；而特斯拉又需要统一售价，这将导致经销商的利润来源变得单一。在此种情况下，经销商就会尝试借助其他方式来捆绑销售，但这对提升用户体验是不利的。

其次，先前的经销商主要经营燃油汽车，而电动汽车的市场占有率很低，未能得到经销商的重视。在2010年，电动汽车算是一个新鲜的事物，许多人并没有将它与传统汽车联系起来。汽车企业也没有把过多的精力放在纯电动车型的研发及制造上，导致消费者对于纯电动汽车的印象停留在价格高、续驶里程短、充电不方便甚至不安全等层面。其结果就是汽车经销商普遍对纯电动汽车并不看好。假设将一辆纯电动汽车停放在一个传统的经营燃油汽车的店面中，销售人员会向客户推荐燃油汽车还是纯电动汽车？作为一名销售人员，通常是哪种车型更容易销售，就倾向于推荐哪种车型。更核心的是特斯拉的使命是加速世界向可持续能源的转变，这本身就与燃油汽车存在本质的冲突。试想当客户询问一名传统燃油汽车的经销商，电动汽车和燃油汽车哪种更好时，该经销商应该如何回答这个问题？

此外，当时的特斯拉还处于品牌建立期，零售门店需要建在人流量高的区域，以便吸引更多的消费者了解电动汽车。传统的经销商门店因为需要降低运营成本，一般会选址在城市周边的郊区等，试想如果交通不便利、周边环境差，又会有多少人愿意去了解一款刚问世的电动汽车？因此，特斯拉希望将门店设在人们常去的地方，如商业中心或购物广场等人流量大的区域，这样就可以吸引更多的消费者去接触并了解特斯拉的品牌和产品。但是如果某个经销商愿意投入，或是特斯拉愿意大额补贴经销商，上述情况也是可以实现的，但是又有多少经销商愿意长期进行不计回报的投入。

再次，特斯拉作为一个新成立的电动汽车品牌，其在品牌层面存在很多向消费者进行普及的工作。此外，纯电动汽车销售还有许多需要为客户讲解或解答的知识点，这与追求销量数据的经销结构是存在一定冲突的。由此可知早期的特斯拉为何在销售方面推崇以客户为中心。

最后，特斯拉品牌的创始人马斯克对于特斯拉的销售服务也有自己的设想。马斯克曾透露，他想要打造的是类似苹果商店、星巴克或者高级餐厅那样的用户体验，不仅包括店面的设计，还有员工的素养及服务流程等。若采用品牌授权模式，则会给特斯拉带来很大的管理压力。例如，公司需要制定非常完善、严格的经销商管理规章制度，并对经销商门店进行定期抽查等。现有的传统经销商模式已经证明了此种模式并不能很好地保证用户体验。就销售价格这一点来说，传统汽车企业因为采用经销商模式，导致消费者往往需要在购车过程中进行价格比较，同时要小心销售过程中可能存在的"陷阱"。而特斯拉采用直营模式后，全国的价格都是统一的，消费者不用再花费精力去比对价格，至少能够保证在同一时间周期内全国各地的客户都是以同一个购车价格购买特斯拉汽车的。

直营模式是保障用户体验的一种方式，这也是苹果公司选择在销量集中的重点城市的Apple Store采用直营模式，而在销量占比不高的地区采用经销商模式的原因。如果曾经去过直营的Apple Store和苹果经销商的零售门店，那种体验上的差异在刚进入门店时就能显现。同样，星巴克咖啡公司在经历了早期的授权模式后，也通过购买合作伙伴的股份来实现门店的绝对运营控制权。

这样看来，似乎直营模式是优于授权经销商模式的，那为什么还有不少的汽车主机厂选择采用经销商模式（见表1-1），其原因在于直营模式存在一个不小的弊端：投入大。

表1-1　国内主要新能源车企的零售模式

品牌	零售模式
特斯拉	直营
蔚来	直营
理想	直营
小鹏	直营+授权
比亚迪	直营+授权
零跑	直营+授权
哪吒	直营+授权
大众	授权

与品牌授权模式不同，直营模式从店面租金、装修、人员、车辆到门店运营等方面都需要企业直接出资，这对企业的现金储备水平要求非常高。对于汽车销售与服务行业而言，因为占地面积大、运营要求高，所以投入资金基本都是从百万元级甚至千万元级（人民币）起步的，这也是传统车企选择品牌授权模式的主要原因。例如，

传统车企经销商在签约授权协议后就要进行场地、人员及设备方面的投入，等待汽车主机厂审核通过后才可以向其付款购买车辆，进行展示销售。在这个过程中，车企会通过多种多样的商务政策和商务返利对经销商进行补贴，从而很好地降低汽车主机厂的风险。而经销商的任务就是尽可能地多卖车，赚取一定的车辆毛利，同时争取拿到汽车主机厂的各项返利，并从用户定期的维修保养中赚取利润。

特斯拉公司在2008年因为车辆的销售额有限，依然处于长期亏损状态，因此，选择直营模式被认为是一个颇有勇气的决定，但在一定程度上也体现了马斯克的前瞻性。特斯拉的直营模式之路其实走得并不顺利，因为美国各州对于汽车销售的政策法规不尽相同。例如，得克萨斯州、康涅狄格州及威斯康星州等地区的汽车销售法案不允许汽车公司在当地进行直营销售，其核心原因是担心会损害当地经销商的利益。还有一些地区，如新墨西哥州及亚拉巴马州等，甚至不允许汽车公司建立销售中心及服务中心，如果汽车公司想要在本地区进行销售，就必须经过经销商。这与特斯拉的直营模式是冲突的，为此，特斯拉也在不断努力通过特斯拉用户及其影响力来促使各州修改汽车销售法案，但直到现在也没有太多的成功案例。

为了应对上述情况，特斯拉不得不转换方式在一些地区进行"销售"。例如，2011年10月，特斯拉在得克萨斯州休斯敦市中心的"展览馆"顺利开业。与其他位于可进行直营销售地区的门店不同，这种"展览馆"并不允许进行销售活动，工作人员也不能与客户讨论产品价格及与销售相关的话题，只可以进行特斯拉技术及产品的展示和讲解，如果客户想要购买特斯拉汽车，则需要通过特斯拉官网进行订购。特斯拉会将客户订购的汽车先运送至距离最近的服务中心，然后通知客户取车。特斯拉社区中有位得克萨斯州的古董级车主就分享了自己的购车经历。这位车主的评论反映，他在2013年1月不得不驱车1 000mile（1mile=1 609.344m）从得克萨斯州赶往科罗拉多州去提订购的Model S，因为那里已经是距离最近的服务中心了。而在2017年及2018年的提车经历就会变得好一些，因为特斯拉在其相邻的内华达州开设了服务中心。即便如此，特斯拉依然会时不时收到当地一些经销商集团或竞争对手发起的关于特斯拉违规从事销售活动的诉讼。直到2022年，在美国依然有10个州禁止特斯拉在当地开展直接销售工作，8个州限制特斯拉在当地的销售活动及服务门店数量。

特斯拉的直营之路可谓荆棘满布。如果以结果论来评价当年的直营策略选择，马斯克的这一决策是正确的。多年来，受益于直营模式，特斯拉在销售和服务的效率方面均高于竞争对手。

近几年有不少成功的新造车企业都选择直营模式。例如，蔚来汽车和理想汽车是直营模式的拥护者，采用直营模式和授权模式两路并行的小鹏汽车也在不断增加直营门店的建设比例。大众汽车虽然一直采用授权策略，但其在电动车型ID系列上也开始尝试利用现有的经销商渠道进行一种变相的直营模式。随着新造车企业团队的逐渐壮大，相信会有更多真正注重用户体验的车企选择直营模式。

革命性的购车体验

"如果你问人们在购买汽车时经销商提供的体验如何，他们的回答一定是非常糟糕。"

——埃隆·马斯克

2007年4月，埃隆·马斯克（以下简称马斯克）在特斯拉官方博客中发布了一篇名为《完美的特斯拉门店》的文章，详细介绍了他在当年是如何定义一套优秀的特斯拉销售服务体系的。为了能够完整地传递马斯克对零售门店用户体验的理念，下面给出该篇文章的完整译文。

完美的特斯拉门店

如果你问人们在购买汽车时经销商提供的体验如何，他们的回答一定是非常糟糕的。

在传统的经销商门店，你会发现：

· 几乎没有一个舒适的地方能让你坐下，除非在你准备签订购车合同时；

· 目的性极强的销售人员希望你要么买车，要么尽快离开；

· 零售门店的装修缺少美学及交互性；

· 只提供普通的水或者咖啡；

· 售后服务一般都在门店后面或者其他地方进行，那里充斥着油液、汽车尾气及噪声；

· 没有WiFi或者固定电话。

就特斯拉而言，它非常想改善目前汽车行业带给消费者的不愉快体验。特斯拉认为用户体验的很大一部分是源于经销商或者"特斯拉门店"的。

当你到特斯拉旗下的任意一家门店购车或做汽车保养时，特斯拉希望你在离开后会给出类似下文的评价："这是我所经历过的最好的服务之一。"除此之外，特斯拉还希望你在全球各个城市的特斯拉门店能够体验到类似航空公司提供的VIP休息区会员服务。尽管这会引起成本的增加，但也会成为竞争优势。这也是客户拥有一辆特斯拉汽车之后所能享受的服务，却也是其他汽车品牌无法提供的。

特斯拉极力想将苹果商店、星巴克及高级餐厅的那种氛围融入自己的门店中。因为你在一个高级餐厅用餐时往往可以看到主厨在厨房忙碌，他们不需要掩饰什么，看着他们准备食物就是一种愉悦的体验。

这与特斯拉的技术人员维修车辆是相似的。因为一辆电动汽车没有尾气排放，也没有各种机油和"吵闹"的发动机，所以服务中心的空气是清新的，地面也是干净的，你能听到的只有电机或者扳手的声音。这也是特斯拉将服务中心分布在前端的原因。你可以一边喝咖啡，一边看着技术人员维修车辆。如果你本身对车辆非常感兴趣，或者带着孩子前来，将会看到世界上先进的电动汽车的零部件及维修过程。

在特斯拉门店服务的每位员工都将成为特斯拉的股东，他们可以和总部全力对接来解决你的疑问。当车辆出现故障时，信息会即时上传至总部的数据库中，同时共享给特斯拉的服务人员。特斯拉会指定服务人员来解决你的问题，而不是随意指派一个人。如果你有疑问，技术人员将直接和你取得联系。这比"你与客服代表沟通→客服代表与经理沟通→经理与技术人员沟通"的流程更高效。特斯拉的工程师将会定期到访门店，时刻了解门店的实际情况，并在收集信息后不断更新以完善车辆。特斯拉的长远目标是制造没有瑕疵的汽车。

霍华德·舒尔茨（星巴克原首席执行官）经常将星巴克形容为家与公司之外的"第三空间"。特斯拉也希望自己的门店可以成为这样的"第三空间"，欢迎用户随时光临门店的休息区。无论是新晋车主还是老车主，特斯拉都向他们免费提供新鲜、高质量的咖啡、茶及小吃等。就像星巴克一样，并且这些服务对特斯拉的车主是免费提供的。

在特斯拉门店的休息区，你可以使用免费的高速WiFi。由于手机经常会没电或者没信号，又或是在一些地区无法使用，特斯拉门店也会提供免费的国际电话服务。此外，门店内还会设置液晶屏，用于时刻滚动播放新闻，你还可以选择阅读国际或当地的报纸。特斯拉门店在晚上也可以提供场地租赁服务。

特斯拉门店的代表并不遵循佣金的模式，他们不是销售人员。因此，任何人到访门店时都不用担心被打扰。只有在你有与购买相关的问题或主动询问时，他们才会为你提供解答与帮助。

特斯拉在门店的外观及整体感官打造上花费了大量的心思。现有两家建筑与室内设计公司正在准备方案，最终方案将在下月确定。我会提到苹果品牌的原因是其门店非常漂亮、独具一格，但又简约、有趣、亲近。因此，特斯拉也希望自己的门店可以具备这样的特点，并将全力使门店和车一样赏心悦目。

顺便提一下，特斯拉在洛杉矶和旧金山湾区的门店将在第四季度开业，之后，纽约、芝加哥和迈阿密的门店将在2008年的第一季度开业。2008年，特斯拉还计划在华盛顿、西雅图、丹佛、亚特兰大及其他城市开业，以满足客户的需求。预计到2009年年底，特斯拉门店将会覆盖美国的主要城市。

如果你对"完美的特斯拉门店"有什么建议，可以回复我。

当笔者看完这篇文章后，不由得惊叹于马斯克竟然在2007年就能对汽车销售服务的体验规划得如此清晰且超前。回顾马斯克的个人经历，他在特斯拉之前所从事的业务并没有过多地接触面向消费者端的体验打造，无论是PayPal还是SpaceX。就像他在文章开头提到的那样，如果你曾在传统的经销商4S店里购买或维修过汽车，那么你可能体验过或者至少听说过身边的人所经历的关于4S店不好的服务体验和各种"套路"。

传统车企因为发展时间长，加上业务流程、店面设计及燃油汽车自身特点等因素，很多模式都已固化，导致在汽车行业发生变革的今天仍然存在许多问题。即使很多汽车主机厂已经在努力改变，但如同前文中提到的传统经销商存在许多弊端那般，核心原因在于其商业模式。传统经销商4S店经过多年的发展，一般都拥有众多车型，因而需要非常大的展厅摆放展车，大多数的售后服务更是存在尾气排放及噪声等问题，为了降低运营成本及满足政府对于环保的要求等，一般会将地址选在城市的郊区，只有想买车的人才会特意前往。而特斯拉因为成立时间不长，车型也是小众的电动车型，如果建在传统车企旁边的郊区，相信也不会有太多的人前往，更何况很多客户本来就是为了购买燃油车型才去的郊区。

2008年5月，特斯拉全球首家门店在洛杉矶的闹市区开业，位于圣莫妮卡路与赛普维达路的街角处。在该门店外围的上方，苹果公司投放了iPod的巨幅广告画面，表明这个位置的人流量不低。在展厅外围，可以看到临街的两面外墙上均装有超大尺寸的玻璃，只要有人路过，很难不发现里面展示着一辆超级跑车。与传统经销商4S店的装修风格不太一样，特斯拉的这家门店看上去更像是一家高级餐厅。对此，有当时参加门店开业活动的媒体给出以下评论："特斯拉的这家门店更像是一家非常酷的广告公司或者高级餐厅，人们根本想不到它是一家汽车销售门店。内部装修充满了工业风格，如抛光的水泥地面、裸露的屋顶管道、镜子般的玻璃及很多绿植。服务中心更是采用开放的模式，人们可以随时看到里面在做什么。"

此时的特斯拉需要吸引更多人的关注，并让人们了解特斯拉这个品牌及它的电动汽车。选址在这个地方的好处就是可以借助人们的好奇心，只要人们愿意进入门店看看，即使不准备购买一辆电动汽车，甚至不准备买车也是可以的。极简主义的特斯拉在门店的两面外墙上都只安装了TESLA字样的形象，甚至连品牌Logo都没有，这样会使人们更加好奇特斯拉到底是做什么的，玻璃后面的跑车值多少钱。

正如马斯克在他所作的《完美的特斯拉门店》一文中提到的那样，第一家门店的总经理认为他们要为客户提供一种轻松的环境，不能像传统的经销商门店那般，这里没有人会强迫客户做购买决定。客户可以体验非常透明的服务，而他们的任务只是让产品说话，同时回答客户对于产品的问题等，最终由客户决定相应的车型是否符合自己的意愿。

讲到这里，大家或许会有很多疑问，难道特斯拉不想卖车吗？如果销售人员不进行积极推销，没有足够的销量，特斯拉靠什么维持经营？当然，这或许是当时的特斯拉所面临的问题。就像马斯克所期望的那样，特斯拉门店既能像星巴克一样成为客户的"第三空间"，也能像苹果商店那样为客户提供舒适的服务，并且拥有很好的业绩表现。这时的特斯拉就需要一位可以将马斯克的期望变成现实的人，直到2010年7月，乔治·布兰肯希普加入了特斯拉。

乔治·布兰肯希普（以下简称乔治）曾经是美国知名衣服零售商GAP品牌的一名店长，就在这段职业经历里，他亲历了GAP品牌在全球的大爆发，门店从最初的500家增至3 000家，乔治的职位也随之跃居到副总裁。在为GAP品牌服务了20年之后，乔治被史蒂夫·乔布斯（以下简称乔布斯）邀请到苹果公司，协助乔布斯销售苹果公司当时非常昂贵的电脑。在那个由乔布斯主宰的苹果时代，乔治被认为是苹果公司零售体验的"大脑"。据报道，乔治每天大概有4个小时是和乔布斯在一起的。随着iPhone的发布，苹果公司的零售门店也成为粉丝拿着帐篷排队的聚集地，此时的苹果品牌已变得如日中天。大家都在学习它的产品，也感受到了苹果公司销售模式的魅力。在乔治离开苹果公司后，他收到了马斯克的邮件。而他加入特斯拉公司的使命就是给其零售体验带来改变。

与之前在GAP和苹果不同，乔治将面对一个全新的行业。汽车行业的销售周期长，用户的服务更加精细化，行业模式也已固化；此外，特斯拉还面临品牌知名度不高但产品价格昂贵等一系列问题。对此，经验丰富的乔治有自己的妙招。

1.门店进商场

2010年的特斯拉仅拥有售价超过十万美元的Roadster一款量产车，Model S的概念车刚刚发布，并未实现量产，当时特斯拉的品牌及产品知名度非常有限。而商场作为一个人流量非常大且集中的地方，符合特斯拉之前把门店开在人流量大的位置的思路。传统的汽车经销商门店基本都采用展厅在前面、服务中心在后面的布局，而乔治的思路是将销售门店与服务中心分开，例如将前者放在人流量集中的商场内，可以让更多的客户接触到特斯拉这个品牌，同时也可以给人们营造一种特斯拉就是与其他汽车品牌不一样的印象。在乔治的规划下，特斯拉将门店开在诸如GUCCI、PRADA等奢侈品品牌门店的旁边，因为这些品牌的目标客户群体大都可以负担得起一款售价超过十万美元的电动汽车。此外，商场内也有非常多的大众消费者，尽管他们并不会轻易购买一辆Roadster，但他们可以接触到特斯拉这个品牌，从而对特斯拉和电动汽车有更多的了解，这样就可以为后续更加经济的电动车型销售储备潜在客户。

为了能够让消费者在无压力的环境中体验特斯拉的产品与技术，特斯拉将传统汽车4S店中销售顾问的角色一分为三。在传统汽车品牌的销售流程中，从客户接待、产品介绍、试乘试驾、议价谈判到最后的车辆交付都是由同一个角色来完成的。在特斯拉，取而代之的是产品专家、车主顾问及专门负责车辆交付的专员。当客户走进特斯拉门店后，产品专家会非常耐心且热情地讲解特斯拉的产品亮点、品牌理念及核心技术等，但不会诱导顾客赶紧订购车辆。因为产品专家的主要职责就是回答有关产品和技术的问题。当客户真的有购买意向时，车主顾问就会开始对接，回答关于购买车辆的各种问题。

就像马斯克说的那样，传统汽车经销商的销售顾问接待客户的态度大多是要么买，要么尽快离开。而导致这一现象的主要原因是销售人员的KPI，即销量。销售顾问的工资主要由较低的底薪与销售提成组成，如果他们想要获得更多的收入，就必须多卖车。因此可以理解如果他们认为客户没有购车意向，就可能不愿意花费过多精力去接待。长此以往，这种业务模式会导致销售顾问这个角色下意识地通过各种所谓的销售技巧来判断客户是否有购车意向，从而"照单下菜"。特斯拉的产品专家则没有这样的销量压力，他们的核心任务只是传递特斯拉的品牌理念及产品，因而可以给客户留下良好的第一印象。

特斯拉在选择岗位人员时也非常有针对性。例如，早期国内的特斯拉门店在招聘产品专家时更倾向于录用拥有海外留学经验的本科毕业生，因为他们基本在国外就已经或多或少地接触过特斯拉品牌，也更加认可特斯拉对于环保的理念。此外，与销售顾问大都追求高销量、高收入不同，这类人群对于高工资的追求可能不是非常急迫，他们更在乎通过传播品牌的理念来实现自我价值。特斯拉这样的岗位设定在电动汽车的消费者培育环节起到了非常重要的作用，同时也起到了提升销量的作用，因为人们在购买某款车之前需要先了解其品牌及产品。更为重要的是，能负担高价电动汽车的消费者需要的不是传统的诱导式推销，而是产品专家发自内心认可的价值传递。此外，门店进入商场的策略也发挥了一定的作用。

进入2018年后，能够明显感觉到有越来越多的汽车品牌入驻商场，如属于"造车新势力"的蔚来、理想及小鹏等。以广州某知名商场为例，其一楼的汽车品牌就有7家，包括蔚来、小鹏、广汽、东风、威马及特斯拉等。甚至有部分商场为了迎合汽车行业的变化，特意设立了汽车广场的概念。随着越来越多的汽车品牌零售门店采用这种销售、交付和服务分离的模式，它们在销售服务模式及人员岗位的设定方面也在一定程度上参考了特斯拉的模式。笔者认为这算是证明特斯拉门店模式有效性的一种例证。

2.用户体验

笔者曾经与一名苹果商店的工作人员讨论过有关用户体验的话题，他给笔者举了一个很有趣的例子。苹果商店在布置电脑或手机等产品时，尽量保证摆放的位置和角度不会在视觉层面和功能体验层面直接给顾客带来最佳的体验，这样顾客就会下意识地去调整电脑的屏幕或者直接将手机拿起来进行体验，而不只是单纯地看看。这样一个小细节就可以让顾客与产品进行更深入的"沟通"。例如，在体验某款电脑时，顾客会觉得这款电脑屏幕的转轴很线性，无论是打开还是收起电脑都是一种享受；如果是手机，顾客则可以拿起手机感受它的重量和手感等。回顾乔治·布兰肯希普（以下简称乔治）在苹果公司任职期间那个时代的消费电子零售模式，主要是电子产品卖场，商家们一般不太愿意让顾客直接体验产品，除非顾客的购买意愿非常高。而在苹果商店里，人们可以没有任何压力地去体验各种产品。

2010年，特斯拉的展厅里只摆放了一款售价超过10万美元的电动跑车Roadster。从产品属性出发，跑车本就属于小众商品，若是一辆售价超过10万美元的电动跑车，目标客户群体将变得更加有限。就像是早期的苹果电脑一样，人们普遍认为它非常昂贵，操作系统也不能兼容其他软件等，当时的特斯拉似乎也面临同样的问题，因为有不少人认为电动汽车就是为迎合环保主题而推出的产品，或是为电脑发烧友生产的电子产品。如何让更多的人体验到特斯拉的产品及技术是乔治需要解决的问题。为此，他对特斯拉的门店进行了一次彻底的升级改造。

2011年4月，在乔治加入特斯拉10个月之后，采用全新设计理念的特斯拉零售门店在加利福尼亚州圣何塞的Santana Row商业街开业。乔治通过加入数字化体验，吸引人们了解特斯拉的产品与技术，同时也融入了苹果公司的门店布置理念。有不少人是从2011年才开始使用智能手机及平板电脑等电子产品的，之后，越来越多的智能化设备陆续进入人们的生活。升级后的门店通过引入触控大屏、iPad及电脑等智能化设备，让顾客可以在店内利用各种智能终端体验特斯拉的产品和技术。例如，顾客可以通过点击触控大屏上的Roadster或者Model S，对应车型的各种配置亮点就会自动呈现；当顾客点击电池选项时，可以看到一段关于特斯拉电池技术的视频等。此外，顾客还可以通过触控大屏选配自己喜欢的产品，如车身外观颜色、内饰颜色、内饰材质及轮毂造型等，汽车则会随着选配的变化呈现生产后对应的造型及颜色。为了方便顾客更加直观地欣赏选配后的汽车在白天、夜间或是行驶时的姿态，只需用手指在已选配的汽车上轻轻一划，就可以在另一块大屏上看到该车在各种环境中的形态。如果顾客仍觉得不够真实，升级后的门店还会将喷完车漆的饰板、碳纤维板及内饰所用的皮质等布置在展厅中，以帮助顾客更加直观地感受量产后汽车的状态，特斯拉将这样的设计称为设计中心（Design Studio）。

通过设计中心，顾客可以在线订购心仪车型，并通过电子邮件分享到iPad及个人电脑上，如果顾客愿意，甚至可以将选好的车型信息分享到社交平台上。或许这一切在智能化普及的当下已经变得很常见，但是上述情况都是发生在2011年的。

升级后的门店在用户体验方面也进行了提升，配合设计中心及展车布置等细节，顾客从路过特斯拉零售门店开始就会被"影响"，透过大面积的玻璃，人们可以清楚地看到店内的一切。从顾客踏入门店的那一刻起，他们的行动轨迹早已被安排。无论是在店内的哪个位置，顾客都可以看到、触摸到及感受到特斯拉的产品、技术和文化。

如图1-1所示，由左至右依次为顾客在门店入口、门店中间及门店内部的移动路径。当顾客被吸引进入门店后，①和②两处均设有用于展示产品卖点的触控大屏，走到此处基本可以保证顾客对产品的卖点已有初步的了解；如果顾客对产品非常感兴趣，则会继续向展厅内部移动，行至③和④两处时，可以看到用于展示产品配置及下单的触控大屏；如果顾客对于下单还有一定的顾虑，则可以移步至⑤和⑥两个相对私密的位置进行了解，这两个位置均配备了电脑，以便于工作人员与顾客沟通时使用。此外，特斯拉还在序号为⑦的位置布置了一块大屏，为顾客展示选配后的产品在自然环境中的形态。

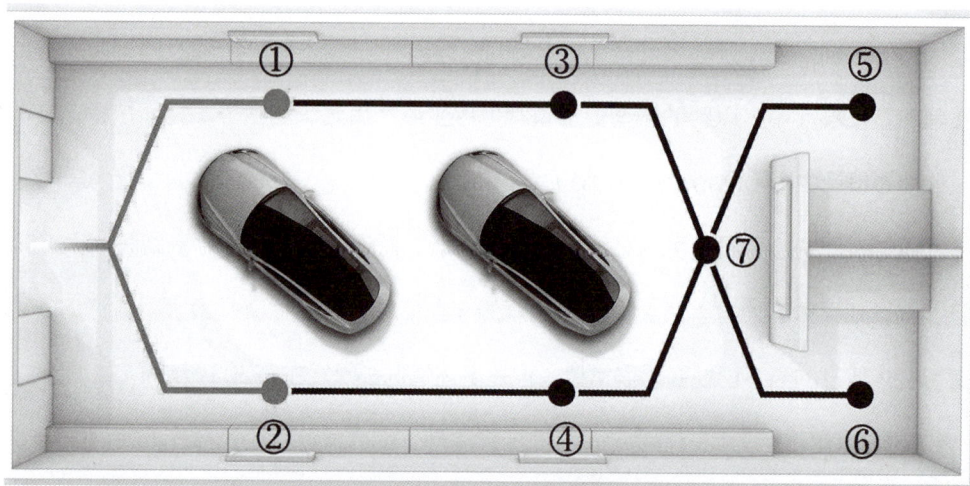

图1-1　特斯拉零售门店顾客接待路线图

为了让更多的人了解特斯拉，乔治还引入了苹果公司的销售服务理念。与传统车企的策略不同，尽管特斯拉的展厅内摆放的是一款价值超过10万美元的电动跑车，但是任何人都可以进入车内进行体验。而传统车企可能只会让有购买意向的顾客上车体验，虽然这一点在近些年有所改善，但依然会在一些经销商4S店内遇到上述问题。当时的特斯拉尚处于品牌建立期，乔治的理念可以让更多人了解特斯拉，因为即使顾客暂时不会购买价值超过10万美元的Roadster，但他们可能会订购即将上市的Model S；就算顾客什么都不买，在他们坐进车内后也免不了会拍照并进行分享，从而可以起到一定的品牌宣传作用。正如乔治所说的那样，在特斯拉的门店不会看到"禁止触摸"的字样。

乔治在接受媒体采访时曾说过："在特斯拉的展厅内，产品专家只有一项工作，就是确保顾客在离开的时候保持微笑。"或许有不少人认为这和卖车没有直接关系，甚至过于概念化、理想化。但如果对苹果公司的零售文化曾有过了解，也许能理解乔治为什么会有这样的观点。在苹果品牌的零售体系内有一个名为"Credo"的文化概念，可将之理解为信念、信条。早期的苹果商店零售人员在入职后都会收到一个小折页，其封面上印有苹果零售的"Credo"的格言：Enriching people's lives with innovative, easy-to-use technology，可以译为"用创新且简单易用的科技丰富人们的生活"。而在当时的特斯拉零售门店内侧墙壁上印有以下内容："Our goal is to deliver the most innovative cars in the world, to as many people as possible, while making them smile...everyday!"可以译为"我们的目标是将世界上最具创新力的产品交付给尽可能多的人，并让他们每天都为此感到开心"。

马斯克在2012年对特斯拉零售门店的产品专家职责做了更为明确的定义：完成培训的产品专家可以回答关于电动汽车的问题，由于不依靠提成，不需要诱导人们去购买车辆。衡量他们的唯一指标就是人们是否喜欢此次的到店体验以及是否愿意再次来访。

信条的引入，不仅统一了特斯拉零售门店工作人员的工作目标，还赋予了他们一种使命感。在电动汽车还是小众产品的时期，特斯拉的工作人员需要用这样的信条来支持自己内心的信念，从而将特斯拉的使命传递给每一位顾客。

随着电动汽车竞争环境的逐年变化，特斯拉零售门店的硬件和软件也在不断改进。例如，定制化的Saleforce销售服务系统可使门店更加高效地运转；为了展示

Model S与传统燃油汽车平台技术的差异，直接将类似于滑板的动力平台放在全球各地的门店进行展示；由于电动汽车存在不同环境下的续航差异，特斯拉还首创了旗下各种车型的续驶里程计算器，用户可以通过设定外界环境温度、车内空调温度、车辆行驶速度及轮毂大小等因子来动态查看车辆的续航情况。这个续驶里程计算器可以帮助顾客在购买车辆之前，在特斯拉门店或自己家中通过特斯拉官网了解各种车型的续航情况等。

综上所述，可以看到特斯拉早期关于零售门店的诸多思考与尝试。虽然马斯克的"完美的特斯拉门店"似乎并未完全实现，但现在依然可以看到有不少汽车品牌在借鉴特斯拉过去的做法，而这也在惠及汽车行业与电动汽车的消费者。

无广告式营销

2020年年初，笔者在走访特斯拉门店的过程中结识了特斯拉中国的门店销售人员Tony（托尼）。出于一个汽车人对于特斯拉是否会做广告的疑问，笔者试探性地与Tony就特斯拉对于广告的态度做了一些沟通交流，Tony便给笔者讲述了一次亲身经历。

据Tony描述，有一次店长组织店内人员开会，让全员想办法如何尽快增加客户线索量，店长希望Tony能在辖区内尝试开拓一个静态展示区域，但前提是不提供场地费用支持。虽然Tony入职仅半年，但他已从一开始的不适应转变为逐渐认同并接受特斯拉的文化，他形容在这半年里自己比高考时还努力。Tony明白没有场地费用是正常的。因为如果有场地费用的支持，即便是其他人也能顺利找到场地，那又如何体现员工的价值？笔者对此提出疑问："你不是销售人员吗？为什么还要做市场开拓的工作？这些难道不是市场部人员的工作吗？"他很从容地回答道："在特斯拉就是这样，基本没有人是专职的。商务开拓这样的工作虽然不作为我的考核指标，但特斯拉拥有一群很优秀的员工，他们中的一些人能身兼数职，并出色地完成各项任务。如果你想在这个群体内也变得出色，就必须做出成绩来，体现自己的价值。"Tony是幸运的，因为一家刚开业不久的商场愿意为他们免费提供车辆展示场地，并提供免费停车场用于试乘试驾车辆的停放。

坦白地讲，身处汽车行业多年的笔者在听到这样的事情后都会觉得有些不可思议。因为在大多数汽车企业，如果门店想要做商场展示，就会向区域管理人员申请活动费用的支持，无论是场地费用、物料费用，还是参展人员的用餐补贴等。但在特斯拉就是这样，不仅没有人们传统认知上的广告预算，甚至连静态展示这种营销活动的场地费用都没有预算。

就在与Tony交流结束后不久，在某次直播活动中，特斯拉宣布将与当时知名的某网络主播进行合作。这不禁让人猜想，难道一直不做广告的特斯拉也要打破常规进行直播营销？带着这样的疑问，笔者通过各种渠道询问并确认特斯拉是否付费邀请了该主播进行直播带货。最终根据可靠消息确认，特斯拉在此次活动中依旧没有产生任何费用。如果说之前跟Tony的交流还没有完全打消笔者对特斯拉不做广告的疑问，那这次的直播活动彻底让笔者相信了特斯拉的确没有广告预算。

2021年6月，马斯克在回复网友关于特斯拉针对家庭住房研发的空气净化系统问题时的发言却有些出人意料。马斯克说：“或许我们应该做一些广告，让人们知道像这样的东西（特斯拉的空气净化系统）是真正存在的。”众所周知，与众多汽车企业不同，特斯拉一直不投放任何广告，马斯克本人对此也津津乐道。但根据马斯克回复的内容，人们不由得猜测特斯拉后续是否会投放广告。

其实关于特斯拉是否投放过广告也是众说纷纭，一部分人认为特斯拉肯定投放过广告，只不过在形式上与传统车企有一些差别；也有一部分人，比如笔者，认为特斯拉并没有投放过任何形式的广告。造成这种差异的主要原因可能是人们对于广告的定义不同。

所谓广告就是通过某种形式的媒体，并相应付出一定代价的公开宣传。从汽车行业的角度来讲，广告费用都被归类为营销费用，而营销版块的项目又非常多。例如，付费在电视上投放了一条产品的宣传片，就属于广告费用；那在电视上播放的这段宣传片的制作费用算不算广告费用？根据行业惯例，这笔宣传片的制作费用属于营销费用，并不属于广告费用。又或是举办一场产品发布会，那这场发布会的费用算不算广告费用？答案是不算广告费用。

那么问题来了，特斯拉为什么不做广告？它凭借什么在不做广告的情况下仍能拥有很高的品牌传播能力（品牌声量）？

1.运营层面

特斯拉从2003年成立，直到2020年才实现全财年的盈利。一直以来，特斯拉都是处于长期亏损状态的，甚至在2009年几乎走到了破产的边缘。那时的特斯拉没有任何费用用于广告宣传，无论是新车型的研发，还是工厂的建设等都需要非常大的费用支出。以2011财年为例，特斯拉全年的研发费用就高达2.09亿美元，这比其全年2.04亿美元的营收还要高出约500万美元，而这仅仅是研发费用支出，不包含产品的物料费用、销售及行政类的费用等。当时的特斯拉需要尽快研发出Model S和Model X两款车型，因为仅靠一款售价超过10万美元的跑车Roadster是不可能实现持续盈利的。

而像Roadster这样的纯电动跑车，它常被认为是拥有一定经济实力且热衷于环境保护理念的人们的"玩具"，加之当时的特斯拉甚至没有一条像样的汽车生产线，极其有限的产能加上稀缺的客户，可知广告这种大面积覆盖的宣传并不适用。而这样的情况在Model S和Model X发布后也未得到很大改变，毕竟它们当时的售价高达8万美元，并非普通民众所能接受的。此外，在Model S与Model X两款车型发布后，特斯拉在全球收到了不少订单，因而需要把更多的精力集中在如何尽快实现量产交付上，而不是通过投放广告来尝试吸引更多的订单。或许有人会好奇价格更亲民的Model 3车型是否更适合投放广告，但在知道Model 3发布后的订单量时就不会再有这样的疑问了。根据特斯拉每季度财报公布的全球库存情况，其平均库存天数基本维持在不到15天，最少时仅有4天的库存量。在这种供需状态下，特斯拉找不到更合理的理由来投放广告。

此外，特斯拉从一开始就将门店选址在自然客流量非常大的商圈，而非传统车企所选择的偏远郊区位置。虽然这种策略会给特斯拉在门店运营方面带来很大的成本压力，但如果将这样的门店看成"体验店"和"实体广告"的结合体，反而算是赚了的。传统车企因为店面位置偏远，客流有限，所以需要投放各种广告进行宣传，如户外大牌广告、电视电台广告及线上广告等。以一块户外广告大牌为例，它在核心地段一年的租金有可能会比商圈内门店的租金更高，即使投放了广告，又能保证有多少到店转化率呢？而在商圈的门店就不一样，它可以将商场内其他品牌吸引来的客户转化为自己的客户。这也是为什么有越来越多的汽车品牌选择在商场内建店的原因，因为这种门店本身就是一种广告。

2.产品层面（好的产品会说话）

在过去的几十年中，传统车企将竞争着力点更多地放在硬件更新迭代给车辆带来的动力性、经济性、舒适性或操控性等方面的提升上，很少有车企真正沿着智能化的方向去发展汽车。直到Model S车型的出现，让行业第一次看到了软件给汽车带来的变化，因此，电动、科技、智能也成为特斯拉汽车的标签。

特斯拉不是第一个推出纯电动车型的车企，更不是第一个推出跑车的车企，但从第一款产品Roadster开始，特斯拉发布的每款车型都具备独特的亮点。而这些亮点总是容易在传播层面引发话题，无论是媒体、汽车爱好者，还是科技发烧友都会积极进行讨论和传播。就像Model S的17mile中控大屏、Model X的鹰翼门、Model 3的极简内饰，以及Cybertruck颇具争议性的外观设计等，接触过这些产品的人很难不去讨论它们。

表1-2总结了特斯拉各款产品的一些独特的亮点（截至2022年）。

表1-2 特斯拉各款产品的一些独特的亮点

产品型号	独特的亮点	量产状态
第一代Roadster	纯电驱动、320km续航、0~96km/h的加速时间为 3.7s	已停产
Model S	OTA空中升级能力、7座轿车、17in中控大屏、辅助驾驶	在售
Model X	鹰翼门、感应开/关门、HEPA生物武器防御模式	在售
Model 3	无仪表盘、隐藏式空调出风口、更低的价格	在售

续表

产品型号	独特的亮点	量产状态
第二代Roadster	0~96km/h的加速时间为1.9s，近1000km的高速续航能力、最高车速为400km/h	未量产
Semi	创新的卡车外观、800km高速续航能力、科技感乘员舱	销售中
Model Y	热泵空调、全景天窗	销售中
Cybertruck	极具争议的外观、防弹车身及玻璃、0~96km/h的加速时间为2.9s	销售中
改款Model S&Model Y	轭式转向盘，0~96km/h 的加速时间为1.99s，自动换挡	销售中

注：表中的"量产状态"一栏为截至2022年第二季度各种车型的量产状态。

关于一款产品能否在其细分市场畅销，基本可以在产品定义阶段进行预判。凭借特斯拉在智能电动汽车领域多年的技术积累及对电动汽车独特的理解，加上曾经定位产品架构师、现任首席执行官的"产品经理"马斯克，特斯拉的每款产品在其定义阶段就与市面上的其他电动车型不同。而这样的"不同"也使得特斯拉的产品在发布后就能免费获得极高的关注度，成为细分市场的明星产品。在产品同质化较为严重的汽车市场，特斯拉努力做到"让产品自己说话"。

虽然特斯拉不做广告，但不等于它没有营销手段。向来特立独行的特斯拉在营销层面也是与众不同的，下面着重分析特斯拉的几个重要的营销手段。

· 社交平台

尽管马斯克在社交平台上的部分言论让特斯拉的投资者及其本人都承受了一定的损失，例如，马斯克在2018年想要以420美元/股私有化特斯拉的事情导致他丢掉了特斯拉董事的职位；2020年，马斯克甚至在社交平台上表示特斯拉的股价有些高，结果导致特斯拉的股价下跌，但这一切都不能阻止马斯克在社交平台上发表自己的观点。正是马斯克的社交平台账户为特斯拉创造了很高的营销价值。

2021年年初，马斯克在推特上宣布他将在美国音频社交软件Clubhouse上参与一场线上音频活动。至于马斯克在这次活动期间到底说了什么，并不是大家关注的焦点；反而是原来在eBay网上价值10美元的3个无人问津的Clubhouse注册邀请码被炒到400美元，但依旧一码难求。其实，Clubhouse这款软件在2020年3月就已经登陆了苹果的应用商店，但下载量一直不高，直到马斯克的突然出现，开始有更多的人关注Clubhouse这样一款音频社交软件。在这次线上活动结束两周后，Clubhouse的注册用户数量从原来的350万飙升至810万。由此可知马斯克的影响力不容小觑。

根据美国一家营销咨询公司Tweet Binder的报告，通过分析某个推特账号的粉丝数量、关注量、是否被认证、账号的排名及推文的平均印象等，就可以判断出该推特账号推文的经济价值。例如，经该公司测算，推特粉丝数量过亿的某美国知名歌手的每条推文的经济价值为86 095美元。也就是说，如果某家公司想要找该名歌手来推广产品，那么该名歌手只需要利用自己的推特账号发一条相关信息，该信息的价值就可以超过8万美元，并且这只是纯文字推文的价值，如果发送的推文中还包含链接、图片及视频等，其经济价值会随之攀升。此外，Tweet Binder还引入了"参与价值"这一概念，因为当一条推文发出后，势必会有转发及点赞的操作，Tweet Binder基于经济价值利用自己的算法公式对该条推文的"参与价值"进行核算。

截至2022年年初，马斯克的推特账户以将近7 690万的粉丝数量排在推特账户粉丝数量排行榜的第9名。假设推文的经济价值与粉丝数量是简单的线性关系，经推算，马斯克每条推文的经济价值将达到60 740美元。根据马斯克近几年发布推特的频次，即使他平均每天只发一条关于特斯拉的内容，那么全年的经济价值至少可达2 217万美元。值得一提的是，截至2024年10月，马斯克推特（现X平台）账户的粉丝数量已经突破2亿大关，其排名也升至第1名。

· 媒体

马斯克拥有SpaceX、特斯拉及Neuralink等分属不同领域的公司，并且每家公司在相关行业内都受到很高的关注。这也让马斯克不得不接受各种采访，参加各种活动。久而久之，这样的采访和活动也成为一种营销方式，能在一定程度上让特斯拉及其他公司保持一定的热度。

难以统计马斯克到底接受了多少采访，这里面不仅有诸如美国哥伦比亚广播公司、《华尔街日报》及美国有线电视新闻网等主流媒体，还有著名的TED大会、关注度极高的科技视频博主、美国著名的脱口秀节目、知名汽车工程师，甚至美国很火的音乐节等；此外，马斯克经常受邀参加各种主题的论坛并分享观点，主要涉及环境保护类、通信技术类、经济类及航空航天类等。

这些采访或活动视频有很多会被上传至各大视频平台。人们可以在全球知名视频平台上轻松地找到关于马斯克的各类视频，其中有不少视频的累计播放量已经超过千万次。例如，有关2018年知名科技博主MKBHD走进特斯拉弗里蒙特工厂采访马斯克的两段视频的累计播放量已经超过2 616.5万次。而播放量超过百万次的视频更是多到难以统计，这些视频对特斯拉品牌的传播均起到了推动作用。此外，马斯克参加任何一场活动也会带来极高的关注度。例如，2021年5月，马斯克参加了美国知名的综艺节目《周六夜现场》，与马斯克一起来到纽约的还有特斯拉的纯电动皮卡Cybertruck。就在活动当天，马斯克参加的综艺节目和Cybertruck一起登上了推特热搜。

此外，特斯拉在全球还拥有许多支持者，他们以自媒体的身份活跃在主流的社交媒体平台上。这些人认可特斯拉的产品、文化及马斯克的理念，有些会自发录制特斯拉产品使用体验视频，有些会剪辑特斯拉的广告片，有些开通了专门讲解特斯拉新闻的播客频道，有些则会自发回复网友对特斯拉的疑问。试想一下，这种来自支持者（包括用户）的宣传难道不比传统的广告效果更好？

· 保有用户

保有用户转介绍是汽车行业营销中必不可少的一种方式，但受限于经销商的商业模式，更多的转介绍都需要由经销端来执行，多数经销商的做法集中在给保有用户赠送一定的礼物或现金等，以此鼓励介绍他人来店内购车。特斯拉得益于其全球的直营模式及品牌的不同吸引力，在保有客户转介绍方面率先提出了新方式。2015年

6月，特斯拉推出车主引荐奖励计划——特斯拉的车主通过引荐他人购买特斯拉的产品，可获得1 000美元的引荐奖励积分，以及参加特斯拉内华达州超级工厂开幕式的机会，甚至可能免费获得一辆创始版Model X。为此，马斯克还特意给所有保有用户发送了一封关于车主引荐奖励计划的邮件，邮件译文如下：

一直以来，特斯拉依靠用户的口口相传实现了销量的增长。当我遇见特斯拉车主时，他们说得最多的一件事就是自己如何说服他人购买特斯拉汽车。

或许你已经知道，特斯拉不做广告、付费推荐或者植入式广告。也许那样做能销售更多的汽车，但我不喜欢以欺骗的方式来引导人们购买一个虚假宣传的产品。如果看到某位名人驾驶Model S，那是因为他真心喜欢这辆车；如果电视或者电影里面出现这辆车，那也是因为制片人非常喜欢它。

除了用户之间的口口相传，特斯拉汽车的另一种销售渠道就是门店。门店可以让人们不断了解特斯拉最新的车型，并询问产品专家一些细节问题，但是门店的建设和运营成本无疑是高昂的。通过查看特斯拉销售的支出，可以发现门店销售一辆车的成本大概是2 000美元，个别门店在这个成本上有所浮动。

两种获取意向客户的方式都非常重要，但是如果可以增强口口相传的效果，也许就没有必要再开设这么多门店了。因此，特斯拉尝试做一个测试，有点像1999年我在PayPal/X.com时期的用户增长方案。或许适用于PayPal的方案可能在特斯拉行不通，但是值得一试。因为这样不仅可以降低约2 000美元的成本，也能给用户一些回馈。

从现在开始到10月31日，如果有人通过你的链接购买了Model S，他们将获得1 000美元的车价优惠，而你的特斯拉账户也将获得1 000美元的积分，你可以用这个积分购买车辆、支付服务费用或购买附件。为了给这项测试增加一个限制，每位特斯拉车主最多可以收获10个1 000美元的积分奖励。

为了增加娱乐性，也会有花钱都买不到的"惊喜"。如果你有5个朋友购买了Model S，你将会获得与自己选择的一名同行者参观内华达州超级工厂及参加开幕式的机会，这个工厂是世界上面积最大的工厂。如果你引荐了10个订单，你将获得购买不对外开放的创始版Model X的机会，并且选购项目将会赠送，而第一位达到引荐10人要求的人将会免费获得一辆创始版Model X。

根据邮件中的一些细节不难发现，特斯拉的车主引荐奖励计划充满了互联网思维，因而易传播、可追踪并具备时效性，这或许与马斯克早期在互联网行业创业的经历有关。丰厚的奖励瞬间点燃了特斯拉的车友圈，有的车主甚至在3个月内就转介绍了超过100名客户购买Model S。感受到车主引荐奖励计划好处的特斯拉选择乘胜追击，不断更新奖励方案，甚至将自己的能源产品Powerwall也引入奖品行列。在车主引荐奖励计划实施达到高峰的时候，如果车主引荐他人购买超过50辆特斯拉汽车，就可以免费获得一辆新款Roadster。据统计，全球符合免费获得新款Roadster的用户已超过60位，其中有不低于20位用户免费获得了两辆新款Roadster。也就是说，特斯拉当时的车主引荐奖励计划至少付出了80辆售价为25万美元的新款Roadster的代价。

而这只是激励奖品的一部分，即使车主引荐奖励计划给特斯拉带来了实打实的销量，但在营销上向来没有太多预算的特斯拉，最终不得不对引荐奖励进行多次调整。

例如，当车主引荐他人购车成功后，将获得抽取Model Y等产品的机会，车主及被引荐人都可以获得1500km的免费超级充电额度等。直到2021年9月18日，特斯拉通过官网及车主App通知所有车主，取消原有的车主引荐奖励计划。

通过利用保有用户这样的裂变方式，让早期并没有多少用户基础的特斯拉收获了很多新用户及很强的品牌传播能力。即使特斯拉产品的知名度及销量越来越高，现在已经没有必要再为了刺激销量而付出营销费用，但依然有许多特斯拉车主会不计回报地推荐他人来购买特斯拉的产品。就像是特斯拉在对车主引荐奖励计划进行描述时说的那样："车主引荐奖励计划是车友分享对于特斯拉喜爱的一种方式，特斯拉的车辆是很安全的，每一次引荐都将降低伤亡的可能性，通过引荐最终也会加速世界上可持续能源的转变。"

· 事件营销

始终处在媒体显微镜般关注下的特斯拉在没有新闻的时候也会善于制造新闻。例如，在2021年3月特斯拉提供给美国证券交易协会的文件中显示，从3月15日开始，特斯拉公司的首席执行官马斯克与首席财务官扎克的职位头衔将依次更改为"Technoking of Tesla"和"Master of Coin"。因为特斯拉并没有对这两个头衔名称作进一步的解释，结合马斯克一直对电子音乐的喜爱，以及特斯拉在当时购买了不少电子加密货币，暂且将其翻译为"电音之王"与"虚拟货币大师"。而这样的操作瞬间引爆了媒体，大家都在讨论这两个名称，甚至有许多网友制作了相关的表情包等。对于这种非常规行为，在特斯拉股东质问马斯克此举是否经过了董事会允许的时候，马斯克的回答是："这样做既产生了大量免费的宣传，就不需要特斯拉再做广告，还可以提升销量。"类似的行为对于马斯克而言不能算很少见，较为出名的还有特斯拉私有化等。尽管这些行为会给马斯克个人带来一定的负面影响，甚至会使特斯拉的股价在短时间内下跌，但不可否认的是这些行为对于特斯拉品牌及文化的宣传还是起到了不小的作用。

· 品牌活动

2018年2月，马斯克利用SpaceX公司测试猎鹰重型火箭的机会，将特斯拉的Roadster送往太空，这样新奇的跨界合作再一次让特斯拉和被送往太空的Roadster占据了各大媒体的头版。SpaceX公司再次因成功发射并顺利回收推进器而受到关注，特斯拉也正式成为目前世界上唯一一家将自己的汽车送到太空的公司。马斯克通过这种方式将特斯拉、电动汽车及太空飞船巧妙地联合在一起，让人们在想到特斯拉的时候就能联想到电动汽车和太空飞船等高科技产品。而那辆颇具标志性的特斯拉Roadster将会在太空中飘浮上亿年，每当它靠近任何一颗星球时会再次引起人们的关注。

这次的品牌营销活动获得了很大的成功，或许也可以作为特斯拉品牌影响力的一种证明。

从一开始，特斯拉作为一家制造汽车的企业，其表现就与传统车企不同。例如，早期的特斯拉很少参加大型车展活动，与传统车企喜欢在车展上发布新车型不同，特斯拉的所有车型都是在其设计中心或者工厂等地方进行单独发布的。即使没有车展的人流量高，特斯拉的每一次发布会依然备受关注。诸如车型发布、工厂揭幕、车型交付及技术发布等，特斯拉都采用单独的发布会形式。没有车展的展位费用，没有媒体的公关费用，甚至不会外聘主持人。有的只是工厂或设计中心免费提供的空场地、精心准备的演示文稿（PPT），以及亲自上阵进行讲解与答疑的首席执行官。

每一年特斯拉都会通过举办各种发布会的形式让其投资者、媒体及消费者了解特斯拉对于未来的发展规划，特斯拉在2011-2022年举办的重要发布会见表1-3。

表1-3　特斯拉在2011-2022年举办的重要发布会

年份	主题
2011	Model S Beta版本亮相
2012	Model X发布，Model S交付仪式，超级充电桩
2013	Teslive Event
2014	发布双电机技术与Autopilot
2015	发布特斯拉能源
2016	Model 3发布会，内华达州超级工厂揭幕，Powerwall 2与Solar Roof发布会
2017	Model 3交付仪式，纯电动Semi与第二代Roadster发布会

年份	主题
2018	特斯拉Roadster被送往太空
2019	Model Y发布会，自动驾驶日，Cybertruck发布会
2020	电池日
2021	Model S Plaid交付仪式，人工智能日2021
2022	得克萨斯州超级工厂Cyber Rodeo，人工智能日2022

根据表1-3可知，特斯拉的活动包含新车型的发布与交付、新业务发布、投资者交流及技术发布等，尽管主题迥异，甚至个别发布会如人工智能日、电池日及自动驾驶日等都属于偏向技术类的活动，但每一场活动都会得到行业和媒体的高度关注和深度报道，并能在汽车圈、媒体圈、科技圈及投资圈等领域引发热议。

特斯拉从早期没有预算做广告到现在没有必要做广告，也算是开辟了一套属于自己且适用于自己的独特营销推广方式，其中有不少值得其他企业学习和借鉴的地方。例如，蔚来汽车创始人李斌在接受采访时曾提过，其品牌更愿意将营销费用投放到用户身上，因为用户才是品牌的代言人。理想汽车更是如此，除了主要的营销阵地（某社交平台），几乎看不到关于理想汽车其他传统形式的广告，取而代之的是数量快速增长的直营门店、用户活动及春季发布会等。

Statista网站的数据显示，从2015年开始，传统车企如福特、通用及大众汽车每年在全球投放的广告费用基本都会超过40亿美元，详细数据见图1-2（注：Statista网站并未公布大众汽车于2020年的全球广告费用）。

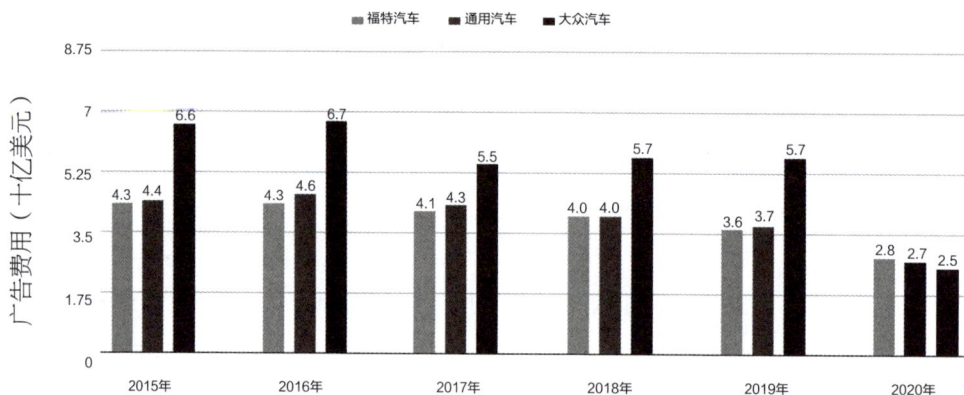

图1-2 福特、通用及大众汽车的全球广告费用（2015—2020年）

然而，并不能就此认为汽车企业不应该做广告，毕竟每家公司所处的发展阶段不同，并且广告的确可以给品牌和产品带来一定的声量，通过投放广告使企业盈利颇丰的例子也不在少数。随着越来越多的资本进入智能电动汽车市场，特斯拉在国内已经遇到了像蔚来、理想和小鹏这样的竞争对手，而小米、百度及苹果等科技公司也将在未来推出自己的汽车产品。或许特斯拉到那时也会面临产能过剩、订单不足的问题，同样需要通过投放广告进行促销。但笔者相信，从一开始就不做广告的特斯拉，即使在使用广告费用预算时也会在营销方式上进行创新，以使投入的费用产生相应的价值，而不是选择传统一成不变的营销思维。

没有公关的公关

2021年4月底，有网友在推特上建议马斯克在美国市场雇用至少一名公关人员，以此来应对那些针对特斯拉的FUD（Fear & Uncertainty & Doubt，恐惧&不确定&疑惑）群体。虽然自2020年取消了美国市场的公关团队以来，特斯拉还算走得顺利，但是随着FSD Beta全自动驾驶测试版本的发布、中国和欧洲两大市场的业务扩张，以及一些竞争对手漫天的攻击，特斯拉或许真的需要公关团队来解决这些问题。

这位网友的担心并不算是个例，事实上他代表了一个庞大的群体，其中有特斯拉的粉丝、投资者及车主等。毕竟特斯拉出现任何负面消息都容易被快速传播，无论是股价还是品牌美誉度，特斯拉都会遭受一定的负面影响。如果长期关注特斯拉或者电动汽车市场，当看到"2021年4月"这个时间节点时，就很容易想起当时在社交媒体平台热搜排行榜出现好几天的"特斯拉车顶芭蕾事件"。回顾该起事件，它曾牵动了许多社会资源、媒体资源、行业专家甚至政府资源等，大家各持己见。一石激起千层浪，甚至有一些特斯拉用户也被牵涉其中。一时间，只要在国内提到特斯拉，大家就会联想到制动失效问题。就像古斯塔夫·勒庞在其《乌合之众》一书中提到的："人们只相信他们愿意相信的事实，而拒绝接受真相。"在"特斯拉车顶芭蕾事件"发生一年多后，事件双方依然没有达成共识，导致事故发生的原因到2022年年中依然无法定论。但是该起事件对特斯拉品牌在中国市场乃至全球市场都产生了一定的负面影响。

无独有偶，就在该起事件发生的同时，美国得克萨斯州一辆Model S发生车祸，与路边的大树相撞后起火，导致车内两人丧生。对于该起事故，一些媒体直接采用诸如"特斯拉自动驾驶导致车内两人身亡"等具有引导性的标题。但根据特斯拉调取的车内数据，该起事故发生时辅助驾驶功能并未处于激活状态。尽管如此，也无法阻止媒体大量的报道和公众的传播。这两起事件，一起发生在特斯拉当时市场最大的美国地区，另一起发生在即将超越美国市场的中国地区，很难不引起华尔街和媒体的关注，特斯拉也因此成为一些社交媒体平台的热搜话题。

在这种背景下，马斯克向前文提到的那位网友作出如下回复："其他公司花钱做广告并操控舆论，特斯拉更关注产品。我相信人民。"

2020年10月，以报道特斯拉而出名的媒体Electrek爆料，特斯拉已经解散了其在美国市场的公关团队，此消息也得到了特斯拉相关高管的确认，特斯拉只会在欧洲和亚洲保留部分公关团队。一个公司解散任何一个部门都不稀奇，而特斯拉作为一家经常处于风口浪尖的公司，此举动让很多人产生疑惑。公关团队作为负责对接政府、媒体等的对外部门，往往需要在公共事件发生后第一时间进行介入。如果特斯拉撤销了公关部门，那么由谁来承接这样的职责？媒体以后需要与哪个部门进行对接？

但种种迹象显示，这次解散公关团队的操作不像之前关闭线下门店那样，因为据Electrek报道，特斯拉公关团队人员的流动性非常大，其中有部分团队人员已经离职，部分团队人员则完成了内部转岗；此外，有多家媒体声称，他们在几个月前就尝试联系特斯拉的公关团队人员，但都没有得到任何回复。

特斯拉为什么要解散公关团队，或者更加准确地说，马斯克为什么要解散美国市场的公关团队，以及为什么要在那个时间节点进行都是耐人寻味的。其实，马斯克对媒体的态度早已经是公开的秘密。

2018年或许是特斯拉近十年中最为艰难的一年。就在这一年，特斯拉因为在Model 3车型生产线上使用了过多的自动化技术而导致产能爬坡出现问题，从而使交付时间一再延后。Model 3车型对于特斯拉的重要性不言而喻，因此2018年这个关键时间点也成了部分投机者乘虚而入的最佳时机，媒体对于特斯拉几起事故的报道也导致大众对辅助驾驶不信任度的提高。就在这个关键时期，马斯克不仅需要住在工厂内，以便在第一时间解决现场问题，还需要接受众多媒体的采访，从而引导大众相信特斯拉能顺利量产Model 3车型。此外，马斯克还要应对资本市场对于特斯拉的一系列操作，压力很大。

多年来，不少对特斯拉有失公允的报道让马斯克感到非常头疼。

在2020年第一季度财报电话会议中，马斯克在回答分析师提问时作出如下解释："有些媒体有失偏颇的报道导致辅助驾驶功能的使用率下降，这其实是将用户置于危险之中，同时也是对辅助驾驶功能的误读，因为特斯拉的辅助驾驶很安全。"为了证实这一点，特斯拉从2018年开始以季度为单位公布其安全驾驶数据。

如果说电话会议中对于媒体的观点只是马斯克情绪的初步表达，那这样的情绪在财报电话会议结束的两周后彻底爆发。马斯克通过社交媒体平台发文表示："那些假仁假义且虚伪的大媒体公司们声称报道真相，但其所报道的都是被伪装之后的谎言，这也是公众不再尊重他们的原因。"他还在评论中声称要建立一个公开网站用于对记者、编辑及媒体进行信用评级。马斯克甚至已经为这个网站想好了名称，并呼吁一些正义之士加入其中。这样的言论不可避免地将马斯克自己与媒体公开放在了对立面上。

一些媒体人士看到这样的言论后也不会轻易让步。一位记者在推特上爆料，在其参观采访SpaceX时就得知，每一篇文章都需要通过马斯克的审核才可以正式对外发布。该媒体人士还讽刺马斯克并不懂媒体的工作流程。也有人跟帖说在一次参观内华达州超级工厂时，记者被要求签订保密协议，而这与媒体工作的核心相违背，并声称马斯克对媒体存在误解，并想以此来控制他的公众形象。

保密协议在媒体行业还是很普遍的。例如，企业为了宣传一些即将发布的技术或产品，有些技术细节是需要提前与媒体进行沟通的，如一些素材的拍摄和制作等。而此时企业又不能将一些具体的信息透露给公众或者竞争对手，但也不可能完全不让媒体记者接触，因而需要签订保密协议，以便在某种层面上让企业和媒体相互受益。尤其像特斯拉或SpaceX这种在两个领域内都处于领先水平的公司，必然有许多商业机密是不能暴露给公众的。即使马斯克对于要求签订保密协议所给出的解释是特斯拉内华达州工厂有先进的电池生产技术，以及一些尚未发布的产品，但部分媒体似乎不认为这是要求记者签订保密协议的理由。

与媒体之间的争论在2018年多次上演。例如，马斯克通过社交媒体平台发文表示路透社对于特斯拉的报道非常负面，并错误地描述了特斯拉的生产情况，结果误导了人们；他甚至发推文质问美国广播公司财经频道为什么采用有劣迹的财经分析师。事情一度发展到美国广播公司财经频道在电视直播中直接喊话马斯克，表示如果频道有任何不实或者错误的报道，请马斯克直接打电话进行沟通。为此，马斯克又不得不发推解释他并非质疑所有的媒体，而是好奇为什么有些媒体要采用"不合格"的财经分析师的报道。

就在特斯拉取消美国市场的公关团队之前,特斯拉举办了电池日活动。之后,马斯克接受了凯拉·斯威舍的采访,他表示一些媒体对于电池日的理解让人感到失望。

马斯克在一次内部讲话中提出:"最好的部件就是没有部件,最好的流程就是没有流程。这样既可以减小质量、降低成本,也不会出错。"他每次参加SpaceX设计部门的会议时,给他留下深刻印象的就是去掉了哪些设计。因为他认为去设计化才是最好的,直接删除就是最好的。虽然,特斯拉或者马斯克从来都没有正面回应过为什么会取消美国市场的公关团队,但是不难看出,马斯克对于一个经常出现问题的部分、部件或部门的第一反应就是,能否去掉它。

就这样,马斯克在一个合适的时间悄无声息地取消了美国市场的公关团队。

2020年的特斯拉,已经不是2018年那个破茧重生的特斯拉,其产能和交付数据连破纪录,连续多季度实现盈利。 2020年7月1日,在特斯拉的股价经过一路暴涨之后,其市值首次超越了丰田集团,正式成为全球市值第一的汽车公司。一家电动汽车公司的市值超越了当时市值第一的传统车企——丰田集团,而它的造车历史还不足20年,这在汽车发展史上尚属首次。市值的上升也体现在品牌价值中,根据凯度(Kantar)BrandZ对全球汽车品牌的调研,Top10榜单中只有特斯拉的品牌价值同比呈正增长,一举跃升至2020年全球汽车品牌价值第四名,仅次于丰田、奔驰及宝马,它也是上榜的唯一一家纯电动汽车公司。

取消公关团体后,特斯拉的核心公关职能落在了马斯克的身上。他会不定期地在社交媒体平台上发布一些与特斯拉有关的新闻,并回复一些网友的提问等。不过马斯克并不是一个人在"公关"。稳健的产能与交付、表现良好的股价，以及具有影响力的马斯克都为特斯拉带来了更多的粉丝。许多粉丝甚至将自己在社交媒体平台的用户名改为与特斯拉相关的名称；也有粉丝专门制作了多期关于特斯拉的播客节目。粉丝的报道和传播，加上马斯克发布的推文，这种组合并不比真正的公关团队逊色。

尽管特斯拉解散了其在美国市场的公关团队，但似乎有一个更为强大的"公关团队"同时诞生。如果你想问特斯拉到底有没有所谓的"公关团队"，笔者对此的回答是：特斯拉的公关团队不是只有马斯克一个人，你我均参与其中。

小结

在移动互联网时代，任何线下商业活动都会伴随高额的成本支出。汽车行业在经过多年发展后已经形成了一个固定且标准的销售服务模板，而特斯拉的成功在商业模式、门店选址及店内运营层面树立了新的标杆。汽车作为一个大型消费品，随着智能电动汽车时代的到来，它更像一个大型消费电子产品，而消费者有需求在线下门店体验产品，并与门店人员进行面对面的沟通。此外，线下门店更像一个品牌形象的展示，可以让用户感受到企业的品牌和文化。正如马斯克在《完美的特斯拉门店》中提到的那样，零售门店可以通过提供类似苹果商店、星巴克或者高级餐厅的服务来满足用户的需求，并成为市场竞争的差异点。

这场由特斯拉引发的汽车零售模式变革，不仅给特斯拉自己带来很好的品牌效应和很高的运营效率，也在不断影响后来的入局者。例如，在体验店建设方面，蔚来汽车的NIO House不仅提供车辆体验，还设有剧场、共享办公区、图书区、咖啡区、儿童游乐区及休息区等；理想汽车的零售门店和服务中心都采用纯直营模式，确保其用户的全生命周期体验。与此同时，在销售模式层面，越来越多的品牌倾向于采用类似于特斯拉的线下体验、线上下单及全国统一售价的方式。

特斯拉2021年度的财报显示，其在全球已经拥有超过655家零售门店和服务中心，仅中国市场就有超过212家零售门店和114家服务中心。尽管数据显示特斯拉在中国市场的部分零售门店与传统车企同处一个汽车商圈，但依然有超过80%的零售门店位于商场内。在特斯拉零售体验的带动下，可能会有更多的汽车品牌选择入驻商场，并采用直营模式等。

特斯拉在营销方面的"努力"有许多值得汽车行业内从事销售、营销及品牌公关等人士，甚至企业管理者思考的地方。经过近几年的大浪淘沙，依然能生存下来的个别"造车新势力"已经领悟到了特斯拉这种不走寻常路的营销策略的精髓所在，它们在成就了自己的同时，让更多的消费者接触到了智能电动汽车，也给发展多年的汽车行业注入了新的活力。

第二章

二

打造可持续
能源生态

在电动化的未来世界，电池对于交通运输的必要性就像今天的燃油。

——埃隆·马斯克

19世纪90年代，尼古拉·特斯拉发明了人们使用至今的交流电，却触及了当时直流电的市场利益，一场直流电与交流电之间的竞争就此拉开帷幕。历史前进的车轮是无法阻挡的，于是在1893年，交流电迎来了属于它的时刻。在芝加哥世界博览会上，交流电以更加经济的方案获得肯定，从此得到重视，沿用至今。

笔者认为，可以用交流电与直流电之争来形容当下电动汽车与燃油汽车的竞争。燃油汽车拥有上百年的发展历史，尽管电动汽车也是在一百多年前诞生的，但其发展受限于当时存在的多种因素，因此燃油汽车成为后来发展的主角。现在的纯电动汽车进入消费者的生活只不过十余年，对于许多人来说纯电动汽车依然是个新生事物。经常会听到消费者针对电池提出各种问题，例如：

·电动汽车的电池电量会不会衰减？使用几年后还能达到多少里程？

·电动汽车可以在雨天使用吗？如果电池短路，它会漏电吗？

·电动汽车的电池有辐射吗？

·电动汽车换电池需要花多少钱？

电池作为电动汽车和燃油汽车最大的区别之一，也是消费者非常关心的问题。随着电动汽车保有量的增加、电池技术的不断升级，以及电动汽车知识的普及等，上述问题会被逐渐淡化。回顾电动汽车近些年的发展，少不了特斯拉的身影。

锂离子电池遇见伯乐

2003年，特斯拉的创始人之一马丁·艾伯哈德（以下简称艾伯哈德）认为锂电池拥有巨大潜力，于是想要制造一款用锂电池驱动的纯电动汽车。通用汽车在当时已经发布了旗下第一款纯电动汽车EV1，消费的主力人群是拥有宝马、雷克萨斯等高档汽车的用户，他们拥有消费能力，喜欢购买与主流车型有差异的汽车，艾伯哈德发现这是一个拥有超过数十亿美元消费潜力的巨大市场。就在他四处募集资金的时候，遇到了发明PayPal的马斯克。马斯克在注资650万美元的同时，还将改变了锂离子电池命运的J·B.斯特劳贝尔（以下简称斯特劳贝尔）带入特斯拉。

斯特劳贝尔出生于美国威斯康星州，从小就表现出对于电池和带轮子物体的兴趣。1998年，斯特劳贝尔将两个铅酸蓄电池和一个电机装在自行车上，让这辆自行车可以最高速度50km/h行驶，在人力作用的配合下，这款混合动力自行车的续驶里程可以达到40km。

1999年，斯特劳贝尔在其就读的斯坦福大学的学生五金商店内寻找可以用在自己那辆二手保时捷944上的零部件，他甚至为此工作到凌晨4点，目标是将这辆燃油驱动的保时捷改装为纯电驱动。在经过不断的安装和调试后，他终于研发出了这辆纯电动保时捷的控制器与充电系统。这辆保时捷拥有两个电机和重达378kg的铅酸蓄电池，可以输出180kW的功率，这样的动力表现足以让他拿下改装竞速电动汽车的世界纪录，但是这辆车的续驶里程只有不到48km，如何将这辆车开到赛车场成为一个问题。于是斯特劳贝尔用500美元买了一辆破旧的大众品牌甲壳虫汽车，并将其从中间切开，利用甲壳虫汽车的动力和拖车钩将纯电动保时捷944推着向前走。就这样，他的赛车在萨克拉门托举办的全国电动汽车拉力赛上以17.278s的成绩打破了当时的世界纪录。

在斯坦福大学获得硕士学位后，斯特劳贝尔从威斯康星州搬到了加利福尼亚州的洛杉矶市，尝试在那里寻找自己感兴趣的工作。之后，他进入了由哈罗德·罗森创立的罗森马达公司，在公司倒闭后他又与哈罗德·罗森一起研发电动飞机。正是因为电动飞机这个项目，才有了那顿具有特殊意义的午餐，斯特劳贝尔就此开始了他在特斯拉的创业之旅。

马斯克曾经这样形容那顿午餐的意义："如果我们没有2003年的那顿午餐，也许就没有现在的特斯拉。"

与马斯克共进午餐的正是发明了地球同步卫星的工程师哈罗德·罗森（以下简称罗森）及其公司的工程师斯特劳贝尔。罗森正在研发一款电动飞机，他想了解已经投资了SpaceX的马斯克是否对这个项目感兴趣，但当时的马斯克似乎对这个项目没有太多的兴趣。然而，当斯特劳贝尔提到一款用锂离子电池驱动的汽车时，马斯克却表现出浓厚的兴趣，并承诺资助一定的资金。就这样，马斯克与这位热衷于研究锂离子电池的工程师相识了。

在那顿午餐后不久，马斯克就安排了斯特劳贝尔与特斯拉团队会面。得知特斯拉团队已经开始着手研发锂离子电池驱动的汽车后，斯特劳贝尔表现得非常兴奋，因为他一直坚信锂离子电池会成为驱动未来电动汽车的核心。斯特劳贝尔曾经为了推广这一想法而到处参加各种展会，并给有意向的人发电子邮件，但是人们都觉得这个想法不太切合实际。在会面结束后，特斯拉就决定以9.5万美元的年薪聘用斯特劳贝尔为公司的首席技术官，斯特劳贝尔正式成为特斯拉创始团队的成员。

在加入特斯拉后，斯特劳贝尔随即面临一个前所未有的难题——如何研发出适合Roadster的动力系统。在此之前，没有人可以将用于笔记本电脑和家用电器的18650锂离子电池成功应用在电动汽车上并实现商业化。斯特劳贝尔带领的团队为了让研发出的电动车型能够达到改变当时人们对于电动汽车认知的续航水平，在其所研发的电池包内布置了超过6 800节18650锂离子电池。由于锂离子电池的高度活跃性，加上如此多的电池堆积在一起，电池的累计发热量变得非常高，一旦遇到高温，电池内部就会出现热失控，并影响旁边的电池，进而引发着火甚至爆炸。为了能够降低电池组的工作温度，该团队将水和乙二醇等比例混合在一起，并装入折叠的管道内，让管道给超过6 800节电池进行降温。在经过不断的试验之后，该团队发现电池热失控的现象明显减少，于是为该液冷技术申请了专利，而这一专利至今也是许多主流电动汽车电池包采用的冷却方案。

就在斯特劳贝尔认为其所研发的动力电池系统能够让Roadster的续驶里程达到400km时，通过测试得到的车辆续驶里程只有270km，而电池包的密度已经达到200kW·h/kg，但是他所带领的团队找不到明显的问题点，于是不得不从系统的角度去考虑如何解决这些问题。他们尝试优化车辆的空气动力性能，更换车辆的制动系统，改变轮胎压力，甚至将两级变速器更换为单级减速器。在这些问题中，斯特劳贝尔认为最棘手的问题就是变速器，因为早期工程师认为两级变速器能够更有效地解决动力输出和电机转速的问题，但事实上，因为电机的转矩特性，最好的方法是使用单级减速器。最终，斯特劳贝尔决定舍弃原来的两级变速器，改为研发一款新的单级减速器。这也是直到现在大多数电动汽车依然采用单级减速器的原因。在升级了制动系统和修复了许多小问题之后，Roadster在美国国家环境保护局（EPA）测试标准下的综合续驶里程可以达到400km，在EPA指定的第三方测试机构的测试下，Roadster的最终续驶里程定格在390km。而这一数据表现是当时通用汽车旗下第二代纯电动车型EV1续驶里程的2.3倍。

如果说特斯拉想用第一款跑车Roadster向外界证明，锂离子电池是可以用在电动汽车上的，那接下来耗时5年打造的代号为"白星"的Model S就肩负着使锂离子电池驱动的电动汽车尽量实现商业化的任务。Model S的定位是一款可以供7人乘坐的轿跑车型，其续驶里程超过480km。在2012年交付时，全球纯电动汽车市场上还没有能达到相同续航水平的电动车型。

斯特劳贝尔带领团队重新研发了一款更适合电动汽车的平台，相比之前Roadster不得不采用的后置电池布置方式，全新的平台更像一个"滑板"—— 一块纯平的电池包带有四个车轮，只有这样的底盘布局才能满足马斯克对于续航、空间及性能的要求。斯特劳贝尔及其团队首先将一部分电池装在一起组成一块电池包，业内称其为模组；然后将多个模组连接起来，装在一个具有高强度的电池包内，业内称其为Pack。为了能够给工作中的电池降温，斯特劳贝尔优化了之前在Roadster上使用的液冷系统，让有液体流过的金属管道与每个电芯表面接触，为其降温或者升温，确保电池工作于适宜的温度。为了避免因电池过热而出现内部失控，在特斯拉的每节电池上都有3个直径小于0.5mm的小孔，用于散热和泄压。为了监控每节电池的电流和电压，斯特劳贝尔及其团队还研发了更为先进的电池管理系统，用于管理每个模组的工作情况。该电池管理系统的作用与管理员相似，即按不同的角色职能分区域管理7 000节电池正常工作。

Model S类似"滑板"一样的底盘可以让电池包装载更多的锂离子电池，当时容量最大的版本已经装有85kW·h的电池，而容量如此大的电池包在带来超长续驶里程的同时，也给充电时间带来了一定的挑战。如果按照当时主流的充电功率计算，一辆Model S充满电至少需要10h，相信没有人愿意花费将近7万美元去购买一个使用体验如此不佳的产品。于是，斯特劳贝尔及其团队给Model S研发了一套更为高效的充电系统。

如果一辆电动汽车使用普通的家用壁挂式交流充电桩进行充电，则须让交流电经过车载充电机转换为直流电后充入电池，但因受限于车载充电机和家用电网的功率问题，充电速度很慢。如果不依赖车载充电系统，依靠超大功率的直流充电桩直接给电池充电，充电就会变得非常快，但也存在一个弊端：电池过热。幸好斯特劳贝尔及其团队已经在Roadster的动力电池系统降温方面积累了丰富的经验和技术。在Model S交付3个月后，特斯拉发布了自己的超级充电系统，其充电功率可以达到150kW·h。这意味着只需约1h就可以将Model S充满电，这种体验是前所未有的。要知道这一切都发生在2012年，即使是在2022年，也有纯电动车型达不到这样的充电功率。

斯特劳贝尔再次利用自己对锂离子电池超前的理解和领先的技术，帮助特斯拉及其产品脱颖而出，仅Model S在接受预定后一周的订单量就超过了500辆，截至第一辆Model S交付之时，仅Model S的全球订单量累计超过了10 000辆。加上特斯拉在2012年又发布了旗下第一款SUV车型Model X，以及当时已经纳入规划的Model 3，马斯克与斯特劳贝尔做了一个简单的计算后发现，未来特斯拉对锂离子电池的需求量是惊人的。

至此，特斯拉让广泛用于笔记本电脑和各种家用电器的锂离子电池进入了汽车行业，同时也成就了今天的锂离子电池行业和电动汽车行业，但特斯拉对锂离子电池行业的贡献并不止于此。

我才是电池大王

2021年1月，马斯克通过社交媒体发表了自己的看法：电池产能是减缓世界迈向可持续能源步伐的基本限制因素，这是一个非常严重的问题。宁德时代创始人曾毓群曾在一次论坛上表示：如果哪个车企想要电池，就要花钱承包生产线，只有这样才能保证相应的产能。这很形象地描述了近几年锂离子电池行业供不应求的状况。而2022年电动汽车的全线涨价更是直接将电池产能问题推到了风口浪尖。

特斯拉一直在Model S与Model X两款车型上使用圆柱形封装的三元锂离子电池，为了降低成本，同时考虑到供应链因素，特斯拉在全球范围内引入了磷酸铁锂电池，主要用于Model 3与Model Y的入门版车型上。作为电动汽车的先行者，特斯拉一直受到电池产能和成本的影响，为了尽量降低这些影响，特斯拉不惜花费重金在内华达州建立了第一座特斯拉超级工厂。

从早期车型使用的18650电池到Model 3和Model Y两款车型使用的21700电池，再到2020年发布的4680电池，特斯拉逐步提高电池的密度，并寻求各种方法降低电池的成本。

所谓三元锂离子电池，其正极材料一般是镍、钴、锰或铝等材质，镍的占比越高，电池的活性越好，即电池的能量密度越大。但过多的镍容易让电池材料内部结构发生变化，导致锂离子析出，因而需要使用钴来提高电池的循环和充放电性能，并用锰或铝来提高材料的结构稳定性。在上述几种材料中，钴的市场价格最高。相关数据显示，2018年年初钴的售价约为65万元/吨，同期锂的售价则为17万元/吨。钴是一种稀有金属，但其开采受限于多种因素，因而各大电池厂商都在积极摆脱对钴的依赖。2020年，宁德时代宣称即将研发出无钴电池；2021年，蜂巢能源宣布其量产的无钴电池已经具备装车量产条件。

为了降低电池中钴的含量，电池制造商不断通过研发来改变电池正极材料的配比。例如，将镍钴锰的比例由原来的5∶3∶2调整为8∶1∶1，在提高电池能量密度的同时降低钴的用量。特斯拉现有车型上的三元锂离子电池为松下或LG的镍钴铝三元锂离子电池，而更多的电动汽车使用的是镍钴锰三元锂离子电池，相关数据显示前者钴的用量只为后者的30%，但能量密度更高。英国基准矿业情报公司的数据显示，从2009年到2012年，特斯拉平均每辆车的动力电池需要使用11kg的钴；从2016年到2018年，特斯拉平均每辆车的动力电池需要使用7kg的钴。2018年，平均每辆Model 3的动力电池只需约4.5kg的钴。也就是说，特斯拉在6年内将钴的用量降低了近60%。

2020年9月，特斯拉举办了推迟多日的电池日活动。在该活动上，特斯拉发布了自己承诺已久的无钴电池，在电池实现无钴化之后，不仅能降低成本，还能提高镍的用量，进而提高电池的能量密度。对于无钴化和高镍所带来的电池稳定性问题，特斯拉采用了一种特殊的涂层技术：在正极材料中加入特殊添加剂，以满足材料的稳定性要求。配合使用特斯拉的热管理系统，可以让无钴电池达到安全标准。

全新的电池不仅采用无钴的技术方案，还通过改变电池的封装形式、极耳设计及电池包设计等进一步提高整体电池系统的能量密度。

在封装形式层面，全新的电池依然采用圆柱形设计，但其直径已经达到46mm，高度也达到80mm，因此又被称为4680电池。这种设计并不是简单地将电池体积增大，经过特斯拉测试，上述电池尺寸既能很好地兼顾电池性能，又能大幅度降低电池成本。与特斯拉现有车型使用的21700电池相比，新的4680电池在容量层面上升了5倍，充放电功率提升了6倍，续驶里程增加了16%。

此外，4680电池还突破性地取消了传统电池用于区分正极和负极的极耳，对此采用全极耳设计的说法或许更为贴切，因为它只是将众多极耳隐藏在电池内部，并通过缩短电子在电池内的移动路径，降低电池内阻，从而减少了电池工作时的发热量。这种设计可以大幅度提升电池的充放电效率，其所带来的直接好处就是使充电变得更快，车辆的动力性能变得更好。

容量更大的电池，让电池包内的电池数量减少了许多，从而减轻了电池管理系统的压力。以拆解特斯拉汽车车型出名的专家Sandy Munro在现有的电池包规模下，模拟了特斯拉以后将如何布置4680电池。以Model Y车型的电池包为例，现在的电池包内装有4 416节21700电池，如果改用4680电池，只需960节。得益于全新电池的设计，搭载该电池车型的充放电效率和续航能力均得到一定的提升。2022年4月，特斯拉设立在美国得克萨斯州的超级工厂开始陆续交付搭载4680电池的Model Y车型。之后，特斯拉位于德国柏林的超级工厂也会生产搭载4680电池的Model Y车型。

2019年，宁德时代发布了自己的Cell to Pack无模组电池包技术；2020年，比亚迪发布了自己的刀片电池技术。不难看出，其大致思路都是取消电池模组，直接将电池集成到电池包中，这样可以节省出更多的空间用于布置电池，从而提升电池包系统的能量密度。在电池日活动上，特斯拉跳过了无模组电池包技术，直接发布了无电池包设计的结构化电池技术。特斯拉从飞机的油箱布置思路上获得了灵感，早期人们将飞机的油箱视为货物存储在机身中，不但占用空间，也不好固定。之后，有工程师建议将油箱设计在机翼中，这样一来，机翼也是油箱，机翼的强度也能得到一定的提升。特斯拉借用这种思路，将电池作为底盘的一部分，取消了原来所谓的模组及电池包设计。这在很大程度上减小了整个电池系统的质量，并增加了布置电池的空间。目前在Model 3和Model Y两款车型使用的电池包内部，电池的周围布满了阻火填充物，电池包就像一个"三明治"——电芯在中间，填充物和电池包外壳分布在两端。这种新结构充分利用了4680电池坚硬的外壳设计，将电池本身也作为结构件，在发生撞击时可以用于分散冲击力。此外，新的结构化电池设计让汽车的重心得以降低，汽车的操控感变得更好。电池包结构的优化让特斯拉的汽车在续航和操控水平方面均得到了提升。根据特斯拉在电池日活动上公布的数据，全新的结构化电池设计可以减少超过370个零部件，降低10%的车身质量，同时增加14%的续航能力。Sandy Munro的团队在拆解得克萨斯州超级工厂生产的一辆特斯拉Model Y的4680电池包后发现，其电池包、前排两个座椅、前排中央扶手、副仪表及地毯的总质量只有543.4kg，这比其拆解的一些电动车型电池包质量的一半还小。

为了降低电池成本，特斯拉对电池的正、负极材料也进行了改进。当前电动汽车电池的负极主要使用石墨来存储锂离子，而硅在存储锂离子方面是石墨的9倍，并且地球上硅元素的存储量仅次于氧元素，无论是开采难度，还是开采成本都比石墨低。但如果使用硅材料作为负极，在进行一段充放电过程后，硅的内部结构会发生变化，导致电池的储电能力下降。马斯克举例说，硅材料的负极就像曲奇饼干一样会裂开，然后变得黏稠。但特斯拉从冶金硅原料开始就为其包裹一层合成的弹性离子，并将其与活性非常高的高弹性黏合物相结合，确保硅材料不会在多次充放电后发生破损。仅仅通过对电池负极的这一项技术改进，特斯拉就提升了20%的续航能力，而且电池负极的成本仅需要1.2美元/（kW·h）（相当于电池成本降低了5%）。

对于电池的正极，除了前文提到的无钴化处理，特斯拉还发现内华达州拥有充足的锂矿和镍矿资源，尤其是锂矿资源。特斯拉在内华达州已经拥有超过10 000arce（1arce=4 046.856m²）的矿产资源。此外，特斯拉还发现了比现有主流采矿方法更环保的方式——仅利用食用盐和氯化钠就可以分离出锂。通过将正极原材料本土化，可以缩短原材料80%的运输距离，这有利于大幅度降低成本。特斯拉在电池领域垂直

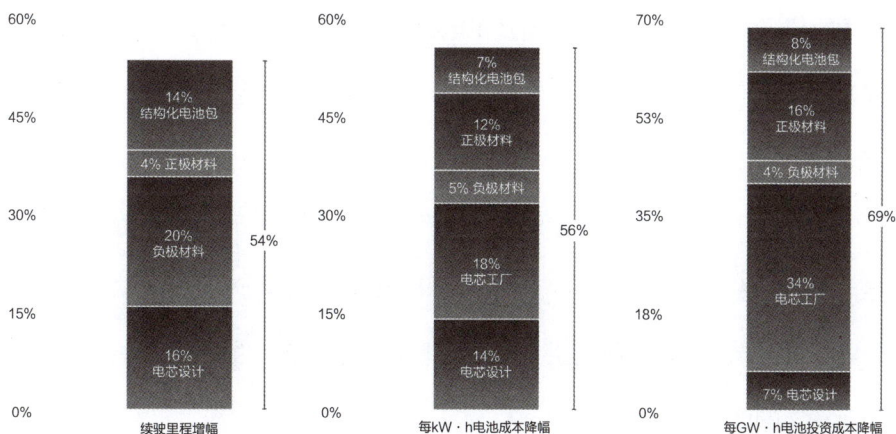

图2-1　特斯拉在电池领域垂直整合的累加利益

整合的累加利益如图2-1所示。

在保证电池能量密度的同时，降低电池成本是加快电动汽车普及的重要途径之一。

特斯拉在电池日活动上公布了电池的成本结构，其中原材料占65%，生产过程占35%。于是特斯拉开始关注这超过1/3的生产成本。如果能够对生产效率进行优化，电池成本也会相应降低。在传统的电池生产过程中，需要先将生产电极的原材料和添加剂混合在一起涂覆在铝箔或铜箔上，经过高温处理后，将电极材料辊压在金属箔上；然后按照规格对金属箔进行切割，卷绕成圆柱形，封装后注入电解液；最后对电池进行充电，以确认电池能否正常工作。特斯拉发现在制造湿电极的过程中需要过多的工序，如原材料与溶解剂的混合、涂抹、烘干及溶解剂的回收等。如果将已混合的原材料直接制成具备封装条件的电极，则会节省更多的时间和工序。

2019年，特斯拉收购了超级电容器制造公司Maxwell。该公司可以制造符合军用级别要求的超级电容器，也初步具备了干电极的制造能力。即便如此，正如马斯克所说的那般，简化工序并不容易。在特斯拉收购了Maxwell之后，其团队对干电极的生产工艺进行了4次大的改造，才达到量产标准。此外，特斯拉还从传统的报纸印刷及饮料灌装生产线中获得灵感，在全新的电池生产线上采用高速连续动态组装的工艺，从而使电池的组装线可以高速运转。这样做的好处是可以提高产能——与之前的生产线相比，全新的组装工艺可提高7倍的产能。特斯拉通过对各个生产环节进行优化，最终可以实现18%的成本缩减。

或许有人会质疑，如果特斯拉可以通过优化以上生产流程来降低电池成本，那么其他电池制造商也可以如法炮制。但特斯拉区别于许多企业的特点就在于其超强的垂直整合能力，正是因为特斯拉很早就投入到电池的生产中，才会有一系列具有针对性的收购。

除了收购具备干电极技术的Maxwell，特斯拉在2016年年底还收购了德国的一家设计生产制造类设备的公司Grohmann Engineering，并于2019年10月收购了加拿大的电池制造公司Hibar。Grohmann Engineering是一家拥有近60年历史的公司，其产品线覆盖处理器及内存芯片、安全气囊传感器、电动助力转向控制器和电动汽车的电芯及模组等。该公司生产的机器人也被用于特斯拉在内华达州的超级工厂，负责生产电池和电器元件。Grohmann Engineering在被收购时还在为宝马公司和戴姆勒集团生产电池模组。这次收购让特斯拉在自己生产电池的道路上得到了更强的技术支持。特斯拉在收购了Grohmann Engineering后，将其改名为Tesla Automation（特斯拉自动化公司）。Hibar也是一家拥有近50年历史的公司，已在全球多个国家设立了分公司。该公司的核心技术攻破了电池快速灌注工艺的难关，能有效提高电池生产效率。

在电池日活动上，马斯克不断强调"*Simple is hard*"（做减法并不是一件易事）。不能指望通过直接收购一家公司，就能将其核心技术直接套用在自己的产品上，仍需要大量的修改、适配和验证才能具备量产条件。一个产品、一项技术从概念阶段到量产阶段需要克服许多技术、成本等层面的难题，这也是结构化电池包延迟量产的主要原因。

特斯拉在电池方面的投入是非常大的，无论是触及原材料市场，还是建立自己的电池工厂，又或是设计自己的电池等。特斯拉在电池方面的一系列动作并不只是为了满足自家生产汽车的需求。根据特斯拉的规划，到2030年，特斯拉的电池产能将达到3TW·h，这相当于$3×10^8$辆特斯拉Model S 的P100D电池容量之和。这里需要再次强调特斯拉的使命：加速世界向可持续能源的转变。然而，特斯拉从来没有强调自己是一家汽车公司，那它会用这些电池做什么？

再见，加油站

从2019年开始，特斯拉汽车在实现国产后的销量一路飙升，到2021年全球交付量更是直逼100万辆，其在国内的关注度也随之升高。2021年2月底，有媒体关注到特斯拉上海有限公司在自己的营业范围内增加了"新能源汽车换电设施销售"及"电池销售"等项目。一时间，网络上出现有关特斯拉要转向"换电模式"的传闻。

不过这种假设也不是没有根据的。2020年财务部、工业和信息化部、科技部及发展改革委四部门联合发布的新能源汽车推广应用财政补贴政策中的第七条就明确提到了新能源乘用车补贴前售价低于30万元（含30万元）的车型可享受补贴政策，但为了鼓励"换电"等新型商业模式创新发展，对采取"换电"模式的新能源汽车产品不执行30万元限价要求。而特斯拉在当时只有最低配置的Model 3车型的售价（补贴前）低于30万元，其余版本车型的售价均超过30万元，因而无法享受该项补贴政策。这似乎让特斯拉失去了一些竞争优势。因此，部分媒体和网友在看到特斯拉上海有限公司新增换电业务后推测其开展换电业务似乎也是合理的。

然而，时任特斯拉公司全球副总裁的陶琳针对该事件在社交媒体平台上作出的回复却引发了一场有关新能源汽车"换电"与"超充"（超级充电）技术的讨论。

陶琳的微博内容如下：

最近很多朋友都在关注特斯拉到底会不会启动换电业务，非常感谢大家的关心。早在2013年，特斯拉就尝试过换电，换电模式目前在一些特定领域，如出租车或者公交车上是不错的补能模式，但是我们一直坚信充电模式是大规模民用电动车最好的补能方式。

大家不妨回想一下十年前，我们使用的很多电子产品都采用可拆卸电池，一部手机需要配备两块电池。而现在的手机、电脑等绝大部分电子产品都变为了一体化内置电池，补能的方式也由更换电池转向了大功率快充。这背后是各大电子产品厂家结合技术发展趋势以及产品逻辑深度思考的结果。

不断加大充电桩的布局，同时提高充电效率，我们认为这是解决用户充电焦虑的最佳方案。电池的发展日新月异，各种型号、品牌的电池层出不穷，哪怕是同一品牌的不同车型，在电池形态上很有可能也不同。 而国标充电接口是一致的，这会极大提升补电的效率。特斯拉最新的V3超充技术能够在15min内最高补充250km的续航电量，喝杯咖啡的时间就已基本满足市内通勤的一周电量需求。

我们会不断提升充电桩的布局以及提升充电效率，期待大家留言告诉我们对充电桩选址的建议，我们会根据客户需求来布局更加便利的充电网络，为广大车友们提供更好的用车体验。 感谢！

为了展示特斯拉在中国市场的"超充"布局，陶琳还在其回复的内容中附加了一篇名为《特斯拉在华超级充电桩数量突破6000桩》的报道。

确如陶琳所述，特斯拉早在2013年就尝试通过换电技术来解决电动汽车的补能问题。2013年6月，特斯拉举办了换电技术的发布会。马斯克在现场让Model S车型采用换电方式进行补能，并与一辆中大型燃油轿车在加油站加油的速度进行比拼。马斯克以这种直观的方式向消费者表明换电模式不但可行，而且高效。在现场，一辆Model S仅用时约1分33秒就完成了换电操作，而与其比拼的燃油轿车还未完成加油操作；马斯克接着安排了另一辆Model S进行换电操作，该辆Model S仅用时约1分36秒，而燃油轿车也刚好完成加油操作。这在当时带给用户的直观感受还是很强烈的，因为就算使用特斯拉的"超充"技术，仍需要至少40min才能充够80%的电量。就在该场发布会成功举办一年多之后，特斯拉启动了"换电测试项目"：在位于洛杉矶和旧金山两个城市中间的哈里斯农场超级充电站的旁边设置了一个换电站，以便于用户在来往这两个城市时尝试"换电"技术。特斯拉想利用这个测试项目收集用户对于"换电"技术的想法。

对于上述"换电测试项目"，有以下几点值得关注：

首先，因为要拆卸电池下护板，所以实际的换电时间会维持在3min左右，而不是先前发布会上展示的1min多。但是特斯拉希望借助技术的发展，以及自动化技术的成熟，将整个电池的更换时间压缩至少于1min。这或许不会太影响用户对于"换电"技术的尝试，毕竟相较于"超充"技术的用时，3min已经很短了，这对于时间紧张的客户应该会有不小的吸引力。

其次，用户必须通过预约方式才能进行"换电"服务。或许是当时的特斯拉考虑到电池库存等原因，只允许提前预约的用户进行"换电"服务。这样的换电运营流程与现有的蔚来换电模式存在一定的差异，蔚来汽车会给每个换电站提前预留相应数量的电池包，这有利于电池循环使用。当用户想要进行"换电"服务时，可以提前通过蔚来车主App查看换电站的可用电池数量、电池类型、可换电池数量及排队情况等。

最后，每次换电的费用会略低于一辆豪华燃油汽车加满油的费用。据用户反馈，当时单次换电的费用为60~80美元，这似乎不会给能购买超过10万美元Model S的车主带来过多的负担。有趣的是，在换电站的旁边就是特斯拉的超级充电桩，而特斯拉为了吸引更多客户购买汽车，当时的超级充电桩对车主都是免费的。试想一下，如果你是车主，你会选择花费几十美元快速换电，还是等待一段时间进行免费超充服务？

在2015年的特斯拉股东大会上，马斯克被投资者问及关于"超充"和"换电"的事宜，马斯克表示特斯拉给加利福尼亚州地区约200位车主发送了参加"换电测试项目"的邀请，但只有几位车主愿意进行尝试，并且他们都只是尝试了一次而已。尽管特斯拉想扩大测试用户的邀请范围，但考虑到前期用户的反馈，特斯拉认为后续的用户跟前期受邀的用户对"换电测试项目"的反应不会有太大的差异，故而就此作罢。基于上述原因，特斯拉基本不会再扩大换电站的建设投资。从2013年发布"换电"技术到2015年的股东大会，特斯拉通过两年左右的尝试迅速否定了"换电"方案。

特斯拉对于"换电"业务谨小慎微的尝试与当时人们对于"换电"这种商业模式的顾虑不无关系。就曾有公司因为重金投资"换电"业务而面临经营问题。

特斯拉对"换电"模式的低投入快速尝试也让其坚定了"超充"的发展路线。事实上，特斯拉在尝试增加"换电"业务的同时已经在全球布置了超过312个超级充电站，以及超过1748个超级充电桩。2012年9月，特斯拉在Model S车型开始交付后不久便推出了第一代超级充电桩，早期的充电桩峰值功率可支持100~120kW，这意味着一辆85kW·h的Model S汽车充满电只需一个多小时。而这样的充电速度在当时无疑是令人惊叹的，因为直到现在依然有纯电动车型无法达到这样的充电速度。

与现在多数车企的策略不同，特斯拉的超级充电桩是自主设计研发的，可以更好地与自己旗下车型的电池系统进行兼容，从而获得更高的充电功率。截至2019年3月，特斯拉已经从最初的第一代超级充电桩升级到第三代超级充电桩，而第三代超级充电桩的峰值功率可以到达250kW。为了能够缩短充电时间，特斯拉还配合自己的超级充电桩技术给车辆升级了一项智能电池预热功能。当车主使用行程规划去特斯拉的超级充电站或者第三方快速充电站进行充电时，车辆会智能地对电池的温度进行调整，以确保在到达超级充电站时的电池温度为最佳充电温度，从而缩短充电时间。正是因为特斯拉自主研发电池系统及超充系统，才可以让用户享受快速充电。而"超充"技术也是许多没有家用充电桩的用户购买特斯拉的一个重要原因。特斯拉在新能源车型的补能方面做了很好的示范，一些车企及"造车新势力"均不同程度地布局了自己的超充体系，如小鹏汽车、蔚来汽车及大众集团等。其中，大众集团旗下的保时捷纯电动车型Taycan甚至不计成本地采用了800V电压平台，从而保证车辆最高可以支持270kW的充电功率。此外，截至2022年5月，由大众集团投资的开迈斯品牌充电站在中国地区已经建设上线超过724座超级充电站及超过6 806个充电终端。

正如陶琳在社交媒体平台上所说的那般，特斯拉希望通过提高充电效率、扩大充电桩的布局来缓解用户的充电需求压力。特斯拉也会在每个季度的财报中对自己的超级充电站布局进行公示。2018—2021年特斯拉超级充电站和超级充电桩的发展变化如图2-2所示（数据来源于特斯拉年度财务报告）。

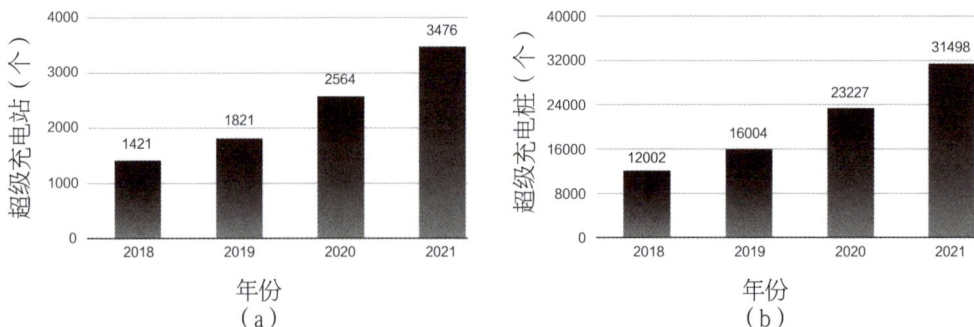

图2-2　2018—2021年特斯拉超级充电站和超级充电桩的发展变化

　　随着特斯拉在中国市场销量的提升，为了满足用户的充电需求，2021年年初，特斯拉在上海超级工厂内投产了超级充电桩，主要是第三代超级充电桩，以加快中国地区超级充电站的布局。截至2022年5月，特斯拉已经在中国境内建成超过1 100个超级充电站，超过8 600个超级充电桩，超过700个目的地充电站，以及超过18 000个目的地充电桩，覆盖范围超过370个城市。得益于特斯拉的充电桩在中国只对特斯拉车型开放，加上其自营充电桩的原因，特斯拉充电桩的可使用率也很高， 从而避免了目前多数公共充电桩存在的充电桩被故意占用、无人维护及无法充电等问题。

　　特斯拉于2022年12月发布了第四代"超充"技术，旨在进一步提升特斯拉车型的补能效率。领先的"超充"技术及不断增加的超级充电站数量，在助推特斯拉车型销量提升的同时，进一步强化了其加速世界向可持续能源转变的使命。未来或许会出现人们在驾驶燃油汽车时担忧行驶里程的情况，如同现在驾驶电动汽车时担忧其续航能力一般。人们不得不对越来越多的传统加油站说再见，随之涌现的则是诸如特斯拉超级充电站这样的加"油"站。

不止于汽车

太阳能与Powerwall家用储能电池可以确保家里永不断电。

——埃隆·马斯克

试想一下，如果有一天世界没有了电会变成什么样？人们将无法使用手机进行通信、支付，无法使用空调进行制冷或制热，无法使用电梯，甚至无法使用电磁炉进行烹饪等。笔者依稀记得小时候家里经常停电，或许是因为那时可用的家用电器非常少，停电所带来的影响似乎不大。随着电力行业的发展，现在很少会发生大规模的停电，即使是因为台风导致部分地区停电，但在电力部门的努力抢修下也会很快恢复。美国的电力情况则不同。首先，美国各州之间的电力网络发展情况存在很大差别，如有些经常发生飓风的城市和相对偏远的地区，就会时常停电；其次，美国人在用电方面的习惯也是有很多特点的。相关数据显示，2021年美国居民人均月度用电量约为375kWh，而同期我国居民人均月度用电量约为68kWh，这就意味着美国人均用电量约为我国人均用电量的5倍。而这又与美国人对于能源的态度有很大关系。众所周知，美国燃油的相对使用成本低于我国，电作为二次能源是需要使用燃油、煤炭及天然气等生产的。相对使用成本更低的油价也体现在家庭用电价格上，美国大部分州的电价约为12美分/度，部分州的电价甚至低于10美分/度，这对于人均年收入超过33 000美元的美国人而言实在不算高。

那么美国的电力都来自哪里？根据美国能源信息局的数据，2019年美国的大部分电力依然需要依靠化石燃油来产生，其中天然气的占比为38%，煤炭的占比为23%，燃油的占比不足1%，可再生能源的占比只有17%。可再生能源包含太阳能、风能、地热能、生物燃料及水能。在可再生能源发电模块，太阳能发电量仅占10%左右，占2019年全年总发电量的2%。在倡导碳中和的大环境下，清洁能源发电将会形成一个巨大的市场，但目前太阳能发电的占比如此之低，足以说明其具有很大的市场潜力。这或许是当年马斯克建议林登·里夫和彼得·里夫将太阳能作为其创业方向的重要原因，于是就有了太阳城公司，而这也为特斯拉成为一家能源公司埋下了伏笔。

阿什利·万斯曾在自己的著作《硅谷钢铁侠》（*Elon Musk: Tesla, SpaceX and the Quest for a Fantastic Future*）中提到，马斯克早在1994年就读于宾夕法尼亚大学时期就撰写了一篇关于太阳能的论文《论太阳能的重要性》。很可惜现在无法找到这篇论文的完整版，但根据阿什利·万斯的描述，马斯克计划采用合计长度可达4 000m的太阳能电池板从太空中将能量不断输送至地球，并预测随着原材料的发展、太阳能的规模化及利用率的提升，太阳能的成本将大幅度下降。

林登·里夫和彼得·里夫与马斯克是表兄弟关系。2006年，在马斯克的建议下，这两人成立了太阳城公司，主营业务是销售及安装太阳能光伏板等。当时已经拥有

SpaceX与特斯拉的马斯克，也注资了太阳城公司，并担任董事长一职。

在太阳城公司成立之时，市场上已有许多与太阳能光伏有关的公司，但林登·里夫和彼得·里夫经过调研发现，大多数光伏企业的精力都集中在生产太阳能电池上，对太阳能电池的运输和安装则不是很感兴趣。林登·里夫果断从这块细分领域切入，并推出了全新的商业模式。当时的光伏产业，因为太阳能电池的价格和安装等后续费用受到了一定程度的限制。而林登·里夫的策略与大多数公司不同，他所采用的策略更像马斯克在PayPal上采用的互联网思维。先凭借低廉的价格让用户选择太阳能发电，在占据了市场之后，继续赚取后续的服务费用等。林登·里夫也的确凭借这种商业模式迅速占据了很大的市场份额，但光伏产业的特点就是前期投入大、投资回报周期长，这给公司的后期发展埋下了一定的隐患。

太阳城公司免费为用户安装太阳能电池充电系统，用户只需按照低于电价的价格支付给太阳城公司即可。低廉的电价导致太阳城公司需要大笔的资金进行前期投入，幸运的是，太阳能电池的价格下降得很快，2010年太阳能电池的价格已经低于2美元/W，这有利于太阳城公司降低运营成本。林登·里夫为了快速扩张，不惜花费重金在2011年收购了Clean Currents的太阳能事业部及太阳能系统的安装公司groSolar，此举帮助太阳城公司扩大了业务覆盖区域。

得益于加利福尼亚州地区投资者对清洁能源的青睐和政府的激励政策，太阳城公司凭借其良好的商业模式表现于2012年成功登陆纳斯达克，马斯克和林登·里夫计划募集超过2亿美元来支持后续的业务发展。业务的发展基本按照"马斯克式"的方式进行，太阳城公司在2012—2014年内通过垂直整合完善了公司在上下游的业务架构。

太阳城公司从原先的一个太阳能电池销售与安装服务公司转变为集太阳能电池生产、销售、安装及后续服务为一体的能源公司。虽然，当时大多数的光伏产业公司都将生产地放在劳动力成本较低的中国及东南亚国家等，但随着进口关税的增加，这让进口太阳能电池组件的价格并不占什么优势。在收购了太阳能电池制造商Silevo之后，太阳城公司借助Silevo与纽约州水牛城的前期合作，计划在水牛城生产自己的太阳能电池。而急需摆脱当时困境的水牛城也想抓住这次机会，两者的合作水到渠成。根据双方的协议，太阳城公司将在水牛城投资数十亿美元，水牛城则为太阳城公司建设场地和购买相应的生产设备，并将工厂以1美元/年的租金出租给太阳城公司。马斯克在某次电话会议中强调其对太阳能电池年平均安装量的信心，但特斯拉财报显示，整个2019年的太阳能电池安装量仅为$173 \times 10^5 W$，并未达到马斯克的预期。

低于预期的安装量、回收周期长的商业模式，以及大笔的投资加剧了太阳城公司的经营压力。据相关媒体报道，截至2015年9月，尽管有SpaceX和马斯克的资金支持，太阳城公司的现金流依旧非常紧张，虽然林登·里夫尝试寻求各种方法来缓解当时的困难，但都没有成功。于是就在外界纷纷猜测马斯克会出手拯救太阳城公司时，特斯拉于2016年6月宣布其将正式收购太阳城公司。此举令马斯克饱受质疑，因为当时的特斯拉在财务方面也正面临不小的压力。

或许外界永远无法知晓，马斯克当时是如何游说特斯拉的董事会成员同意收购太阳城公司的，但可以肯定的是马斯克对于能源业务早有规划，这一点从特斯拉在2015年4月发布Powerwall和Powerpack就能看出端倪。

Powerwall和Powerpack就是利用特斯拉在其电动汽车上使用的三元锂离子电池开发得到的，两款产品都可以用来储存太阳能电池在白天产生的电能或电网的电能，配合相应的电池管理系统，可使用户在夜间使用白天已存储的电能，这有利于摆脱对电网的依赖。马斯克甚至专门为Powerwall和Powerpack准备了一场发布会，以此来吸引更多的人关注或购买自己的能源产品。美国的大部分州采用峰谷电价，即夜间高峰期的电价明显高于白天及深夜的电价。

这看上去似乎是一种完美的用电解决方案，但特斯拉并不是第一个进入储能行业的。当时的储能行业为了降低成本并提高使用安全性，大部分的储能设备都使用铅酸电池，锂离子电池则主要用于消费电子产品行业，若用于家用储电，其成本会明显升高。而特斯拉的优势就在于其可以在内华达州超级工厂实现小规模的电池批量生产，从而在一定程度上降低电池成本。Powerwall和Powerpack的主要成本源于电池和电池管理系统，而这些恰恰是特斯拉所擅长的。这就让特斯拉在进入静态储能这个细分市场时具备了一定的优势。此外，马斯克还为Powerwall设计了时尚的外形，并配有多种可选颜色。

尽管Powerwall和Powerpack的价格较高，但这没有影响Powerwall的订单量。马斯克在2015年第一季度财报电话会议中透露了Powerwall的订单量已经超过38 000个，而Powerpack的订单量为2 500个。由此可以看出，特斯拉在当时不被看好的情况下，其首个能源市场作品的表现还是不错的。

福布斯新闻网能源版块记者克里斯托弗·赫尔曼在Powerwall发布后的第二天就发表了名为《特斯拉PowerWall只是有钱的环保人士的玩具》（*Why Tesla's*

Powerwall Is Just Another Toy For Rich Green People）的文章，他认为高昂的购买和安装成本是许多人不愿意承担的。但他却忽视了一点，因为他的计算思维就像在分析要不要购买一辆汽车，如果共享汽车如此便利，公共交通又很便宜，那为什么要花费十多万元去购买一辆汽车？事实上每个人购买汽车的需求都是不同的，正如每个家庭的用电需求也是不同的。在该篇文章发表之后，克里斯托弗·赫尔曼就收到了215条评论。这些评论让他意识到，的确有很多客户对Powerwall有需求。例如，对于已经购买了太阳能电池的用户，他们可以用来存储多余的电能，从而减少对电网的依赖；喜欢尝试新鲜事物的人群或者马斯克的粉丝，容易成为Powerwall的潜在购买者；还有身处电网电价非常高的地区的人们也愿意尝试Powerwall。考虑到美国的自然气候原因，每年有许多地区会因为一些自然灾害而发生停电，在这些地区生活的人们也可以选择Powerwall，从而保证在电力中断时不影响生活。

2016年10月，也就是离特斯拉完成太阳城公司收购不到一个月的时间，马斯克发布了旗下新款能源产品Solar Roof、第二代Powerwall及Powerpack。马斯克更是精心选择了发布会的举办场地，生动演绎了特斯拉在加速世界向可持续能源转变方面的产品规划。整场发布会的亮点非太阳能瓦片Solar Roof莫属，它不同于以往的太阳能电池无法与屋顶完美地结合在一起。Solar Roof的颜色和造型看上去和普通建筑用瓦片非常相似，如果不仔细观察，很难发现这种瓦片可以收集太阳能进行发电，颇具科技感。

在Solar Roof发布后，有光伏行业的专家指出其还处于概念阶段，在当时无法量产。在质疑声中，特斯拉以26亿美元成功收购了太阳城公司。尽管Solar Roof出现了延迟交付的情况，但能将这样的产品实现量产已是光伏行业的一项突破。至此，特斯拉通过垂直整合的方式将自己的能源产业向上游推进了一大步，实现从太阳能电池发电、静态储能到纯电动汽车的业务布局。

相比延迟交付的Solar Roof，特斯拉的Powerpack则进行得相对顺利。例如，特斯拉在2017年与爱迪生国际公司合作在其南加州的分电站安装了$20 \times 10^6 W/80 \times 10^6 W \cdot h$的储能设备，它包含400个Powerpack和48个特斯拉逆变器。2017年，特斯拉与澳大利亚达成协议，为其建造了当时世界上最大的储能系统，以满足澳大利亚向清洁能源转变的需求。这样的合作还有很多，可以通过特斯拉的官网查到。越来越多的机构或电力公司在减少电力行业的碳排放方面尝试使用太阳能发电及锂离子储能设施，但特斯拉在能源方面的发展并不局限于此。

2020年5月，特斯拉推出了一款名为Autobidder的服务平台，它可以将使用特斯拉能源产品家庭的电网与公共电网相连，用户可以设置自己的参数将富余的电能销售给公共电网，而公共电网也可以向使用静态储能等能源设备的家庭采购价格相对经济的清洁电能，从而降低了利用传统能源发电所带来的高成本。简单来说，Autobidder就是一个电力交易平台，能源产品用户和公共电网可以进行自由的电力交易，从而实现彼此的经济利益最大化。

在特斯拉官网关于Autobidder优点的描述中出现了"机器学习和算法优化"，它是由特斯拉经验丰富的机器学习工程师、系统优化工程师及电网服务专家共同建立的一套高端算法，用于驱动电力的合理分配，从而实现电力负载预测、发电量预测、电量分配优化及负荷管理。借助Autobidder，用户可以实现零监管并使自己发电系统的经济价值最大化。这种思路很像特斯拉的Robotaxi计划，即让已购买特斯拉汽车的用户在不使用汽车时通过共享该汽车来赚取利润。拥有Autobidder后，特斯拉不再只是能源硬件销售服务商，而是成为利用智能算法、系统优化来打通整个能源体系，集发电设备、储能设备及电力交易为一体的能源公司。根据特斯拉能源产品及Autobidder负责人提供的信息，Autobidder在2021年已经运营管理了超过1.2GW·h的电量。就像马斯克在2019年第三季度财报电话会议中评价的那样，特斯拉能源版块将会成为分布式的全球公共事业，其营收也将超过人们熟知的汽车版块。

或许早在特斯拉发布自己的能源产品Powerwall和Powerpack之前，马斯克就已经认为特斯拉将不只是一家汽车公司。为了改变人们对特斯拉产品与汽车相关联的固有认知，马斯克希望将特斯拉的官网域名从teslamotors.com更换为tesla.com，但后者已被一名工程师注册。为了得到该域名，马斯克多次尝试说服该名工程师转让域名，最终达成所愿。在成功收购太阳城公司之后，特斯拉汽车正式更名为特斯拉。

值得一提的是，《2021年特斯拉影响力报告》中的数据显示，从2012年到2021年，特斯拉的太阳能电池发电量达到25.39TW·h，而特斯拉的汽车、生产工厂及其他设备所使用的总电量为25.27TW·h。这意味着特斯拉的产品为外界提供的电量要大于其产品所消耗的电量，恰好印证了特斯拉打造可持续能源生态的态度。

小结

如果说电动汽车竞争的上半场是电动化之争，下半场是自动化之争，那中场就是能源之争，这种能源之争体现在企业是否有更先进的电池技术、足够的电池产能或供应，以及智能的电能补充体系等。

在燃油汽车多年的发展过程中，汽车企业并不会参与加油站的建设或者原油的开采，但电动汽车不同，由于每家车企的电池特性及管理方法存在一定的差异，如果想获得更好的补能体验，就需要建设自己的充电站，这样不仅可以使企业运营层面具备一定的差异化，更是对未来电动汽车补能业务的提前布局。此外，电动汽车上装载的动力电池还是一个拥有不小潜力的电能储存设备。如果按照每辆电动汽车上装载50kW·h的电池来计算，充满电后的电池可提供一个普通家庭一周所需的电量。根据相关预测，到2030年电动汽车的保有量将达到8 000万辆，也就是说，仅装在电动汽车上的电池就可以储存超过40×10^{10}kW·h的电量，这种量级的电量一旦得到有效利用，如"V2G"（车辆到电网），即将车辆的电量在合适的时候反向输送给电网，将会对电网的商业模式带来变革。同时，电动汽车不再只是一个普通的代步工具，而是成为一个可以灵活移动的电能储存设备。围绕这一点，无论是特斯拉的光储充一体式超级充电桩，还是蔚来汽车及宁德时代一直推行的换电服务等，都将在"V2G"时代到来之际扮演重要的角色。

特斯拉在创立之初就确定了"加速世界向可持续能源转变"这一企业使命，或许有人会对此产生质疑，但不可否认的是，特斯拉正在打造一个拥有太阳能发电、静态储能、超级充电站及纯电动汽车的生态闭环，以此来践行其加速世界向让更多的人参与可持续能源转变的使命。基于此，人们或许会认为特斯拉不只是一家汽车公司、人工智能公司，还是一家能源公司。

第三章

三

终极目标：
人工智能机器人

"特斯拉可以说是世界上最大的机器人公司，因为我们的汽车如同装在轮子上的半机器人。未来人们可以选择是否从事体力工作，除非你想，但这将变得没有必要。"

——埃隆·马斯克

2020年10月22日，马斯克通过社交媒体平台推特宣布特斯拉的全自动驾驶（Full Self Driving, FSD）功能选配车型价格将由原来的8 000美元升至10 000美元。而就在涨价的前一天，特斯拉向美国部分地区的用户推送了FSD功能的测试版本。收到推送的用户不断通过社交媒体发布他们使用FSD功能测试版本的体验视频，一时间成为特斯拉的热门话题。

在此之前，马斯克曾多次在财报会议及一些发布会上强调，FSD功能车型将会涨价，这在汽车行业的发展史上尚属首次。首先，很少有品牌会在车型发布后对车辆的一些选配功能进行涨价；其次，很少有品牌的车型可以让消费者支付接近车辆售价30%的费用去购买软件。以特斯拉一辆售价为3.5万美元的标准续航版Model 3汽车为例，如果用户选择售价为1万美元的FSD功能，则意味着其需要支付相当于汽车售价28.6%的费用来购买该项功能。

然而这一切并非易事。

成长的代价

2015年10月，特斯拉开始向其第一款轿车Model S推送自动辅助驾驶功能（Autopilot），当时的车型采用一家名为Mobileye的以色列公司提供的辅助驾驶方案。支撑自动辅助驾驶功能的硬件包括一个毫米波雷达、一个前置摄像头和12个超声波雷达，根据特斯拉自动驾驶硬件的演变，汽车行业将其称为"HW1.0第一代硬件"。车辆通过空中升级（Over the Air Technology, OTA）后，具备自适应巡航、自动变道及自动泊车等功能。这在2015年的汽车市场还属于较为少见的功能，许多汽车品牌还处于试验阶段，并未正式推向市场，尤其是自适应巡航功能，一旦启动，就可以让车辆始终在一个车道内保持适当跟车距离行驶，并在必要时启用自动紧急制动功能停车。

2016年1月，就在上述功能被推送后不久，在中国京港澳高速公路的某段，一辆特斯拉的Model S与一辆在超车道内行驶的清扫作业车发生了追尾事故，造成Model S的驾驶人（即车主）当场死亡。经交警部门鉴定，该驾驶人在此次事故中负主要责任。同年，该驾驶人的父亲起诉当时的特斯拉中国销售公司，理由是该驾驶人在发生事故前持续开启特斯拉的自动辅助驾驶功能，正是因为该功能存在缺陷，才导致事故的发生。

在上述事故发生后，Model S驾驶人的父亲心存疑惑，因为根据交警的现场勘察结果，事故车辆Model S在发生事故之前并没有任何制动的痕迹。据悉，该驾驶人曾从事专业驾驶工作，并有上万千米的安全行驶记录。其父亲为此咨询了许多专业人士，并对事故的原因进行了分析。结合此前驾驶人经常提到的自动驾驶等，这位父亲判断事故发生时，或许是因为车辆开启了自动辅助驾驶功能，而当事人没有及时观察路面的情况，当车辆遇到清扫作业车后，无论是驾驶人，还是自动驾驶辅助系统都没有进行应有的制动操作，最终导致事故发生。

2016年5月7日，天气晴，约书亚·布朗（以下简称布朗）驾驶Model S行驶在美国佛罗里达州的高速公路上，而一辆18轮厢式运输货车正沿着布朗行驶的垂直方向左转，不幸的是，布朗的Model S穿过了该货车的底部，巨大的冲击力将Model S的风窗玻璃和车顶部撕扯至严重变形，导致布朗当场身亡。美国高速公路安全局对该起事故进行了调查，通过与特斯拉公司技术人员读取车辆行驶数据发现，事故车辆Model S在当时启动了自动辅助驾驶功能，然而，无论是布朗，还是自动辅助驾驶功能都没能发现运输货车，Model S也没有留下任何制动的痕迹。

布朗对特斯拉的自动辅助驾驶功能非常感兴趣，他从2015年10月开始发布自己对特斯拉自动辅助驾驶功能的使用见解，直到事故发生。而根据高速公路警察反馈的信息，警察在事故车辆中发现了一部笔记本电脑和一部移动DVD，但是无法确定当时布朗是否在使用这些设备。

这是发生在美国的第一起因为滥用自动辅助驾驶功能而导致驾驶人丧命的重大事故，各大媒体竞相报道，导致特斯拉的自动辅助驾驶功能成为舆论的焦点，人们也开始讨论自动辅助驾驶功能是否真正安全。特斯拉为此不得不在官网发布声明，表达对于布朗遭遇不幸的惋惜，同时不断强调自动辅助驾驶功能是很安全的。在自动辅助驾驶功能激活的情况下，布朗遭遇的事故是在累计行驶超过2亿千米后的第一起，但是特斯拉在当时并没有将发生在中国境内京港澳高速公路某段的事故统计在内。在美国，即便没有特斯拉，每累计行驶0.96亿千米也会有一次致命事故发生。此外，特斯拉Model S是默认关闭自动辅助驾驶功能的，当驾驶人需要开启它时会有系统提示。自动辅助驾驶功能是一项具有辅助性质的自动驾驶功能，驾驶人需要时刻将双手放在转向盘上，以保持对车辆的控制。

随着该起事件的持续发酵，马斯克不得不在媒体面前就布朗遭遇事故的原因进行解释，他说："我们给客户的解释很明确，驾驶的责任依然归属于驾驶人，我们并没有声称，我们的车可以在无驾驶人监控的情况下行驶。"

2014年，马斯克在接受媒体采访时被问到，如果一辆开启Autopilot的Model S发生了车祸，责任在谁？马斯克的回答是："如何区分Autonomous Driving（自动驾驶）和Autopilot（自动辅助驾驶）是很重要的。例如，当Autopilot用于飞机上时，飞行员依然需要保持注意力，以确保Autopilot正常运行。我们的汽车还没有发展到那种在你睡醒后就可以将你送到目的地的阶段。"

如果看到"Autopilot"或者"Autopilot自动驾驶"的字眼，你会觉得这样的汽车可以进行自动驾驶吗？特斯拉进入中国市场后，其官网早期对于Autopilot的描述如下：

Autopilot自动驾驶

在自动驾驶模式下，Model S能够实现车道线内辅助转向，在开启转向灯后自动变更车道，以及在主动巡航控制时自动调整车速。对电机功率、制动系统，以及转向系统的数字化一体控制，能够帮助车辆避免来自前方和侧方的碰撞，并防止车辆滑出路面。Model S还可以搜寻附近的泊车地点，当探测到空闲车位后发出提醒，并根据驾驶人的设定自行泊车入位。

Autopilot自动驾驶相关功能会通过软件更新逐步推出。

如果仔细阅读上述功能说明，会发现所谓的Autopilot自动驾驶依然是一种辅助驾驶功能，结合在驾驶人使用自动辅助驾驶功能之前的系统提示，理论上驾驶人不会认为特斯拉的Model S是可以进行自动驾驶的。但是因为"自动驾驶"这样的字眼，让部分消费者产生了误解，认为特斯拉的汽车可以实现自动驾驶，甚至有消费者误以为是无人驾驶。

2016年10月，德国的一个杂志引用了德国交通局联邦高速公路调研所的一份报告摘录，这份摘录中提到特斯拉的自动辅助驾驶功能是"巨大的交通威胁"。此举引起了德国多家媒体的关注并成为报道的内容，甚至有官员提议在德国禁止特斯拉激活自动辅助驾驶功能。德国联邦汽车运输管理局甚至给每一位特斯拉车主邮寄了一封信，信中提到自动辅助驾驶只是辅助驾驶系统，并不是高度自动化的汽车，在使用自动辅助驾驶功能时须时刻保持警惕，注意根据交通情况来接管车辆。为了能够让德国交通监管部门相信自动辅助驾驶功能是安全可靠的，特斯拉聘请了第三方调研公司对当时德国的675位特斯拉车主进行了在线调研，其结果见表3-1。

表3-1 关于特斯拉自动辅助驾驶功能的在线调研结果

问题	答案为"是"的比例
1.你之前是否用过自动辅助驾驶功能（Autopilot）	99%
2.你是否熟悉特斯拉所提供的如何正确使用自动辅助驾驶功能（Autopilot）的提醒事项	98%
3.你是否了解当你第一次使用自动辅助驾驶功能（Autopilot）时需要通过中控屏中的驾驶员辅助部分进行设置	93%
4.你是否知道/了解在激活自动辅助驾驶功能（Autopilot）时，使用须知中会强调自动辅助驾驶功能（Autopilot）是一项辅助功能，需要你始终将手放在转向盘上，类似飞机上的Autopilot功能，依然需要你控制和负责	99%
5.你是否知道每次激活自动辅助驾驶功能（Autopilot）时，仪表板上会显示："请将手保持在转向盘上""请时刻准备随时接管"	96%
6.基于车辆的信息交互，你是否清楚当使用自动辅助驾驶功能（Autopilot）时驾驶人员需要一直控制车辆	98%
7."Autopilot"这个名字是否让你相信这辆车是可以进行全自动驾驶的，并且意味着不需要驾驶人员来操控车辆	7%（答案为"否"的比例为：93%）

根据调研结果可知，98%的用户清楚地知道何时使用自动辅助驾驶功能，以及驾驶人员须保持对车辆的控制等；仅有7%的用户认为"Autopilot"这个名字会让他们觉得车辆可以实现全自动驾驶，而不需要驾驶人员来操控车辆。

直到现在，特斯拉依然使用Autopilot来宣传自己的自动辅助驾驶功能。随着特斯拉汽车销量的日益提升，消费者对于自动辅助驾驶功能的认知也在不断提高；同时，随着自动辅助驾驶功能的硬件升级和软件优化，其所导致的事故也在减少。自动辅助驾驶功能作为一项兼具安全性和舒适性的配置，在多数情况下是可以避免发生交通事故的，或者减轻交通事故中驾乘人员遭受的伤害。

辅助驾驶的蜕变之路

2016年，特斯拉和它的自动辅助驾驶功能（Autopilot）都饱受争议。前文提到的两个关于Autopilot的个案，现在看来，基本在每个配备了自动辅助驾驶功能的车型上都曾发生过。在实现真正的自动驾驶之前，这种"人机共驾"的自动辅助驾驶功能只要不被滥用、误用，在多数情况下是可以提高车辆主动安全性能的。

Autopilot在降低驾驶人疲劳程度的同时，还可以主动避免一些事故的发生。然而，正是前文提到的特斯拉汽车事故的当事人布朗，他曾在2016年4月5日中午体验了Autopilot的作用。根据布朗上传到社交媒体平台的视频，当他驾车从匝道汇入高速公路主路时，遭遇了一辆行驶在中间车道的货车正尝试并入他所驶入的右侧车道，或许是因为该货车的驾驶人没有注意到布朗的车，货车很快被驶入右侧车道，布朗所驾驶的Model S则主动进行了躲避，从而避免了一次事故的发生。从视频中也能清晰看到布朗所驾驶的汽车进行了一次及时的躲避。2016年4月18日，马斯克通过自己的社交媒体账号发布了布朗上传的这段视频，并附文称："来自车主的视频，Autopilot自动辅助驾驶操控转向避免了与货车的碰撞。"

诸如此类的视频在社交媒体上还有很多。

还有一起发生在中国境内比较典型的案例，一辆行驶在高速公路超车道上的特斯拉汽车在感知到前车紧急制动的情况下，启动了自动紧急制动系统，从而避免了追尾事故的发生，但通过分析行车录像，发现这辆特斯拉汽车还向前做了一次躲避，避免后车发生追尾事故。这种案例是比较具有代表性的，因为在大多数的行车场景中，驾驶人可以通过观察到的前车状态进行加速或者制动操作，但很难有人能在高速公路超车道上瞬间紧急制动避免追尾前车后，立即做出判断去躲避后车追尾。毕竟人类个体只有两只眼睛，而特斯拉的车型在其车身周围遍布了8只"眼睛"。

为了证明Autopilot可以在很大程度上避免事故发生，一位网友专门注册了社交媒体账号，不仅发布了大量的特斯拉驾驶人在开启Autopilot后避免事故发生的视频，还发布了特斯拉汽车在主动或被动发生交通事故后保护驾乘人员的现实案例。

特斯拉官方从2018年第三季度开始发布《特斯拉汽车安全报告》，其中介绍了特斯拉车主在开启Autopilot下发生安全事故的数据，在未开启Autopilot但启动了特斯拉主动安全功能下发生安全事故的数据，以及在Autopilot和特斯拉的主动安全功能均未启用下发生安全事故的数据。下面给出特斯拉发布的2021年第四季度的相关数据：

据统计，2021年第四季度，在 Autopilot（自动辅助驾驶）和主动安全功能参与的驾驶活动中，车辆平均行驶每4.31×10^7mile（约合6.94×10^7km）发生一起碰撞事故。在 Autopilot（自动辅助驾驶）和主动安全功能没有参与的驾驶活动中，车辆平均行驶每1.59×10^7mile（约合2.56×10^7km）发生一起碰撞事故。而美国国家公路交通安全管理局（NHTSA）的最新数据显示，美国境内车辆平均每行驶4.84×10^6mile（约合7.8×10^6km）会发生一起碰撞事故。

正是基于特斯拉所提供的安全报告，德国杜伊斯堡市汽车研究中心的主任费迪南德·杜登霍夫经过推算发现，如果德国所有的汽车都安装特斯拉的Autopilot，那么在

2019年仅会发生29 413起交通事故，而不是已经发生的281 849起，从而可以避免发生约90%的交通事故。

这一切都要归功于特斯拉多年来在Autopilot上的投入，自2014年10月发布Autopilot开始，为了提升自动辅助驾驶的能力，特斯拉已经进行了3次大的硬件升级及多次固件升级。

通常自动辅助驾驶的硬件架构决定了自动驾驶水平的上限，而软件系统的水平决定了自动驾驶功能的具体表现。特斯拉对硬件架构和软件算法这两方面均有研究。

在谈论自动驾驶时，有网友开玩笑说出租车已经实现了所谓的"自动驾驶"，因为它不需要本人直接驾驶。类比来看，如果能有一个类似出租车驾驶员的"虚拟人"帮人们驾车，是不是就相当于实现了无人驾驶？但在现实中，目前还没有研发出这样一个"虚拟人"，因为这种"虚拟人"必须熟悉路况、能够识别物体并能实施停车、加速及转向等操作，在极端情况下还须作出和人类一样的反应。自动驾驶系统就像"虚拟人"一样，那它又是如何实现感知外界、做出决策及最后执行的呢？

现在的智能汽车基本都会配备毫米波雷达、超声波雷达、摄像头，甚至激光雷达等硬件，它们作为传感器都属于车辆感知外界的"器官"。例如，摄像头就如同人的眼睛，可以识别物体的种类、大小及大概的距离。普通的雷达可以识别物体移动的速度及距离等；高分辨率的雷达不仅可以识别物体的移动速度，还能识别物体的属性等。人类知道如何驾驶汽车不只是因为一双能识别道路与物体等的眼睛，更是因为人类拥有一个先进的大脑，它可以实时计算并分析路况，进而控制人类的手和脚做出相应的动作来操纵汽车。因此，若想让汽车实现自动驾驶，也需要配备算力惊人的"大脑"，如一些具有超高算力的计算平台，其处理画面及数字信息比人类还要快。从这个角度出发，自动驾驶汽车甚至无人驾驶汽车终将随着硬件和软件性能的提升而实现。或许有朝一日，当无人驾驶成为现实时，其安全性可能会比人类驾驶更高，毕竟汽车拥有更多的传感器，而人类只有一双眼睛。

截至2022年年初，特斯拉在美国市场已经向超过6万名车主推送了全自动驾驶（FSD）的测试版软件。测试用户在开启FSD的测试版功能后，完全不用自己去操纵车辆（根据相关法规，驾驶人依然需要随时接管车辆并时刻保持注意力），因为车辆不仅可以自行识别交通信号灯并进行加速及制动的操作，还能根据车身周围的摄像头和导航信息等进行变道、转向及掉头等操作。在一些常规路段，搭载FSD测试版的车型在启用该功能后基本可以做到驾驶人全程零接管，这与多数车企仅能在相对封闭的高速路段实现自动辅助驾驶不同，特斯拉的FSD测试版允许车辆在更加开放的市区道路内实现全自动驾驶。尽管它还处于测试版本阶段，并且在一些极端场景需要驾驶人接管，但这些都不能掩盖特斯拉FSD测试版的优势。

或许在此时，无论是特斯拉还是马斯克，都对自动驾驶车型的量产有足够的信心，甚至可以说马斯克一直对自动驾驶都很自信，因为他曾不止一次提到FSD的价值会越来越高，并建议特斯拉车主提前购买该项功能。但就在2016年，连续的几次自动辅助驾驶事故，以及与供应商Mobileye的分道扬镳和特斯拉自动驾驶团队人员的离职等事件，都给特斯拉的自动驾驶蒙上了阴影。

如果将与Mobileye合作中的矛盾视作特斯拉与Mobileye分道扬镳事件的主要原因，那么2016年5月发生在佛罗里达州的致命交通事故就是该起事件的导火索。Mobileye是一家以视觉技术为核心的智能辅助驾驶供应商，它在创立之初就与美国通用、日本丰田及法国雷诺等知名车企进行合作。而马斯克也曾计划在特斯拉已经量产的Model S和即将量产的Model X两款车型上搭载由Mobileye研发的自动辅助驾驶技术。

2014年10月，马斯克发布了名为Autopilot的自动辅助驾驶技术，搭载的感知硬件包括一个安装在前风窗玻璃上的单目摄像头、一个安装在车辆前保险杠位置的毫米波雷达，以及车辆四周的12个超声波雷达；用于Autopilot的计算处理器也来自Mobileye EyeQ3（辅助驾驶的处理器）。此时的特斯拉，无论是知名度还是销量都无法与同期的传统知名车企同日而语，它对于诸如Mobileye这样的公司更多的是依赖。但马斯克也意识到，Mobileye正在使用一种道路体验管理技术（Road Experience Management），它可以通过收集采用Mobileye方案车型的驾驶数据来优化自己的自动驾驶技术。此外，当时的Mobileye并没有将特斯拉视为一个重要的客户，有不少项目的进度都被拖延。马斯克对此感到不满意，于是从2016年开始布局自己的自动驾驶技术团队（涉及硬件和软件算法等）。

2015年10月，特斯拉通过空中升级（OTA）推送了V7车机版本，为搭载第一代硬件HW1.0的特斯拉车型的用户推送了主动巡航、自动变道及平行车位自动泊车辅助驾驶功能。特斯拉不是第一个给旗下车型配备自动辅助驾驶功能的车企，但它是同领域表现更积极的一个。2016年1月，特斯拉再次通过OTA推送了垂直车位自动泊车、遥控召唤功能及增强版的主动巡航。这些功能在当时即便是个别高端车型，也没有进行大批量交付，但这一切似乎因特斯拉而成为现实。直到2016年5月7日，布朗因为自己和Autopilot都没有注意和检测到正在拐弯的货车而发生重大交通事故。

该起事故在美国备受关注，特斯拉也通过自己的官方平台发文来悼念死者布朗，但特斯拉在文中提到Autopilot并没有识别到货车、系统也没有采取任何制动等内容，让Mobileye认为特斯拉是在推卸责任。之后，Mobileye的首席发言人就该起事故告诉媒体："通过分析事故发生的场景，当前的自动紧急制动技术并不适用于此种场景。现在搭载在Model S上的自动紧急制动只适用于汽车和汽车追尾事故，而在该起事故中，货车是横向停在道路上的，Mobileye会在2018年推出能够应对此种场景的技术。"随后Mobileye在其当年第二季度的财报电话会议上宣布与特斯拉终止合作。

对此，特斯拉认为原因在于Mobileye在研发过程中无法满足特斯拉的节奏要求，并且特斯拉正在研发的自动驾驶计算平台威胁到了对方的利益，加上Mobileye一直要求特斯拉停止研发，甚至通过提高供货价格的方式使之知难而退。

Mobileye终止合作给当时的特斯拉带来了极大的压力，导致特斯拉不得不在2016年9月将Autopilot的主要决策信息从以前的以单目摄像头信息为主切换为以毫米波雷达信息为主。事实证明，这种被动的技术路线选择是不合适的，因为毫米波雷达本身的属性就决定了它不能作为主要的决策因素。例如，它可以识别物体及物体的移动速度等，但无法识别物体的属性；它对于静态的识别主要依靠电磁波的反射，如果路面上有一个易拉罐，可能会被毫米波雷达误认为是障碍物，进而采取制动控制，因此工程师在编写算法时一般都会忽略相对静态的物体。而摄像头就能很好地识别物体的属性及存在与否等，这也是特斯拉在后续升级中又将Autopilot的主要决策信息切换为以摄像头为主的核心原因。2021年，特斯拉甚至将美国市场车型的Autopilot改为纯视觉路线，就连仅有的一个毫米波雷达也被直接移除。

自成一体的自动驾驶之路

2016年10月，特斯拉发布了自动辅助驾驶系统的第二代硬件HW2.0。为了能让车辆无死角地感知车身四周的环境，HW2.0相较于HW1.0新增了7个摄像头，整车共有8个摄像头、1个毫米波雷达和12个超声波雷达。新增的7个摄像头可以让车辆更好地感知车身左侧、右侧及后方的交通状况。例如，位于车辆侧面门柱上的摄像头可以感知车辆左右两侧的交通状况；位于前翼子板处的摄像头可以感知车辆侧后方的交通状况。为了能让车辆的感知系统"看"得更远、更准，相较于HW1.0在风窗玻璃上只安装了一个摄像头，HW2.0采用3个摄像头。

由于Mobileye不再提供旗下的 EyeQ3计算平台，特斯拉改用计算能力更强的英伟达DRIVE PX2 AutoCruise作为HW2.0的计算平台，并声称第二代计算平台处理任务的能力是第一代计算平台的40倍。马斯克更是宣称当前这套系统是完全支持全自动驾驶的。第二代硬件HW2.0在感知层面与计算能力层面已经超越了第一代硬件，尽管马斯克在2015年就组建了自己的算法团队，但当时的特斯拉在整套辅助驾驶算法方面并不比Mobileye成熟，导致一段时间内搭载第二代硬件HW2.0的车型在自动辅助驾驶方面的表现甚至不如搭载第一代硬件的车型。直到2017年3月，特斯拉向车主远程推送了V8.1系统后，才恢复了之前在HW1.0时代就已拥有的自动紧急制动、自动变道及自动召唤功能。即便如此，由于算法问题，特斯拉的许多辅助驾驶功能在体验上也不及HW1.0时代。例如，有用户反馈以前Autopilot可以正常接管车辆的路段，在HW2.0时代就需要频繁地人为接管。

与Mobileye终止合作，不仅让特斯拉在自动驾驶的算法与计算平台方面遇到很大的困难，就连其新发布的第二代硬件系统也被用户发现存在问题。

2017年2月，一位来自亚利桑那州凤凰城的特斯拉用户在特斯拉俱乐部留言称，他尝试遮住Model S上的各个摄像头，结果发现Autopilot在遮住一些摄像头时仍可以正常工作，于是他认为HW2.0的8个摄像头中只有两个在工作，而在实际中只有一个是处于激活状态的。也就是说，其余的7个摄像头都没有参与Autopilot的工作。马斯克在财报会议上也被分析师问及此事，马斯克给出以下解释："在从Mobileye向特斯拉自己的软件切换时，我们在GPU上遇到一些挑战。最初的计划是同时运行Mobileye的系统和特斯拉视觉系统，逐步将数据迁移，但Mobileye拒绝采用这种方案，导致我们不得不重新进行测试，结果推迟了一些功能的推送。"

无独有偶，2017年5月，一位Model S的车主在检查自己车内的Autopilot计算平台时意外发现，特斯拉HW2.0使用的英伟达DRIVE PX2 AutoCruise计算平台与其供应商英伟达公司所宣传的计算平台看上去有很大差别。经确认，特斯拉当时搭载的英伟达DRIVE PX2 AutoCruise计算平台其实是特斯拉的定制版本，与英伟达公司发布的版本相比，它至少缺失一个CPU芯片和一个GPU芯片，其计算能力也只有宣传效果的一半。一些用户开始质疑自己的Model S是否可以像马斯克所说的那样实现自动驾驶功能。而马斯克对此给出的解释是如果达不到自动驾驶水平，特斯拉就会对系统进行免费升级。特斯拉从一开始就知道，随着自动驾驶技术的发展，计算平台将会具有至关重要的作用。因此，特斯拉在进行Model S及后续车型的产品规划时就已将硬件的迭代考虑在内。特斯拉的自动辅助驾驶计算平台安装在车辆的手套箱上方，易于拆卸和更换，这也让后续的第2.5代硬件HW2.5及第三代硬件HW3.0实现升级成为可能。

在2019年举办的特斯拉自动驾驶投资者大会上，马斯克发布了特斯拉耗时2年多研发的全自动驾驶计算平台，并公布了自动驾驶的算法逻辑等。为了能够研发出满足自动驾驶要求的芯片及计算平台，马斯克在芯片和算法等领域招贤纳士。在与Mobileye未终止合作之前，特斯拉就已经意识到自动驾驶计算平台的重要性，于是在2016年前后相继找到了芯片架构师吉姆·凯勒与彼得·班侬，他们都曾任职于苹果公司。

全栈自研的第三代全自动驾驶（FSD）计算平台的计算能力可以达到144万亿次/s，相当于特斯拉第2.5代硬件采用的英伟达DRIVE PX2 AutoCruise Plus计算平台的12倍。例如，特斯拉第2.5代硬件可以处理110帧/s的画面，而最新的FSD芯片的处理速度可达2300帧/s。计算平台处理能力的大幅度提升反映在自动驾驶上就是运算更加精准，进而提高自动驾驶的感知、决策及执行能力。特斯拉声称，从2019年3月开始生产的车型都会搭载全新的第三代FSD计算平台，之前搭载第二代计算平台的车型都可以进行免费升级。

熟悉特斯拉的人应该了解，这不会是特斯拉在计算平台研发方面的终点。在2021年的特斯拉"人工智能日"活动上，马斯克在提问环节透露了关于第四代计算平台的消息，第四代计算平台更像是FSD计算平台的第二代产品，计划在Cybertruck上亮相。随着自动驾驶计算平台的日益成熟，自动驾驶面临更多的是人工智能算法问题，而非硬件的问题，这也是特斯拉加注人工智能算法的原因所在。

截至2020年，在自动驾驶的视觉感知方面，不少公司还在使用2D方式标注图片中的行人、车辆或物体，以供计算机进行后期学习，而特斯拉的算法技术已经实现了画面的3D标注和时间戳的4D标注。类似AR技术，它可以让人在用手机拍照或录制视频时感受到物体的立体大小。Autopilot采用4D标注方式可以大幅度增加特斯拉在视觉识别方面的能力。拥有4D标注技术后，视觉感知就可以连续捕捉识别到的物体，进而提高识别的精准度。

为了让Autopilot的软件能力也能匹配4D水平，特斯拉不得不重新编写Autopilot的软件，并对画面做3D标注。与之前的2D标注不同，特斯拉可以直接对整个视频进行分段标注，从而使车辆的神经网络模型与算法变得更智能，车辆的操作逻辑也会得到大幅度提升。马斯克表示经过重写的FSD的性能将会实现质的提升，因为特斯拉团队重写了整个软件的基础架构。

自动驾驶能力的提升离不开算法的优化和大量的神经网络训练，而特斯拉在算法和神经网络的训练方式上又有自己的独到之处。

自动驾驶算法的优化需要通过大量的数据来训练。特斯拉用户的累积行驶里程在2016年圣诞节之际就已经达到3.5×10^{10}mile（5.6×10^{10}km），特斯拉的用户车队也已经达到20万辆。截至2016年10月8日，特斯拉汽车在Autopilot模式开启下的累计行驶里程已超过2.22×10^{9}mile（3.55×10^{9}km），而这一数据在2020年年初已经更新为3×10^{10}mile（4.8×10^{10}km）。这样庞大的行驶里程数据在当时是任何一个汽车品牌或自动驾驶公司都望尘莫及的，随着时间推移，这个差距可能会继续变大。对于如何利用如此庞大的行驶里程数据来优化特斯拉的Autopilot，特斯拉的算法工程师想到利用驾驶员的驾驶习惯来训练特斯拉的自动驾驶神经网络，他们为这个功能取了一个很生动的名字：影子模式（Shadow Mode）。当特斯拉的驾驶员驾车时，特斯拉的自动驾驶神经网络算法就会将自己的驾驶决策时刻与驾驶员的进行对比，当两者的决策存在明显差异时，相应的场景数据就会被传至云端服务器，算法也会对这些数据进行分析，并不断进行自我优化，长此以往就可以让Autopilot表现得像一个熟练的驾驶员。例如，当驾驶员想要切换车道时，在开启转向灯的同时发现侧后方车辆正在快速接近，于是取消了变道的决策。而在做变道决策时，影子模式也在默默进行分析，当两者的决策不一致时，这个场景数据便会被上传至云端服务器，通过优化，后续在使用Autopilot时车辆就会更熟练地进行车道切换。类似的场景还有很多，如驾驶员判断需要取消Autopilot的介入、驾驶员猛打转向盘、紧急制动或急加速等。

在现实生活中，人们在保证自己正常驾驶车辆的前提下，也会不断分析和判断周围车辆的意图。其实，影子模式不但会分析特斯拉驾驶员的驾驶行为，还会不断分析周围车辆的行为。例如，驾车时经常会遇到相邻车道内的一个前车距离自己所在车道非常近的情况，这时就会判断前车是否会换入自己所在的车道，即使对方没有开启转向灯。如果Autopilot遇到相同的情况，那其系统是否会加速超车？影子模式通过模仿学习的方式不断完善自己的Autopilot功能。在2019年举办的自动驾驶大会上，特斯拉的用户车队在Autopilot模式下已经成功实现超过900万次的变道操作，均没有发生与自动变道有关的事故。有人推测正是因为有了影子模式和大量的驾驶数据，特斯拉的Autopilot在用户体验上要优于同级别的许多产品。

常规的神经网络训练方式是先通过人工对画面进行标注，如行人、汽车及交通指示牌等，再利用计算机进行监督学习。但特斯拉的海量数据是无法使用纯人工进行策略标注的。2019年11月，特斯拉当时的Autopilot软件负责人在一次演讲中介绍了特斯拉是如何研发全自动驾驶的，其中就提到了一种"运营假期"（Operation Vacation）的说法——只要"数据标注团队"一直存在，原则上它会不断地优化软件的数据，那负责软件的人员就可以去休假了。这个所谓的"数据标注团队"，其实就是系统自己进行数据训练任务。也就是说，特斯拉正在向自监督学习方向迈进。所谓自监督学习，就是指神经网络不需要人工监督，会自行通过导入的数据进行标注和训练，这样可以节省大量的人力成本和时间成本。与此同时，在神经网络学习方面，许多公司仍主要依赖人工标记后学习。自监督学习带给特斯拉的最大好处就是神经网络的优化，从而使Autopilot可以更快地处理所收集的极端案例（Corner Case），并在完成在线学习之后推送给用户，同时进行迭代更新，这也是特斯拉的自动辅助驾驶功能发展得如此之快的一个重要原因。

从与Mobileye终止合作，到第二代硬件HW2.0在自动辅助驾驶方面的表现不及预期；从初期的单目视觉到后来的多视觉融合等；从自动驾驶芯片外购到自研芯片，特斯拉在自动驾驶方面的研发从未停歇。尽管目前已有许多所谓的自动驾驶全栈自研公司，但特斯拉依然坚持对自动驾驶芯片和计算平台，以及感知、决策和执行等层面算法与数据训练计算机等进行自主研发。

在通往自动驾驶的未知道路上，特斯拉再次展现了其对于第一性原理的深度理解。

2016年8月，一家名为NuTonomy的自动驾驶创业公司在新加坡开启了Robotaxi无人驾驶出租车项目。6辆由NuTonomy改装的雷诺Zoe和三菱i-MiEV在安全员的陪同下开始免费接送乘客。为了安全起见，Robotaxi无人驾驶出租车队的行驶范围须遵循一定的要求，并且需要乘客提前预约。

截至2020年，Waymo、百度的Apollo、小马智行、滴滴及安途（AutoX）等自动驾驶公司都有了自己的自动驾驶车队，Waymo甚至在美国的凤凰城和旧金山城区推出了没有安全员陪同的Robotaxi无人驾驶出租车。根据麦肯锡咨询公司在2019年发布的报告（*The future of mobility is at our doorstep*），预计到2040年，仅中国市场的无人驾驶汽车行驶里程将占全部汽车行驶里程的66%，而Robotaxi无人驾驶出租车将会带来超过1.1万亿美元的产值，这一数字要比销售自动驾驶汽车的产值还高。由此可以预见未来的无人驾驶移动出行具有巨大的市场潜力。

2016年，特斯拉在发布Autopilot 2.0时就表示，配备第二代硬件HW2.0的特斯拉车型都具备全自动驾驶的能力，并且根据马斯克的规划，特斯拉会在2017年年底向世界展示特斯拉的全自动驾驶汽车。2019年4月，在特斯拉的自动驾驶大会上，马斯克再次表示在条件允许的情况下，特斯拉计划在2020年年底运行自己的第一批Robotaxi无人驾驶出租车（车内不需要任何驾驶人员）。尽管马斯克未能按时兑现他的计划，但在2020年10月，特斯拉向美国部分地区的车主推送了FSD测试版，还是让人们看到了自动驾驶到来的曙光。不可否认的是，特斯拉迈向自动驾驶的步伐越来越快，不仅如此，它还在纯视觉自动驾驶的道路上自成一体。

FSD测试版的推送对于特斯拉的自动驾驶之路具有非常重要的意义，它标志着普通消费者也可以体验自动驾驶功能，尽管它还是一个测试版本；对于自动驾驶行业则是一次不小的颠覆，因为特斯拉的FSD测试版完全不依赖激光雷达；对于汽车行业来讲，如果特斯拉的FSD可以真正实现，它将改变人们的用车体验，进而影响汽车制造业的发展。

FSD测试版在前期只向美国部分地区的用户进行推送，到2021年年底，根据马斯克在当时的财报会议中所披露的数据，特斯拉已经在全美范围内向至少6万名用户推送了FSD测试版。2022年4月，马斯克在接受媒体采访时透露已有超过10万名的FSD测试用户。图3-1所示为安装FSD Beta 10.9测试版本的Model 3汽车在闹市中行驶。

图3-1　安装FSD Beta 10.9测试版本的Model 3 汽车在闹市中行驶

通过综合测试用户的各种反馈，可知特斯拉的FSD已经可以实现下述功能：

①在城市道路内自动选择车道并成功切换车道；

②识别"停止标识"后停车，在观察周围环境后继续行驶；

③根据交通信号灯进行相应的制动及加减速操作；

④在城市道路内躲避静态物体后超车；

⑤在没有车道线的道路内行驶；

⑥识别行人和自行车等并进行停车避让；

⑦基于导航信息在环岛内选择相应的出口。

基于视觉神经网络的算法，FSD甚至还支持在遇到减速带时实现减速通过等。基本可以实现设置终点后启动FSD功能，之后，全程不需要驾驶人介入对加速踏板、制动踏板和转向灯等的操作。由于该功能属于测试版本，特斯拉仍会要求驾驶人时刻保持对路况的关注并将双手扶在转向盘上，以便有突发情况时，其能随时准备接管车辆。与众多车企甚至许多自动驾驶公司的思路不同，特斯拉的FSD测试版既不依靠激光雷达，也不依赖高精度地图，甚至连毫米波雷达也取消了。

在2019年的特斯拉自动驾驶投资者大会上，Autopilot当时的负责人详细介绍了特斯拉在自动驾驶神经网络和软件方面的研发进度。特立独行的特斯拉在自动驾驶的研发路线上坚持不使用激光雷达，而是采用纯视觉感知路线配合雷达。但业界普遍认为，如果要实现全自动驾驶，就必须使用激光雷达和高精度地图，马斯克却不这么想，他认为，使用激光雷达的自动驾驶会导致失败，理由是其成本非常高昂，也没有必要。不过马斯克并不是不喜欢激光雷达，因为他所拥有的SpaceX公司就在使用激光雷达，他只是认为激光雷达并不适用于汽车的自动驾驶。

马斯克提及的第一性原理认为，既然人类可以通过视觉估计物体间的距离、识别物体的属性及判断物体的移动速度等，那摄像头也应该可以；现实生活中的所有标识和物体，如车道线、限速牌及行人等，都可以通过视觉进行判断，只不过需要非常准确的算法及深度学习才能达到人类的水平。2019年的自动驾驶投资者大会上播放了一段特斯拉车型通过车身周围的8个摄像头所采集的视频信息，利用特斯拉的深度神经网络就可以绘制车身周围的3D立体空间，这也就意味着特斯拉可以通过视觉来判断车身周围物体的属性及距离等，而这对于自动驾驶的感知而言已经类似于激光雷达。即使是从纯粹的制造成本出发，一个激光雷达的价格可能过万元，对于想普及电动汽车的特斯拉来讲，这个成本还是太高了，并且消费者也不一定会接受。

有趣的是，国内造车新势力蔚来和小鹏两家汽车公司都在2021年发布了旗下首款搭载激光雷达的车型蔚来ET7和小鹏P5。与人们认为搭载激光雷达的车型必定价格高的想法不同，小鹏P5采用激光雷达的车型的起步售价仅为20万元出头，甚至比特斯拉Model 3的标准续航版售价还低。这与激光雷达产业的发展日趋成熟不无关系，根据相关人士透露，如果汽车公司的采购量能够得到保证，一些激光雷达公司的出货价甚至可以低至200美元。或许，正是因为激光雷达的成本可以降低，2021年的中国电动汽车市场出现了许多搭载激光雷达的车型。

2021年4月，马斯克通过社交媒体表示，特斯拉将在FSD测试版的V9版本中取消毫米波雷达。这意味着特斯拉将从以前的以视觉为纲的自动驾驶转变为纯视觉的自动驾驶。由于毫米波雷达拥有很强的测距和测速能力，许多汽车品牌的车型为了实现

L2级别的自动辅助驾驶都会在车身的正前方或边角处配备毫米波雷达，一般表现为正前方一个、车身四个角各一个。而特斯拉从第二代硬件 HW2.0开始就只搭载一个毫米波雷达，现在也已取消了。根据2021年8月举办的特斯拉人工智能日活动的讲解内容可知，基于纯视觉的自动驾驶算法在识别前车速度的准确性方面与毫米波雷达已趋于一致。也就是说，在特斯拉算法的支持下，摄像头可以替代毫米波雷达工作。一些用户甚至认为特斯拉是在有意减配，但无论是纯视觉的FSD测试版，还是纯视觉的Autopilot都在美国市场上经受住了考验。

自动驾驶汽车不仅要解决识别外界的问题，还要时刻清楚自己的实时位置及目的地。在定位和行程规划方面，除了惯性传感器和全球定位系统，还会采用高精度地图作为辅助。高精度地图能够详细显示道路周围的大部分物体，以及车道信息、坡度、弯道弧度等，这有利于车辆了解具体的道路信息等。但也正是因为高精度地图过于详细，所以其所需的采集周期较长、采集成本很高，导致更新周期受到影响，即业内经常提到的地图新鲜度问题。此外，高精度地图和相应的定位系统都会受到信号的影响，导致自动驾驶功能的体验感不佳。由于高精度地图的绘制成本较高，一般很难包含所有道路并保持更新。这种问题反映在车辆的自动驾驶方面就是有高精度地图的路段允许自动驾驶，而对于没有高精度地图的路段，自动驾驶就会降为辅助驾驶。

特斯拉采用一种纯视觉的绘图方法，得益于其庞大的车队，特斯拉利用这些车队的行驶数据来绘制可供其自动驾驶利用的地图。这种地图虽然不如高精度地图那般精准，但其泛化能力强、成本低，并能与自动驾驶算法很好地结合。

为了更好地利用自己车队所收集的海量视频数据，从而训练自动驾驶任务，特斯拉还建立了当时世界上运算速度最快的超级计算机Dojo。Dojo第一次被提及可以追溯到2019年的自动驾驶投资者大会，马斯克对它只做了简短的描述。Dojo是一款用于人工智能模型与算法训练的超级计算机，可以处理大量的视频数据，并且内存充足、运行高效，正好满足特斯拉的需求。

在2021年的"人工智能日"活动期间，特斯拉正式发布了自研的超级计算机Dojo。为了匹配高速的运算能力，特斯拉自主研发了更适合人工智能训练的芯片D1，并为神经网络训练设计了相应的计算机架构。

在众多车企都选择激光雷达和高精度地图之际，特斯拉依然坚持自己最初的理念，并在算法技术达到一定程度时，果断取消毫米波雷达。在马斯克倡导的"第一性原理"的支撑下，特斯拉为自己开创了一条与众不同的自动驾驶之路。

在2019年特斯拉自动驾驶大会的问答环节中，当马斯克被问及特斯拉每年在Autopilot或全自动驾驶上的投入费用年度占比大概是多少时，他的回答是"基本是全部的支出"。这个答案或许会让在场的人感到有些吃惊，但也许只有马斯克本人才能体会到特斯拉在自动驾驶方面所付出的艰辛。从与供应商Mobileye终止合作，到Autopilot2.0的功能一度落后于第一代车型，再到特斯拉自主研发自动驾驶计算机芯片和算法等，当多数人还以为特斯拉是一家汽车公司的时候，它已逐渐从汽车公司蜕变为人工智能公司。

特斯拉的擎天柱

马斯克从来不会放弃任何机会为特斯拉宣传和造势，何况是关注度如此之高的特斯拉"人工智能日"活动。2021年8月，马斯克在"人工智能日"活动上发布了特斯拉旗下第一款机器人Tesla Bot，内部代号为擎天柱。

与平日所见的多数机器人不同，Tesla Bot是一款人形机器人，它的头部、躯干、腿部、胳膊及手掌等部位基本与成年人一样，看上去更像一款来自未来的产品。尽管Tesla Bot在当时还是一款处于研发初期的产品，但有关它的信息已遍布各大媒体平台。虽然马斯克简短地介绍了Tesla Bot，但是它的关注度力压同期发布的自动驾驶逻辑及训练平台等内容。

除了特斯拉，其他汽车公司、科技公司也纷纷宣布进军机器人市场，导致机器人一度成为媒体及投资界的热议话题。波士顿咨询公司在2021年6月发布了一份关于全球机器人市场的分析报告，该份报告将机器人分为4类：①传统工业机器人，如汽车总装线上辅助工人的机械臂；②静态专业服务机器人，如汽车涂装及焊装线上的机器人；③动态专业服务机器人，如家用扫地机器人；④自动引导车，如工位之间的物料运输机器人。波士顿咨询公司预测，2030年全球机器人的市场规模将介于1600亿美元到2 600亿美元之间，静态或动态的专业服务机器人最高可占据1700亿美元的市场。

事实上，人形机器人对于大众来说并非新鲜事物。早在20年之前，美国宇航局就已与美国国防部合作研发这种机器人，即Robonaut。他们希望Robonaut可以在太空中完成一些重复的、枯燥的，甚至危险的任务，以缓解人类宇航员的工作压力。受限于当时的技术，第一代Robonaut未能投入使用。2007年，美国通用汽车公司与美国宇航局合作开发第二代Robonaut。2011年，美国宇航局将第二代Robonaut送到国际空间站。虽然此次任务主要是为了进行测试，但可以吸引人们对于人形机器人的关注。

20世纪80年代，日本本田公司开始研发人形机器人，多年的积累让名为Asimo的机器人已经具备正常行走、低速奔跑、上下台阶、语音对话及物体识别等功能。从外观看，Asimo依然是一个典型机器人的造型，但它的脚踝、膝盖、腰胯部位及肘部等关节部分的动作已经非常线性且细腻，尤其是它的手指关节。纵使经过常年的研发投入，本田公司似乎未找到合适的时机使Asimo实现商用化，最终于2018年宣布停止进一步研发Asimo，并将Asimo的技术运用到能尽快实现商用化的产品上。

尽管如何商用化人形机器人产品是机器人公司必须面对的问题，但并不缺乏专注且敢于探索的公司，如美国的波士顿动力公司。该公司拥有多年的机器人研发经验，已有仿生四足机器人Spot及其衍生产品进入市场，马斯克的SpaceX公司也是它的客户。波士顿动力公司研发的两足人形机器人Atlas不断刷新人们对于人形机器人的认知。2021年8月，波士顿动力公司公布了一段Atlas在实验室内完成一些相对复杂的运动视频。在视频中，Atlas顺利完成了诸如跳跃过横木、踩阶梯及跑过平衡木等动作，甚至可以在完成空翻后保持平稳站立。这一系列的动作并非一次性就能成功完成的，而是经过工程师的多次尝试与调试后才得到的结果。波士顿动力公司在两足机器人领域的表现很突出，其研发的两足机器人从最初的只可以在平地行走，已经发展到可以完成一些跑步动作，但是波士顿动力公司也会面临如何成功将其商用化的问题。

这不禁让人思考，刚刚入局的特斯拉能有多少胜算。由于第一代Tesla Bot的样机已于2022年正式亮相，这里可以通过人形机器人的结构组成来分析Tesla Bot的成功概率。

根据波士顿动力公司的Atlas与Tesla Bot的结构可知，这两款人形机器人的硬件部分大致包含动力部分、感知部分、执行机构、计算平台、电气部分及外观等；软件部分大致包含操作系统及控制算法等。

（1）动力部分。机器人的待机时间是决定它能否成功商用化的前提，因为消费者不想购买一个每天需要多次充电才能正常工作的机器人。而特斯拉在锂离子电池的研发、生产制造及控制算法方面都拥有很大的优势。

（2）感知部分。根据马斯克的描述，Tesla Bot使用目前特斯拉汽车上使用的全自动驾驶FSD硬件，包含摄像头与超声波雷达两类传感器，至于具体的数量及布置方式，则没有详细介绍。或许可以猜测Tesla Bot会像特斯拉现有的车型一样，时刻覆盖周围的全部场景，这有助于增加机器人的功能和使用场景。

（3）执行机构。与Atlas采用液压方式不同，特斯拉在Tesla Bot上使用大量的电机来驱动整个机器人对于电动汽车的动力系统具有重要影响的部分，除了电池，还有电机。特斯拉很早就实现了电机的自研与生产，Plaid动力系统的出现更是向外界展示了特斯拉在电驱系统领域的实力。不过机器人使用的电机在功率、体积、材质及使用工况等层面都与汽车有很大不同，这将考验特斯拉的工程能力。

（4）计算平台。作为Tesla Bot的"大脑"，特斯拉会使用已经在汽车上量产的全自动驾驶FSD计算平台。目前特斯拉使用的还是发布于2019年的第三代计算平台，在当前这个算力膨胀的年代，第三代计算平台的处理能力虽然算不上很优秀，但是结合经过测试的全自动驾驶（FSD）运行情况来看，该计算平台足以处理8个标清摄像头及12个超声波雷达的信号。截至2022年年底，第四代硬件平台呼之欲出，相信待Tesla Bot量产时会有很大可能搭载最新版本的计算平台。

（5）电气部分。简单来讲就是电源系统与用电设备等。特斯拉从Model S车型开始就不断对汽车的电气系统进行改进，直到形成Model 3车型上高度接近中央处理器及域控制器的电气架构。特斯拉多年来一直引领智能汽车电气架构的发展，而Tesla Bot作为一款需要将软件与硬件更好结合的全新产品，特斯拉在电气架构方面的优势有助于推进其研发工作。

（6）操作系统。特斯拉的车机系统从一开始就选择基于Linux系统进行了深度开发，为此特斯拉投入了大量的人力与财力来组建软件团队，最终将一个几乎被车企放弃的系统打造成迭代升级多次且拥有众多应用的系统。截至2021年年底，特斯拉的操作系统在经过不计其数的大小版本迭代后升级为V11版本。

（7）控制算法。控制算法是特斯拉目前在自动驾驶方面领先于其他车企及自动驾驶公司的核心原因。特斯拉拥有庞大的自动辅助驾驶车队，常年累积的大量数据不断输送给自动驾驶团队，以供其进行自动驾驶算法及神经网络的训练。正是得益于不断优化的算法，特斯拉的自动辅助驾驶功能由最初的只能应对相对规则的高速路况发展到已经可以应对复杂的城市路况。特斯拉的汽车如同拥有4个车轮的自动驾驶机器人，而Tesla Bot更像行走在人行道上的自动驾驶汽车。

然而，不能就此认为Tesla Bot是万无一失的，因为汽车和机器人除了有很多的相似点，也有许多不同。例如，在结构层面，Tesla Bot作为两足人形机器人需要考虑如何始终保持平衡，而汽车因为拥有4个车轮，更容易保持平稳行驶。此外，特斯拉为了能让Tesla Bot更具亲和力，采用了一些独特的外观设计，但也会带来问题——使用何种材料才能保证其可以顺利量产且不影响功能性。机器人和汽车的使用场景完全不同，汽车主要在道路上行驶，而机器人的使用场景恰恰是道路以外的任何区域，如住宅、工厂及人行道等相对不规则的场景，这些都是特斯拉汽车未曾接触过的场景。

说到Tesla Bot的使用场景，或许是因为其还处于研发初期阶段，无论是发布会上的讲解，还是回答记者的提问，马斯克对于Tesla Bot的使用场景都没有过多描述。不过马斯克在讲解阶段还是提到了两个颇具代表性的例子，一个是生产制造场景，另一个是日常生活场景。

根据马斯克的描述，在生产制造场景中，人们可以让Tesla Bot捡起地上的螺栓，并用扳手固定在汽车车身上。这就不禁让人想起，当年造成Model 3车型产能问题的一个重要原因，就是过多的自动化导致Model 3车型内部由于线束安装不断出现问题。机器人的手与人类的手不同，其动作更生硬。例如，人类轻易就能完成的动作，如不规则路径抓取和移动等，机器人很难完成。这导致当时的特斯拉不得不使用大量的人力重新完成线束的安装等工作。巧合的是，根据特斯拉在"人工智能日"活动上分享的关于Tesla Bot的内容，其重要特点之一就是拥有一双可以比肩人类的手

（Human-Level Hands）。这一点从Tesla Bot的宣传片中也可看出。

无独有偶，由马斯克参与创建的人工智能研究公司OpenAI也在2019年10月发布了其在机器手方面的研发进展。根据该公司发布的内容，OpenAI从2017年开始研究通过一只机器手来拼魔方，而在现实生活中，人类也很难用一只手来拼魔方。通过不断的神经网络训练，其机器手不但可以在多数情况下拼魔方，还可以对不同尺寸的魔方进行操作。虽然当前对于Tesla Bot的信息非常有限，但这或许就是Tesla Bot敢于使用Human-Level Hands的原因 。

值得注意的是，这款机器手的手掌心及指尖部位所采用的材料与手背不同，看上去更像橡胶类的材质。这种设计明显是要模拟人类的双手，正如马斯克描述的那般，Tesla Bot在未来很可能会取代现有生产线上的工人，从而实现完全自动化生产。

而在马斯克描述的另一个场景中，人们可以让Tesla Bot去商店购买自己所需的商品。这对于Tesla Bot来说，是全新的使用场景。上述两个例子或许可以说明，未来Tesla Bot不仅会出现在诸如工厂这样的商用场景中，也会出现在人们的日常生活场景中，从而可以更好地帮助人们。

正如特斯拉介绍，Tesla Bot的主要用途将是代替人类完成一些不安全、高度重复或者枯燥的工作等，除了以上两类马斯克提到的场景，我们可以放开想象，思考若干年后，当Tesla Bot经过了无数次的升级后，它究竟会有什么样的用途。

Tesla Bot假想用途之执行火星任务。马斯克想实现人类移民火星，这已经是公开的信息。无论是充满了科幻感的Cybertruck、早年收购的太阳城Solar City，还是特斯拉弟弟的绿色农场Big Green、马斯克声称已经住了2年多的折叠房子等，马斯克的种种操作似乎都在为移民火星做准备。但是如何将火星环境打造成适合人类居住是至关重要的，比如由谁来盖房子、由谁来打扫卫生，以及由谁来进行生产制造等。笔者并不认为，那些可以付钱移民火星的人们愿意去做这些危险或重复性的工作。这时就能体现机器人的价值了——特斯拉可以在地球上完成Tesla Bot的训练和进化，让它达到可以在火星上进行生产制造的能力。

Tesla Bot假想用途之情感陪伴。尽管全球拥有近80亿人口数量，但不可否认的是这个世界上有许多人需要情感陪伴，这一点从宠物市场及近几年爆发的四足机器动物市场就可以得到些许印证。Tesla Bot与其他机器人相比，有一个很大的区别就是其造型与人类高度相似，或许没有多少人会好奇特斯拉为什么要将Tesla Bot的外观设计成类人的造型，甚至连身高都与成年人相似，毕竟这样会给量产带来非常大的难度。或许类人的造型有助于它在为人类设计的生产线上进行施工操作；或许类人的造型可以增加人们对它的好感；或许它还需要在火星上起到一定的情感陪伴作用，毕竟与地球相比，火星依然是一个孤独的星球。

向来不按常理出牌的马斯克在2022年6月回复网友关于Tesla Bot的问题时提到，特斯拉将在9月底举办的第二届人工智能日活动上亮相"Tesla Bot擎天柱"的样机，该样机与2021年首次亮相的模型存在一定的差别。

确如马斯克所言，特斯拉在其2022年年底举办的第二届人工智能日活动上透露了更多关于Tesla Bot的信息，例如，最新的样机与2021年首次发布的概念样机造型相比已经进行了两次迭代，其外观更加机械化，内部构造则是一目了然，主要包括电机、处理器、线束及其他执行机构等。此外，Tesla Bot已经可以缓慢行走，并执行一些简单的动作，如用手指拿起水壶进行浇花等，这个看似简单的动作实则需要Tesla Bot完成感知、识别、规控及执行等任务，而这也是特斯拉多年来在自动驾驶研发方面所积累的经验。最后，马斯克预测Tesla Bot的成本可能会低于两万美元，因为特斯拉研发Tesla Bot的目标就是，让其能够以低成本可靠地进行生产活动。

也许依然会有人不理解特斯拉为什么要制造机器人，因为这与特斯拉"加速世界向可持续能源转变"的使命似乎没有直接联系。毕竟特斯拉的当前业务都与清洁能源有关，那Tesla Bot又将扮演什么角色？或许从技术角度出发，特斯拉通过旗下车型的自动驾驶功能已经开始研发自己的人工智能技术了，正如马斯克一直强调要想解决自动驾驶问题，最终需要解决现实世界的人工智能问题，而Tesla Bot作为一款可以活动在道路以外其他区域的产品，有望成为解决现实世界人工智能问题的重要一环。

马斯克一直在提醒人们需要注意人工智能的发展对当今社会的影响，他也利用"人工智能日"这样的时机发布了Tesla Bot这种需要高度汇聚人工智能技术的产品。马斯克在通过社交媒体回答一位网友的提问时说："机器人总会来的，波士顿动力公司的视频已经表现得很明显了。我无法保证别的公司制造的机器人是否安全，但特斯拉会尽最大努力。"

小结

苹果公司的首席执行官蒂姆·库克曾将自动驾驶项目形容成苹果公司所有的人工智能项目之母。自动驾驶技术发展到今天，人们越发意识到它不只是硬件问题，也不是简单的软件算法问题，而是趋向于人工智能的问题。因此，就算有越来越多的车型宣传自己拥有多个激光雷达、超高分辨率的摄像头、先进的毫米波雷达及算力强劲的计算单元等，也不意味着它们一定能够提供体验感很好的自动驾驶功能，因为这些只是实现自动驾驶中难度最低的一个环节。就像修建房屋，自动驾驶的感知硬件相当于砖瓦、钢筋及混凝土等，只要有足够的费用预算，就能购买质量很好的建筑原材料；但房子的整体质量、装修水平及风格等才是决定人们入住后的体验的重要因素。

多年来，特斯拉一直在自动驾驶领域不断进行探索。在感知硬件层面，从最初的一个单目摄像头和一个毫米波雷达，到八个摄像头和一个毫米波雷达，再到只有八个摄像头；在计算平台层面，从最初的Mobileye EyeQ3到英伟达的Drive PX2，最后到特斯拉自研的FSD全自动驾驶计算平台，特斯拉不断在自动驾驶数据、软件算法及人工智能算力等方面迭代优化。这也让特斯拉意识到，它正在打造一个行走在道路上的人工智能机器人。

马斯克推崇的"第一性原理"认为，路面交通系统是为人类而设计的，人类使用双眼和大脑进行外部环境感知和驾驶决策，这也是他坚持纯视觉路线的底层逻辑的原因，其中所谓的大脑就需要由特斯拉的人工智能来实现。

马斯克曾这样回复网友：自动驾驶汽车和有用的人形机器人需要非常高级的理解现实世界的能力，我越发相信这就是通往人工通用智能之路。考虑到特斯拉人工智能就是在训练对于现实世界的认知，或许其会在人工通用智能上发挥一定的作用，尤其是特斯拉的擎天柱即将到来。

第四章

重新定义汽车公司的生存之道

2007年，苹果公司推出了iPod及iPhone等电子产品，于是将公司名称"苹果电脑"中的"电脑"二字移除，成为人们熟知的苹果公司。历史总是惊人地相似，马斯克并不喜欢外界将特斯拉定位为单纯的汽车公司，他认为特斯拉不只是汽车公司，更是科技公司、人工智能公司。为了改变大众对特斯拉的固有印象，马斯克曾不断游说拥有tesla.com域名的工程师，不惜花费重金得到这个域名。2017年，特斯拉的官网域名终于从teslamotors.com变更为tesla.com。

汽车界的苹果公司

相信有不少的苹果产品的用户都会收到来自苹果公司的扣款信息。比如笔者每年都会为订阅的相关服务支付一定的费用，经过大致计算发现，十年的订阅费用就相当于一部高配苹果手机的成本。相同的订阅费用比例出现在汽车上可能会变得不可思议。试想一下，如果你购买了一辆价值30万元的汽车，你是否愿意每年支付3万元的费用去订阅相关服务？也许你会觉得这种想法有点不切实际，但这就是人们即将或者已经面临的问题，也是软件定义汽车时代下的智能汽车给人们用车生活所带来的变化。

在传统汽车时代，人们很少有机会通过产品知晓空中升级（OTA）、订阅及软件服务等词汇，但是如果拥有了一辆智能汽车，则很难对这些词汇感到陌生。2014年10月，特斯拉在发布Model S P85D车型的同时发布了一款售价为4250美元的"科技选装包"，其中包括Autopilot、铝合金轮毂及智能空气悬架功能。一年后，特斯拉第一次利用OTA技术将Autopilot功能推送给付费车主，智能汽车多元化盈利的商业模式序幕就此拉开。

多年来，传统汽车厂商的主要盈利模式是通过生产和销售车辆及后续的维修保养来获取利润的，但是随着汽车技术的日趋同质化、供应链的日益成熟、汽车市场的竞争越发激烈等变化，这种模式反而使生产厂商和经销商的毛利润越来越低。很难想象一款市场指导售价约为20万元的车型，其生产厂家的毛利润居然不足1万元，甚至一些滞销的车型还要亏本促销。传统车企，如福特汽车公司，其2020财年息税前毛利率仅为4.8%，2021财年息税前毛利率增长至7.3%；又如梅赛德斯-奔驰集团的乘用车业务，其2020财年毛利率为6.9%，2021财年毛利率增长至12.7%。反观特斯拉，其2019财年毛利率就已经达到16.6%，2020财年毛利率增长至21.0%，而2021财年毛利率更是达到了25.3%。相较于传统车企，特斯拉不仅可以通过销售车辆和提供售后服务来实现营收，还可以通过提供软件服务、能源相关服务及碳积分交易等方式丰富其盈利模式。

随着越来越多的科技产品出现，有人将特斯拉比作汽车界的苹果公司，因为它们都具有很大的影响力。

尽管特斯拉是汽车行业中盈利能力很强的公司，但对比苹果公司的盈利能力，它还有很长的路要走。相关财报显示，苹果公司2019财年毛利率为37.8%，2020财年毛利率略微增长至38.2%，基本是同期特斯拉毛利率的两倍。这就不得不提到苹果公司财报中的"服务"项目的营收。近几年苹果公司公开的财报显示，"服务"项目的营收一直仅次于iPhone产品，仅2020财年的"服务"项目营收就超过537.7亿美元，占全年营收的19.6%。根据苹果公司的描述，"服务"项目包括订阅iCloud、Apple Music、AppleCare、Apple TV、Apple Pay及App Store等软件服务。相关财报显示，"服务"项目的毛利率基本维持在70%左右，而包含iPhone在内的硬件产品毛利率基本维持在30%左右。相比硬件的营收能力，软件的营收能力可谓惊人。然而软件行业如此高的毛利率并非苹果公司一家独有，诸如Adobe公司和Salesforce 公司的毛利率都很高。相比以制造和销售硬件为主的汽车公司，软件公司的主要成本集中在前期研发及后期推广与维护方面，因此，软件的边际成本会随着用户数量的增加变得越来越低，这也是软件公司毛利率如此之高的主要原因。看到这里，或许能明白为什么马斯克要不惜血本地将"特斯拉汽车"变成"特斯拉"，并对外宣传特斯拉更像一家软件或者人工智能的科技公司。

特斯拉也的确在用行动证明它不止是一家电动汽车公司。除了一直需要单独付费购买并通过不断升级来实现的"全自动驾驶能力"软件，特斯拉还在尝试通过"软件即服务"模式来证明自己是一家擅长软件及人工智能的科技公司。

为了降低购买Model S汽车的门槛，特斯拉在2016年发布的Model S 60D车型通过软件锁定的方法将该车搭载的容量为75kW·h的电池包可用容量限定在60kW·h，用户可以通过软件付费解锁剩余电池包容量，以此来获得更强的续航能力。

2019年年底，特斯拉在北美市场开始对2018年7月以后购车的用户收取一定的高级车载娱乐服务包费用。根据特斯拉官方的描述，未订阅"高级车载娱乐服务包"的车型须通过WiFi或者单独付费给电信运营商来使用车载应用网络视频与音乐、车载网络游戏、互联网浏览器及导航中的部分功能。

2019年12月，特斯拉开始向Model 3的双电机长续航版本用户提供"加速升级服务"，即通过软件升级改变电驱系统的工作效率，可以将车辆0~96km/h的加速时间从原来的4.4s缩短至3.9s，但需要用户支付一定的费用。

2020年，特斯拉为了应对中国对于新能源汽车的补贴政策对车辆销售价格的要求，虽然在Model 3的标准续航升级版出厂时配备了后排座椅加热硬件，但在软件层面并没有开放此功能。同年9月，特斯拉针对该款车型推出了收费的"后排座椅加热升级服务"。通过这种软件付费解锁功能的方式，特斯拉不仅能够让用户享受新能源汽车的补贴政策，也可以保证企业的经营利润。

如果说软件解锁电池容量和"加热升级服务"等软件服务比较小众化，收费不高的"高级车载娱乐服务包"也不能产生足以改变特斯拉盈利模式的营收，那么特斯拉于2021年7月向美国市场开放了承诺已久的"全自动驾驶功能"软件订阅服务则具有重大意义，它不但可以给特斯拉带来超额的高质量营收，改善其毛利率，还能进一步强化其在自动驾驶领域的优势。根据相关订阅要求，不同版本的Autopilot的收费不同。

相较于一次性付费购买，订阅的优势在于，用户可以按月灵活选择开通或者关闭"全自动驾驶功能"。此外，按月订阅的方式让"全自动驾驶功能"的体验门槛变得更低，有利于吸引更多的用户去尝试此项功能，进而按需付费购买。正如马斯克所说，让用户订阅的关键在于其能否尽快大面积推送"全自动驾驶功能"。如果"全自动驾驶功能"可以实现大面积推送，则用户更多的是在"按月订阅"和"一次性付费购买"之间进行决策，而不是考虑是否付费购买。根据消费心理学，用户一旦订阅了某种服务并由此享受到其所带来的便利，就很难再放弃使用该项服务，因为失去某种事物往往比拥有它给人们带来更大的抵触心理。

特斯拉的毛利率也将随着"全自动驾驶功能"等软件订阅比例的上升而提高，毛利率的提升意味着特斯拉在市场中拥有更强的竞争力。当多数车企还在费尽心思通过整合供应链来提高车辆的毛利率时，特斯拉甚至可以在一定程度上降低车辆硬件部分带来的毛利率，而将利润点转向软件付费业务。这一点反映在市场中，就会出现同样级别、同样配置的车型，特斯拉的售价会比竞争对手低。

国内造车新势力如蔚来、小鹏等公司也意识到软件付费对于营收的重要性。截至2021年第一季度，蔚来在售车型上的NIO Pilot自动辅助驾驶系统精选包和全配包合计选装率约为50%。此外，蔚来还在2020年的"蔚来日"活动上宣布将在旗下首款轿车ET7上采用自动驾驶软件订阅服务ADaaS，用户可以按月进行订阅。小鹏汽车的创始人何小鹏在回复分析师的提问时表示，随着小鹏汽车辅助驾驶功能的日益提升，他相信小鹏汽车的辅助驾驶系统XPILOT软件的变现将成为小鹏公司除整车硬件销售外的持续性收入和利润来源。2021年，奔驰在其旗舰纯电动轿车EQS上也开始尝试使用软件付费模式，用户可以通过每年支付一定的费用来解锁10°的后轮转向功能，从而减小车辆的转弯半径，提升车辆的驾控便利性。

智能手机的出现孕育出各种应用服务，进而催生出一种全新的商业模式。随着智能汽车时代的到来，汽车不再是一个简单的代步工具，在智能座舱技术的加持下，汽车真正成为人们的第三空间——人们可以在车里娱乐或办公等。这里面蕴藏着继智能手机之后巨大的商业空间，可以预见会有越来越多的车企选择尝试软件付费模式，而特斯拉在这条道路上已历经种种考验，并做好消费者为软件付费的培育工作。

又见加"油"站

2021年7月，马斯克在与网友互动时宣布特斯拉将向其他品牌的电动车型开放特斯拉超级充电桩的使用权。虽然马斯克也曾提出开放超级充电桩的使用权，但这次回复却引发了大量讨论，甚至有网友表示难以理解，因为特斯拉品牌独有的超级充电网络正是吸引很多用户购买特斯拉汽车的一个主要原因。

不少人不明白特斯拉为何如此受欢迎，即使许多电动车型的续航能力、智能化水平、性价比都很突出，但也无法改变现有的局面。而特斯拉销量能够不断上升的重要原因其实是被低估的特斯拉超级充电（超充）体系。不同于其他充电桩，特斯拉的超级充电桩只能给特斯拉的汽车充电，从而避免了用户费力寻找其他充电桩，这种体验给特斯拉的用户带来了不小的便利。此外，随着特斯拉近些年全球销量的显著增长，本来可以随到随充的超级充电桩也开始变得需要排队等候，一旦开放给其他品牌的电动车型，则可能影响特斯拉用户的充电体验。

为什么马斯克要冒着风险开放超级充电桩的使用权？这一举动是否会影响特斯拉用户的体验？它会是一次性全部开放吗？

猜测一：根据美国汽车媒体Electrek报道，特斯拉此次开放超级充电桩很可能与美国政府的电动汽车支持法案相关。时任拜登总统提出要在2030年之前实现新车销售的50%为电动汽车的计划，为此美国两党将通过万亿美元的法案来支持美国电动汽车的发展。

猜测二：一家企业在高速发展的时期难免会遇到效率降低的问题，恰如马斯克当年想要关闭部分效率很低的线下门店。特斯拉在快速建设充电站的同时，可能遇到了部分地区的超级充电站未能得到充分利用等问题，其希望尝试通过共享超级充电站来提高其利用率，从而达到实现更多营收的目的。

猜测三：特斯拉从2012年开始布局超级充电站，目前已经遍布多个国家。或许马斯克从一开始就希望将超级充电站打造成类似加油站的补能体系，并在合适的时机将其开放给所有的电动车型，特斯拉也将转变为具有潜力的能源公司。

事实上，特斯拉并没有直接在美国市场开放其超级充电桩的使用权，而是率先在荷兰、法国及挪威等地开展与非特斯拉车型共享超级充电桩的测试项目。尚不能确定特斯拉是否会在美国开放其超级充电站，但这对于特斯拉而言，算是一次以极低成本扩大自己充电网络的机会，虽然截至2021年年底，特斯拉在全球已经布局超过31 498根超级充电桩，但与它急剧增长的用户数量相比还是不够的。很难说特斯拉在美国市场开放自己的超级充电桩是否会影响保有用户的体验，但只要特斯拉加速超级充电站的建设，加上其他充电运营商的支持，相信随着整个充电体系的完善，电动汽车的充电体验将会得到整体提升。

试想一下，无论开放与否，特斯拉的超级充电站在高负荷运作的情况下究竟会给特斯拉带来多少直接收益？

鉴于美国各地区各超级充电站的电价及收费方式存在一定差异，根据美国的一家汽车线上销售平台Current Automotive的统计，以充电度数为计价方式的快充电价为

0.28美元/kW·h。这里以北美市场主销的Model Y和Model 3两种车型为例，Model Y车型的电池容量为75kW·h，Model 3标准续航版车型的电池容量为50kW·h。假设用户单次充电都是从20%充到80%，即每辆车的单次充电量为电池容量的60%，这意味着Model Y车型的单次超充费用约为12.6美元，Model 3车型的单次超充费用约为8.4美元，通过加权平均可得每辆车的单次超充费用约为10.5美元，见表4-1。

表4-1　特斯拉汽车的超充费用预估

项目	Model Y	Model 3
电池容量（kW·h）	75	50
充电比率	60%	60%
充电量（kW·h）	45	30
快充电价（美元/kW·h）	0.28	0.28
超充费用（美元）	≈12.6	≈8.4
每辆车的单次超充费用（美元）	≈10.5	

特斯拉2021年第四季度财报的数据显示，特斯拉当时在全球已经拥有超过31 498根超级充电桩，如果按照2021年超级充电桩的同比增长比例35%来计算，预

计到2022年这一数据将达到近4.3×10^5根。假设特斯拉自此之后每年超级充电桩的增长比例都是35%，可以预测其超级充电桩在2025年将达到近10.5×10^5根，而到2030年将达到469 123根。

假设每辆车从20%充到80%需要30min，充电桩每天工作12h，这就意味着每个充电桩每天可以服务24辆车。据此，笔者对2025年、2030年及2035年的特斯拉超充系统营收做了预测，见表4-2。

表4-2 2025年、2030年及2035年的特斯拉超充系统营收预测

年份	2025年	2030年	2035年
超级充电桩（个）	104 620	469 123	2 103 563
次（充电桩/天）	24	24	24
车辆单次平均充电费用（美元）	10.5		
全年营收（美元）	9 622 947 600	43 149 933 540	193 485 724 740

注：表中预测结果不包含特斯拉每年因转介绍及促销活动赠送给用户的电量支出及超级充电站的"超时占用费"收入。

若特斯拉的超级充电桩真能达到如此之高的营收，这无疑是惊人的。以主要经营

石油和天然气业务的壳牌集团为例，其2020年全年的营收为1 805亿美元。如果特斯拉仅凭借充电业务就能获得超高的营收，完全可以将特斯拉的充电网络单独作为能源公司看待。

特斯拉在"电"生态方面，不仅可以通过充电来获得利润，光伏发电及静态储能也是它的重要业务。2021年5月22日，中国内地第800座超级充电站在北京落成，同年7月31日，第900座超级充电站在深圳上线开放。在短短的10周时间内，特斯拉完成了100座超级充电站的上线任务，实现了充电设施的快速完善。值得注意的是，在这100座超级充电站中有两个比较特别的充电站，分别是位于拉萨和上海宝山区智慧湾科创园内的光储充超级充电站。光储充超级充电站的用途是通过光伏发电并将电能储存于静态储能电池中，以在必要时为车辆充电。这种超级充电站很早就在美国上线了，但受限于成本，并非每个超级充电站都能按照光储充的标准进行建设。2021年7月，中华人民共和国国家发展和改革委员会发布了《关于进一步完善分时电价机制的通知》，要求各地优化分时电价机制，更好地引导用户削峰填谷、改善电力供需状况。诸如此类的政策可在一定程度上促进静态储能和光伏发电业务的发展，对于已经引进了能源业务的特斯拉算是利好信息。

特斯拉通过前瞻性的垂直整合，已经在光伏发电、静态储能及充电等方面实现了自给自足。从国内已经建设的两座光储充超级充电站来看，无论是太阳能电池板的发电功率，还是Powerwall的储能容量，目前尚不能支持这两座充电站完全摆脱电网给车辆充电，但在一定程度上可以起到削峰填谷和稳定充电电压的作用。光储充超级充电站只是特斯拉光伏发电及静态储能业务的冰山一角，其更大的商用价值在于全球市场上线的光伏发电与静态储能等业务。

2021年全年，光伏发电及静态储能业务为特斯拉带来了27.9亿美元的营收，相比之下，汽车业务的营收甚至可以被忽略。随着电动汽车的普及率越来越高，充电站作为必不可少的配套设施，在以碳中和为目标的大背景下，预计光伏发电及静态储能业务将会为特斯拉带来非常稳定且占比越来越高的营收。特斯拉2021年发布的数据显示，其希望在2030年实现1 500GW·h的静态储能交付，而这一数据在2020年仅为3GW·h。

马斯克曾在特斯拉2019年第三季度的财报会议中表达自己的看法："长远来看，我预测特斯拉的能源业务将会和汽车业务处于同一体量级别。特斯拉能源业务是一个被低估的业务，未来它会是特斯拉的主要业务。特斯拉从一开始的使命就是加速世界向可持续能源转变，这意味着我们在生产能源和消耗能源方面都必须是可持续的。"

大家都是"卖炭翁"

1990年，美国加利福尼亚州（以下简称加州）的空气资源委员会推出了零排放汽车项目，旨在降低加州地区的温室气体排放并提升空气质量。该项目要求在规定的时间内，汽车公司在加州地区每年销售的汽车中必须有一定比例的零排放新能源汽车。随着新能源汽车技术的发展，零排放汽车项目促成了"零排量汽车积分"政策的推出。换言之，如果一家汽车公司在加州地区只销售传统的燃油汽车，则需要通过购买其他汽车公司在加州地区的"零排量汽车积分"来达到零排放汽车项目的要求。截至2021年，"零排量汽车积分"政策已经在美国的14个州成功实施。

2017年9月，为了缓解能源与环境压力，我国也发布了与美国加州零排放汽车项目相似的《乘用车企业平均燃料消耗量与新能源汽车积分并行管理办法》（简称"双积分政策"）。所谓"双积分"就是指"乘用车企业平均燃料消耗量积分"和"乘用车企业新能源汽车积分"，汽车生产企业在生产和进口传统燃油汽车、新能源汽车时会根据相应规则得到一定的分数，不满足标准的得负分，满足标准的得正分。如果某家汽车生产企业的年度总积分为负分，则需要在规定时间内将负积分清零，否则会影响其后续的生产经营活动。

一般来讲，由于国家对于车企生产车型的油耗水平有较为严格的要求，而多数传统车企因为生产的车型油耗偏高，容易在"乘用车企业平均燃料消耗量积分"这一项上得负分；如果该企业生产的新能源汽车的比例也未达到标准要求，则在"乘用车企业新能源汽车积分"这一项上也会得负分。个别车企为了能够获得足够的正积分，会不断推出能耗更低的燃油车型或者新能源车型，如上汽通用五菱公司的宏光MINI等。而像特斯拉这样的纯电动汽车企业，因为其所生产的车型都符合"双积分政策"的要求，所以只要特斯拉生产更多的纯电动汽车，就会得到更多的正积分。

中华人民共和国工业和信息化部于2021年4月发布的《2020年度乘用车企业平均燃料消耗量与新能源汽车积分情况》中显示，不少燃油车型生产企业的积分都为负数，而主要生产新能源车型的企业则相反。例如，主要生产燃油车型的一汽-大众汽车有限公司的年度平均燃料消耗量积分为−1 186 200分，新能源汽车积分为−139 251分。只生产纯电动车型的特斯拉（上海）有限公司的年度平均燃料消耗量积分为801 522分，新能源汽车积分为860 310分。根据积分交易市场行情，一个积分的最高价值可超过3 000元人民币。如果按照3 000元估算，则特斯拉（上海）有限公司仅凭借其新能源汽车积分就可以获得50亿元人民币的营收。而这种新能源汽车积分被汽车行业称为"碳积分"，于是出现了特斯拉是"卖炭翁"的说法。

如图4-1所示，得益于2020年全球超过50万辆的产量，特斯拉在当年仅因碳积分交易就能获得15.8亿美元的营收，占全年汽车业务营收的5.8%。对比特斯拉2020年全年7.21亿美元的净利润，如果没有碳积分交易贡献的营收，特斯拉可能延迟实现全财年盈利的目标。

（百万美元）

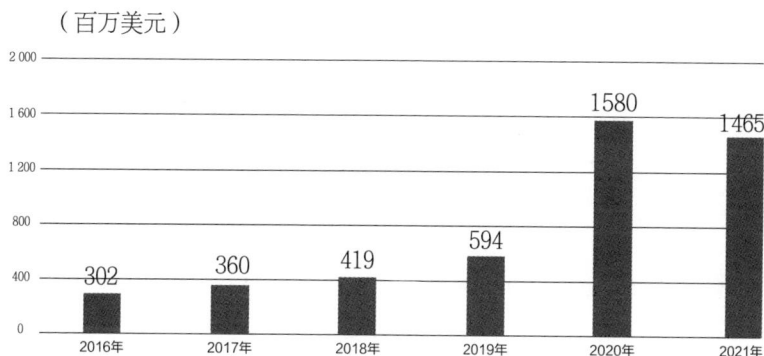

图4-1　特斯拉年度碳积分营收（2016—2021年）

这样的数据可能会给关注特斯拉的人留下"特斯拉卖车不挣钱、仅靠碳积分赚钱"的印象。但事实上，碳积分交易在汽车行业已是一项常规的营收，企业也会将该项收入计入车辆的盈利表中。例如，蔚来汽车在2020年第四季度通过碳积分交易获得了1.2亿元人民币的毛利，使其当季度的毛利率提升了1.8%。甚至有一些车企为了保持市场竞争力，选择将个别新能源车型的售价降至成本价，从而通过碳积分交易来赚取利润。

在特斯拉2020年第四季度的财报电话会议中，特斯拉的首席财务官（CFO）在被分析师问及有关碳积分营收的问题时作出如下回复："碳积分交易不会成为特斯拉的主要业务，我们也不会就此项业务开展各项规划。"但在提倡碳达峰、碳中和的当下，推动电动汽车的发展是节能减排的一种有效方式，相信在未来的一段时间内，依然会有部分传统燃油汽车制造企业向特斯拉等新能源汽车制造企业购买碳积分，这也意味着特斯拉会随着产量的提升，得到更多的碳积分，进而获得更多的营收。

被颠覆的汽车保险业

2019年8月，特斯拉通过自己的官网推出了针对旗下车型的保险产品"特斯拉保险"（Tesla Insurance），并宣称其可以为用户节省20%~30%的保险费用。考虑到这是第一次推出自己的汽车保险产品，特斯拉只对美国加利福尼亚州的用户开放了该项业务。

近年来，随着汽车行业的发展，汽车保险业务（以下简称车险）已经变得非常成熟。汽车公司推出自己的保险业务并不少见，诸如一汽、广汽及吉利等汽车公司在销量达到一定标准时都会进军汽车保险业，如吉利入股的合众财险、广汽入股的众诚汽车保险及一汽入股的鑫安汽车保险等。在汽车的下游销售和服务环节，当消费者在4S店购买汽车时，销售人员会主动为其推荐相应的汽车保险；管理比较严格的汽车品牌一般会将新车的保险购买率、保有客户的续保率纳入店面运营的考核内容。尤其是在2020年之前，汽车保险部分的营收是汽车公司和经销商一项重要的利润来源。2021年，我国的汽车保有量已超过3亿辆，这是各保险公司核心业务的支撑。特斯拉同样不愿意错失这个机会。

正如特斯拉在其保险产品的介绍中所述，它是最了解特斯拉产品的，因而可以通过先进的技术、车辆安全及优质的服务为用户提供性价比超高的保险业务。目前，世界各地的车险组成可以说是多种多样，各国都有不同的车险构成体系。例如，国内的车险主要分为机动车交通事故责任强制保险（以下简称交强险）和商业险两类，每辆车的保险费用基本与车辆本身的售价、车辆发生交通事故的大小与频次有关，相同配置的车型的保险费用一般相差不大。但美国的汽车保险费用则与车主的年龄、性别、个人征信、驾驶违章记录及每年的行驶里程等多种因素相关，因此，即使驾驶相同的车型，对于不同的驾驶人而言，每年的汽车保险费用也会有很大差异。

随着大数据时代的到来，汽车保险逐步向"基于使用量的汽车保险"（UBI）转变，因为它可以根据驾驶者与车辆的实际使用情况来确定保险费用。例如，一辆每年行驶5×10^5km的汽车原则上会比每年只行驶1×10^5km的汽车支付更多的保险费用；不同的驾驶习惯也会从保险费用上体现，更容易发生交通事故的驾驶者可能需要支付更高的保险费用。但是保险公司往往很难采集相关数据，甚至有些保险公司为了能够采集所需的数据，不惜以让利补贴的形式给车辆加装信息采集装置。然而，这些数据对于像特斯拉这样的智能汽车公司却非难事，但是考虑到用户数据安全和企业利益问题，相信没有哪家公司愿意将这样重要的数据拱手相让。

汽车的电动化与智能化也给汽车保险带来了不小的挑战。在电动化层面，如特斯拉的Model S车型，它在早期会通过软件对电池电量进行锁定，然后低价出售，但如果发生事故，它的维修成本与没有锁定电量的车型是一样的，导致保险公司需要为低价车型赔付较高的修理费用，这也是个别保险公司在早期就对特斯拉的车型增加了保险费用的主要原因。在智能化层面，智能汽车的一些功能，如自动泊车及辅助驾驶等也会给保险公司带来挑战。例如，在用户购买了特斯拉的全自动驾驶软件后，其车辆就具备"召唤功能"，但在使用期间与其他车辆发生剐蹭，试问该起事故应由谁来承担责任？越来越多的车型开始采用激光雷达、一体式压铸车身部件及可编程的数字前照灯等，这些配置无疑会对保险公司的定价提出挑战。诸如此类的情况正随着智能电动汽车的热销变得越来越多，这无疑是保险公司的业务难点，但也是智能电动汽车公司的良机。

诸如电动化、智能化及数据化等标签更贴合特斯拉这样的公司。作为智能电动汽车的先行者，特斯拉早在2016年8月就在中国香港和澳洲率先试点了自己的保险项目InsureMyTesla，只不过该项目是由其他保险公司进行承保的。与其他商业保险相比，特斯拉对InsureMyTesla进行了专业化订制，以使其更符合特斯拉用户的需求。例如，中国香港地区的InsureMyTesla就包含车辆置换、特斯拉储能装置的保险及不限驾驶者等内容。这种轻度合作在各大汽车公司都非常常见，虽然特斯拉在很多地区都推出了InsureMyTesla，但尚未真正得到市场认可。

特斯拉推出的特斯拉保险业务的优势在于，其完整地掌握了UBI所需的各项数据，如行驶里程、驾驶者超速情况、变道是否开启转向灯、疲劳驾驶情况、驾驶的范围及相应路况等。而这些数据是保险公司或者第三方公司需要通过安装专业监控设备才能获取的。特斯拉甚至可以利用车身外围的摄像头进行事故鉴定，或利用车内摄像头进行驾驶者责任判定等，这是保险公司无法做到的。

对于特斯拉而言，推出自己的保险业务具有重要意义，主要体现在以下方面：

（1）降低特斯拉用户的保险费用，提高购买吸引力。

相关保险公司提供的2021年6月的数据显示，一辆购买于2020年的Model 3汽车在加利福尼亚州的保险费用约为2 986美元/年，这比Model 3汽车在全美的平均保险费用高

30%。如果按照特斯拉所述，其保险费用可降低20%~30%，则意味着用户每年可以节省597~896美元，如果将这些费用折算为超充费用，将支持用户行驶至少20 000km。更为经济的保险费用有利于吸引更多的消费者选择特斯拉汽车，从而促进其销量提升。

（2）利用保险业务获取相关数据，优化车辆设计。

传统的保险公司并未对车辆的维修地点进行强制要求，这会让一部分车辆在特斯拉服务中心以外的地方进行维修，导致特斯拉无法实现车辆使用信息的闭环管理。但若用户购买了特斯拉保险业务，特斯拉就会对其维修地点进行管理，进而将车辆的维修信息纳入特斯拉的系统中，在大量维修保养数据的支持下，特斯拉可以知道车辆发生事故的原因，以及哪些部位更容易损坏等。借助这些数据，特斯拉可以完善自己的车辆设计，从而让特斯拉汽车变得更安全、高效。

（3）特斯拉保险可以作为营销手段。

在世界各地实行统一价规定的特斯拉在营销方式上也是与众不同的。习惯了在季度末冲业务量的特斯拉总会在需要订单量和交付量之时推出赠送辅助驾驶、赠送超级充电电量及贷款贴息等服务。拥有自己的保险业务后，特斯拉就可以实行类似本月订车或提车的用户可以享受一年免费保险的营销方案。此外，特斯拉保险是本体系内的业务，感知价会远超成本价，也会对客户产生更大的吸引力。

（4）多点营收，增加盈利。

以美国2020年财产和伤害险的毛利率44%为例，假设截至2025年，特斯拉全球累计交付量超过1 000万辆，如果有50%的车主选择特斯拉的保险，以当年主销的Model 3车型为例，美国保险公司Gelco的平均保价为2 565美元，按照特斯拉的保险费用相比其他保险公司可以降低30%的说法，Model 3车型的平均保险费用为1796美元，这会给特斯拉带来每年近90亿美元的营收，保守估计有40亿美元的毛利润。而这样的营收水平相当于特斯拉2021年汽车业务的所有营收。更为重要的是，特斯拉保险业务的毛利率会高于保险行业的平均标准，因为它不需要支付高昂的广告费用及人员等运营费用。如果特斯拉愿意，也可以牺牲一部分保险业务的毛利润来对冲车价，从而使特斯拉汽车更具市场竞争力。

（5）提前布局无人驾驶出租车业务。

马斯克在2019年的"自动驾驶日"活动上宣布，将根据法规情况逐步上线无人驾驶出租车业务，用户可以在自己不需要使用车辆的时间段将车辆共享给他人，以此来赚取一定的费用。虽然马斯克的一些承诺有时无法按时兑现，但基本都会延时兑现。而无人驾驶出租车业务这种目前还没有大规模商业化的共享出行业务也是保险行业面临的难题。因为保险公司没有足够的数据去支撑自己的定价策略，而自动驾驶车辆的造价一般会比其他车型高，但其事故发生率通常会低一些，所以保险方案需要由无人驾驶出租车业务经营者和保险公司进行个性化定制。垂直整合能力极强的特斯拉自然不会受限于这一点，它的保险业务中就包含"自动驾驶车型保护包"的保险服务，当车辆使用自动辅助驾驶或者自动驾驶功能时，若因系统出现故障而发生事故，即可采用此项险种。相信特斯拉在经过大量的测算之后可以推出供无人驾驶出租车业务正常运转的保险品种。

2021年下半年，特斯拉为了进一步扩大其全自动驾驶功能测试版FSD Beta的用户群体，推出了基于驾驶行为的"安全评分"测试版，在日常驾驶中获得满分的用户可以申请获得全自动驾驶功能测试版FSD Beta的推送权限，前提是用户已经购买了全自动驾驶功能的配置。从表面上看，这是用于全自动驾驶功能测试版尝鲜用户的一种筛选机制，但实际上它对于特斯拉能否实现"基于使用量的汽车保险"起着至关重要的作用。

根据特斯拉发布的官方信息，"安全评分"测试版包含每1 000mile（约1 600千米）的前碰撞预警激活频次、紧急制动频次、紧急转向、跟车距离及自动辅助驾驶强制退出频次5项因子。特斯拉通过自己设计的一套计算方法可以预测车辆发生碰撞事故的概率，并将之通过公式转换为百分制的安全评分。这项评分的重要性堪称特斯拉保险的灵魂，因为这是保险公司费尽周折才可能得到的数据，还不保证一定准确。但对于特斯拉来说，无论是数据的完整性还是准确性，它都有很大的优势。其实类似的功能在国内许多具有车联网功能的车型上已经推出，甚至是在使用一些地图软件进行导航时也会有类似的功能，但受限于行业现状，这些数据要么不够精准，要么得不到有效利用。

为了进一步完善特斯拉保险的计费方式，特斯拉除了统计用户的"安全评分"，还会将车辆的行驶里程、车辆型号、用户居住的社区位置、购买险种及购买特斯拉保险车辆数量等信息统计在内，综合计算后得出用户每月的保险费用。这种保险计费方式真正做到了因人而异、因车而异、因行驶里程而异。截至2022年年中，特斯拉已经在美国的九个州推出了特斯拉保险业务。根据特斯拉官方给出的示例，一位"安全评分"为88分的用户当月需要支付的保险费用为130美元，另一位"安全评分"为98分的用户则需要支付83美元，两者的"安全评分"相差10分，但两者的保险费用相差47美元。

从2019年开始，特斯拉开展自己的保险业务，目前仅在美国的九个州上线此项业务，这种速度似乎不符合特斯拉的一贯风格，或许与美国各州关于保险的法规不同有很大关系。至于特斯拉保险未来能否大获成功，就其当前的发展情况来看很难下定论。但不可否认的是，汽车行业发生的变革让汽车公司拥有了更多的用户数据，因此，不仅特斯拉选择进军汽车保险行业，保时捷品牌与美国造车新势力Rivian Automotive也都宣布在美国市场开展自己的汽车保险业务，就连国内的造车新势力蔚来、小鹏及理想等品牌也都纷纷注册了自己的保险经纪公司。

马斯克在2020年第三季度财报会议上表示，特斯拉的每个部门都是一个创收公司，保险部门也不例外。特斯拉在汽车保险行业改革中拥有不一般的优势，保险公司也已经意识到这场变革将给它们带来危机。汽车业务是保险公司的一大业务板块，或许在像特斯拉这样的公司的不断尝试下，这种固有局面会被打破。

无人驾驶出租车

在2019年的特斯拉"自动驾驶日"活动中，马斯克表示在法规允许的情况下，特斯拉计划在后期上线无人驾驶出租车（Robotaxi）业务，特斯拉的用户可以选择将自己的车作为Robotaxi，类似优步公司或者爱彼迎公司的业务模式，特斯拉会从每个订单中抽取25%~30%的营收。为此，特斯拉还计划优化车辆设计，如延长动力电池及电驱系统的使用寿命、提高车辆电量的使用效率，以及优化轮胎的设计等，以期将车辆的使用寿命延长至100万英里（约160万千米），从而使运营Robotaxi的成本能够显著降低。此外，特斯拉还计划回收租赁到期的车辆，用于扩充Robotaxi车队。

这个想法听起来似乎有些不可思议，但实际上已经有不少企业进行了相关布局。例如，谷歌旗下的Waymo在2018年就在美国的凤凰城开启了自己的Robotaxi业务；由通用汽车、本田汽车及微软等公司投资的Cruise也从2020年开始进行自己的Robotaxi业务。国内的自动驾驶企业，如百度、小马智行、文远知行及滴滴等也在多个城市布局了自己的Robotaxi测试业务。根据麦肯锡咨询报告与中国国际金融股份有限公司（简称中金公司）的研究数据，预计到2030年，Robotaxi业务在全球市场所占的份额将超过2万亿美元。

如果特斯拉的Robotaxi业务能成功上线，它将拥有明显的成本优势。目前，主流的Robotaxi车型都是由无人驾驶公司从汽车生产企业采购后，经改装得到的具备自动驾驶功能的汽车。而这个改装成本会因每家公司对于自动驾驶的策略不同而存在较大差异。例如，为了实现全自动驾驶功能，多数车型会采用多个激光雷达、毫米波雷达、高清摄像头、高精度地图及高精定位软硬件等，甚至有部分公司为了车辆能够实现V2X[①]，还给车辆增加了5G等通信模块。改装后的车型一般需要100万元人民币或更高，甚至早期的部分Robotaxi车型仅改装成本就超过200万元人民币。例如，Waymo早期车型上使用的激光雷达，其单个成本就超过7.5万美元。高昂的成本让很多人认为Robotaxi业务无法盈利，因为即使一辆Robotaxi可以正常运营超过10年，也无法收回车辆的制造成本，更别说自动驾驶软件的成本和运营成本。

2021年6月，百度与北汽旗下的极狐汽车发布了由二者合作打造的Apollo Moon共享无人车，整场发布会最大的亮点就是具备L4级别自动驾驶能力的无人车，其成本仅为48万元人民币，包括车辆的成本和自动驾驶硬件成本。这款无人车的出现正好打破了人们对于Robotaxi超高制造成本的认知，因为低廉的成本可能代表Robotaxi即将实现盈利。例如，一辆Robotaxi每月能实现2万元的营收，则其每年的营收可达24万元，也就是说，如果不考虑运营成本及折旧费用等，该车在运营两年后即可收回车辆成本。根据发布会的内容，Apollo Moon共享无人车作为研发的第五代车型，其在运营20 000h后才会出现一次硬件失效，这意味着Apollo Moon共享无人车可以确保在5年内正常运营。百度通过与硬件供应商合作及开放自动驾驶算法等方式来降低

---

① V2X（Vehicle to Everything），即车对外界的信息交换。车联网通过整合全球定位系统（GPS）导航技术、车对车交流技术、无线通信及远程感应技术奠定了新的汽车技术发展方向，实现了手动驾驶和自动驾驶的兼容。

Robotaxi的成本，而特斯拉早就实现了除自动驾驶感知硬件外采以外，其余核心部件均为全栈自研的目标。无论是车型还是算法的成本，特斯拉都占据很大的优势。例如，一辆选装了完全自动驾驶功能软件的Model 3的标准续航升级版在国内的售价仅为35万元左右。更重要的是，截至2022年年初，特斯拉已有超过200万辆具备高级辅助驾驶能力的车型投入使用，并有超过100 000辆具备FSD beta测试版的车型进行测试。

根据特斯拉对于Robotaxi业务盈利水平的估算，如果特斯拉的每辆Robotaxi都可以运行9×10^5 mile/年，每辆Robotaxi都会给特斯拉带来超过3万美元/年的毛利润。截至2021年年底，特斯拉已经在全球拥有将近200万辆装有全自动驾驶功能硬件的汽车，这一数据还在随着时间推进而快速上升。假设特斯拉真正实现了上述目标，按照每年有100万辆汽车加入Robotaxi业务，那么特斯拉仅依靠Robotaxi业务就可获得超过300亿美元/年的营收。

尽管特斯拉的Robotaxi业务已经延迟上线，但根据马斯克在2022年第一季度财报会议上透露的消息，特斯拉正在研发一款没有转向盘和踏板的Robotaxi车型。

虽然未必能如期兑现所有承诺，但特斯拉的团队还是实现了早期的目标。相信人们还是对特斯拉的Robotaxi有所期待的。

我的灵魂我做主

从2017年开始，作为国内造车新势力的蔚来（NIO）品牌每年都会在"蔚来日"活动上发布新产品和新技术。2021年年初，蔚来通过"蔚来日"活动发布了自己的首款电动汽车ET7，正是从这款车型开始，蔚来真正开启了自动驾驶全栈自研之旅。蔚来不但重新定义了其自动驾驶的硬件架构AQUILA，首次搭载了激光雷达，还创新性地将两个摄像头布置在车顶上方，如同两个犄角。此外，蔚来还发布了自己研发的自动驾驶超算平台ADAM，该平台的算力可达到业界领先水平。蔚来正在努力实现自动驾驶感知硬件架构、超算平台、自动驾驶算法及自动驾驶整车平台的全栈自研。

同属国内造车新势力的小鹏汽车从创立初期就确定了自动驾驶的全栈自研战略，尤其是近些年在智能科技方面的表现，得到了消费者的认可，如停车场记忆泊车功能、融合视觉的自动泊车及自动导航辅助驾驶功能等。视线转向国内的传统车企，长城汽车于2021年6月底举办了自己的科技节活动，发布了新战略，以及自动驾驶架构和算力平台等。

以上只是国内单个车企在自动驾驶方面的战略方向，事实上，在智能汽车到来之际，各大车企不约而同地采取了自研、合作，甚至收购的垂直整合策略。例如，长城汽车在2016年投资成立了动力电池事业部，用于生产研发动力电池；上汽集团在2021年年初投资了自动驾驶初创公司Momenta；蔚来在其销售服务及充换电服务体系等方面都采用直营模式；理想汽车在销售和服务体系上全部采用直营模式；零跑汽车从创立之初就坚持自动辅助驾驶系统和三电系统等的全栈自研；大众集团在动力电池和电驱方面实现自研自产等。

垂直整合策略并非汽车行业专属，不止特斯拉一家汽车公司采用，但特斯拉在智能电动汽车行业中是公认的整合度最高、受益最大的公司之一。对于特斯拉来讲，垂直整合之路走得并不轻松。

在2016年第一季度的财报电话会议上，马斯克在被分析师问及是否会因垂直整合策略改变特斯拉与供应商的合作方式时作出如下回复："事实上，我们会持续增加垂直整合的力度，是否具备制造生产汽车所需的任何一个零件的能力是非常重要的，因为这可以缓解哪怕只有2%的供应商没有做好准备所带来的风险。假如在生产状态平稳时，某个供应商可以非常高效地为我们提供零件，我们可以选择由其供应。我们不是为了自研而自研，而是在自研可以带来更高的效率、更低的成本或更好的质量时选择自研。当前面临的挑战是目前的供应商都跟随传统汽车品牌的脚步，而特斯拉要比传统车企走得快。例如，传统车企的研发周期可能是6年，但特斯拉只需要2年或3年，有些供应商无法应对。"

由此可以看出，特斯拉对于垂直整合有着自己的理解。正如马斯克所讲，当生产状态平稳时，特斯拉愿意选择更加高效的供应商。不难看出选择的前提是生产状态平稳，而在这里不得不提及特斯拉之前经历的几次量产问题。

在特斯拉成立之初，特斯拉的团队购买了AC Propulsion公司的T-Zero模型车作为首款车型Roadster的动力系统，但事实是他们不得不对T-Zero的动力系统进行彻底改装，因为T-Zero的电机系统信号是模拟信号，需要改为数字信号。此外，T-Zero的电池系统采用风冷设计，而Roadster是一款强调性能的跑车，因而需要采用制冷效率更高的液冷系统。还有从路特斯汽车公司采购的平台，因为电驱系统与传统发动机和变速器的布置不同，又带来碰撞测试等问题。马斯克声称Roadster最终只保留了AC Propulsion公司和路特斯汽车公司6%~7%的设计。由于缺少自己的核心技术，Roadster不能如期交付，并且交付后的车型也存在各种问题。这也是特斯拉从第二款车型Model S开始，采用自主研发的全新纯电动车平台的主要原因。直到2015年年底，特斯拉才开始交付于2012年年初发布的Model X车型，但因特斯拉在Model X车型上使用了过多的新技术，尤其是鹰翼门，供应商无法满足批量生产的要求，结果对Model X车型的生产产生极大影响。诸如此类的情况，特斯拉可能经历过不少，因为汽车是一个由数以万计的零部件组成的复杂产品，一个环节出问题就容易影响其产量及质量。

在2020年第三季度的财报电话会议上，马斯克再次被分析师问及有关垂直整合的问题，例如特斯拉在生产制造环节采用哪些自研设备，哪些设备计划进行外部采购等。马斯克作出如下回复："特斯拉要比其他汽车公司的垂直整合度高，或者说是大多数公司。我们在生产制造的技术方面实现了许多程度超高的垂直整合模式，因为设备是我们自己制造的。事实上，当我们想要制造某种产品时，我们会自行设计并制造生产这个产品的设备。这就让特斯拉变得很难被复制，我们并不反对复制特斯拉，但这很难，因为不可能仅靠拿出一个目录表，然后选择供应商，提出需要这个设备、那个零部件，就变成特斯拉了。坦白地讲，我们更喜欢减少外包项目。因为如果可以外包，那我可以将外包团队纳入麾下，并让他们做点其他项目。很多人不了解特斯拉，但如果他们在工厂转一转就会明白。我不知道这种策略是否足够明智，但我明白当供应商无法满足我们对于设备的需求时，我们会自己制造设备。"

就像特斯拉创新性地在Model Y车型上使用一体式压铸车身那样，特斯拉不仅从供应商那里定制了前所未有的大型压铸机，还将SpaceX的工程师调来研发一体式压铸车身的材料。在这种情况下，即使其他品牌可以从供应商处购买同样的大型压铸机，但不一定有可以满足一体式压铸要求的车身材料。因为一体式压铸车身的材料才是特斯拉多年研究形成的核心技术。就算某家供应商攻克了设备和材料等一系列难题，产品的良品率、装车效果等也会成为考验。

正是因为马斯克对于外包和自研等的独特理解，特斯拉启动了一些收购项目，见表4-3。

表4-3 特斯拉的一些收购项目

被收购的公司	所属国家	收购年份	所属领域
Riviera Tool	美国	2015	制造
SolarCity	美国	2016	光伏
Grohmann Engineering	德国	2016	制造
Perbix	美国	2017	制造
Compass Automation	美国	2017	制造

续表

被收购的公司	所属国家	收购年份	所属领域
Maxwell	美国	2019	电池
DeepScale	美国	2019	自动驾驶
Hibar	加拿大	2019	电池

在被特斯拉收购的公司中，有的能够完善特斯拉的制造能力，有的擅长电池技术，还有精于自动驾驶的。例如，Grohmann Engineering在被特斯拉收购后更名为Tesla Automation，Model S Plaid的电机中最难的碳纤维包覆工序就是由这家公司设计的设备来完成的。

特斯拉从一开始就坚持采用垂直整合策略，这也让它掌握了许多智能电动汽车的核心技术。

例如，在动力系统方面，特斯拉从第一款车型Roadster开始就自主研发电池管理系统，并将家用电器中的锂离子电池首次用于电动汽车。早在2016年，特斯拉就与当时的电池供应商松下公司合作在内华达州建立了自己的电池工厂。2020年，在电池活动日上，特斯拉公布了自己研发的全新4680电池及电池包技术等，其在能量密度、生产工艺、制造成本及安全性方面都处于领先水平。此外，为了降低电池原材料的成本，特斯拉不惜自己开采锂矿。在电驱系统方面，特斯拉早期的电机由专业供应商提供，随着技术要求的不断提高，特斯拉组建了自己的电机团队，并在Model 3之后的车型上搭载自主研发的全新电机。该电机的效率更高，可在同等电池容量下提高汽车的续航能力。2021年，全新改款的Model S车型搭载了碳纤维包覆的电机，从而可以保证电机的转速达到20 000r/min，这也使全新改款的Model S车型成为行驶速度最快的一种量产车型。

为了保证汽车能够更快地补能，特斯拉从2012年开始部署自己的超级充电系统。截至2021年年底，特斯拉在全球已经拥有超过31 498个超级充电桩，这还不包含其已建设的众多目的地充电桩。与大多数车企的策略不同，特斯拉从一开始就坚持自营充电体系，并对充电桩的功率进行持续迭代升级，保证用户可以不断享受超级充电带来的便利。为了让用户使用清洁能源充电，特斯拉还收购了太阳城公司，并打造了诸如Powerwall、Powerpack及Solar roof等集储能与发电于一体的产品组合，以便于用户借助太阳能发电给电动汽车充电。

从Model 3车型开始，特斯拉对汽车的空调系统进行了全新的设计，也就是所谓的Superbottle，它可以智能控制车辆的冷却系统。例如，车辆在低温环境下可以收集电驱系统产生的热量并对电池进行加热，从而避免消耗更多的电池电量，让电池的电量集中用于续航能力方面；Superbottle通过对冷却系统进行模块化设计，使其物理体积更小、质量更小，从而给前机舱的布置预留很大的发挥空间；模块化的设计还可以减少车辆的总装工序，提高其生产效率。致力于创新的特斯拉，在Model Y车型上使用结构更复杂的热泵空调系统，相较于其他车企使用的热泵空调，该空调系统采用八通阀的设计，结合复杂的控制系统，可以让车辆仅在给驾驶室供暖时就拥有7种工作模式。搭载全新空调系统的特斯拉车型不仅在冬天能够调控驾驶室的温度，还能有效利用电池电量，保证冬季续航能力。

直到2022年，依然有部分品牌的纯电动车型因为成本或技术原因没有使用热泵空调。抛开成本原因，受限于人才储备和研发技术，许多车企直接选择供应商的方案；即使部分车企愿意进行研发等的投入，但全新的设计会在短时间内导致成本上升，因为这可能意味着车辆内部结构的变化，以及供应商层面的变化等，如果没有足够的销量支撑，投入研发和零部件等的边际成本会大幅度增加。以Model 3车型搭载的Superbottle为例，因为冷却系统的外形发生了彻底改变，所以需要重新开模，难以预计会有多少企业愿意为此埋单。

诸如此类的垂直整合项目在特斯拉公司还有许多，包括之前提到的自动驾驶，特斯拉也是行业内唯一一个在硬件感知架构、AI芯片、计算平台、算法及神经网络等方面都进行全栈自研的公司。甚至在Model 3车型量产之前，马斯克为了摆脱对汽车座椅工厂的依赖，决定自行设计和生产座椅。几乎没有汽车公司愿意自己生产座椅，因为这是一件看上去吃力不讨好的事情。汽车座椅行业历经多次洗牌，现存的汽车座椅生产商都已经发展得很成熟，由其设计或生产座椅已经成为业内习惯。或许马斯克有不同的想法：在一次接受媒体采访时，马斯克直言早期的Model S车型的座椅体验属实糟糕。在他体验过早期的Model 3模型车上手工缝制的座椅后，马斯克希望在量产车型上也能实现这种体验，但是不能付出太高的成本。马斯克的想法并不是没有道理的，试想如果每年销售10万辆汽车，自己生产座椅也许会亏本；但如果每年销售50万辆、100万辆，甚至更多的汽车，那自己生产座椅似乎变得合情合理。

特斯拉不是第一个采用垂直整合策略的车企，其垂直整合度也不一定是最高的，但特斯拉的垂直整合策略形成了难以复刻的技术壁垒，从而可以在市场中拥有强劲的竞争力。纵观全球汽车市场，当前市值位居前列的车企都算得上是垂直整合的高手，如丰田、大众及比亚迪，它们都拥有自己的发动机、变速器及车身等生产工厂，比亚迪甚至从一开始就有自己的电池工厂，但为什么垂直整合策略带给它们的优势不及特斯拉所获得的？

正如马斯克在先前的季度财报电话会议上提出的观点，当时的汽车供应商都跟随传统车企的步伐。与生产燃油车型的传统车企不同，特斯拉处于智能电动汽车的新赛道，为了存活，特斯拉在研发及生产等环节的变化都非常快，传统的供应商难以跟上特斯拉的节奏。以特斯拉的电子电气架构为例，Model S车型的电子电气架构是传统车企未曾接触过的，因而无法指望供应商可以研发一套同样的架构；而当供应商可以跟上Model S车型的生产节奏时，特斯拉又在Model 3车型上使用了全新的电子电气架构，不用说供应商跟不上节奏，一些尝试借鉴特斯拉技术的车企都难以做到。

这不禁让人想起前奥迪研发中心总监彼得·莫腾斯在2020年发表的一篇名为《椎心泣血——我们都在沉睡》的文章。他在该文中提到，传统车企在过去的几十年中普遍利用大量的供应商来降低车辆生产成本，这导致车企放慢了创新的脚步。例如，车机系统的硬件和软件供应商很可能不是同一家，导致车机在出现故障后无法及时判定责任在谁，可想而知用户的体验会有多差。彼得·莫腾斯用章鱼的八条腕协同工作来形容现在的智能电动汽车，但因传统车企在智能电动汽车时代还没有意识到软件的重要性，车身各个部件之间无法实现通信及协同工作。

智能电动汽车作为一项新生事物，它的出现将产生新的行业规则。或许随着智能电动汽车技术的日趋同质化，供应商转型趋于稳定，诸如特斯拉、比亚迪及蔚来等电动车企业可能也会像现在的传统车企一样走上技术外包之路，但就目前的行业发展状况来看，高效的垂直整合策略依然是一家企业的立身之本。

多年来，特斯拉通过垂直整合策略逐步建立了自己在智能电动汽车领域的优势地位，并将智能电动汽车的灵魂、躯体及大脑都牢牢地掌握在自己手中。那特斯拉目前在汽车行业到底处于什么位置？或许可以从下列信息中得到答案。首先，截至2022年，特斯拉是全球第一个且唯一一个纯电动车型年累计交付量超过一百万辆的公司；其次，特斯拉2022年第一季度的整车毛利率达到32.9%，这个数字足以使汽车行业为之惊叹；最后，引用知名拆车达人桑迪·门罗的原话："特斯拉即使将现有的利润率砍掉一半，也比世界上其他汽车公司的利润率高。"

小结

不知道从何时开始，成立多年的车企，如丰田、大众及宝马等都被冠以传统车企的名号，作为一名曾经在传统车企工作多年的行业人士，笔者对此感到有些不合适。但现实就是如此，随着特斯拉的成功，近些年涌现出了一批造车新势力，其中较为成功的有蔚来、小鹏及理想等车企，它们已经顺利完成上市，并获得了市场的认可，汽车交付量也在增加。

有时候笔者会思考智能电动汽车与传统燃油汽车是否有如此大的差别。或许可以用以前的传统手机品牌（如诺基亚和索尼爱立信等）与现在的智能手机品牌（如苹果和华为等）进行类比。前者主要通过销售硬件来赚取利润，而后者不仅有硬件的收益，还有软件服务及周边产品等的收益，智能电动汽车企业也是如此。

除了常规的降本增效，特斯拉在早期就已经尝试通过软件和硬件的升级服务来提升车型的毛利率，直到现在，特斯拉的全自动驾驶功能选装包在美国的售价已经超过一万美元；为了提升用户的充电体验，特斯拉在世界各地建设超级充电桩，并在2021年将欧洲地区的部分超级充电桩开放给其他品牌的电动车型使用，从长远来看，超级充电桩的收益有望成为与汽车业务相当的一项营收。此外，特斯拉也在积极解决有关用户保险的问题，虽然特斯拉的保险业务目前仅覆盖美国的几个州，但因为保险公司存在智能电动汽车数据缺失等问题，预计会有越来越多的车企像特斯拉一样开展自己的保险业务，智能电动汽车对于传统的保险行业将产生一定的影响。在全自动驾驶实现后，特斯拉还计划上线无人驾驶出租车业务，用户可以择时将自己的汽车进行共享，从而获得相应的收益。

早期的特斯拉为了生存，曾做过丰田、奔驰等传统车企的动力电池系统一级供应商，直到现在，马斯克依然强调特斯拉欢迎其他汽车公司使用特斯拉的系统或技术。也就是说，未来特斯拉可能会再次扮演行业供应商的角色。

此外，特斯拉还拥有表现不俗的能源业务，如光伏发电和静态储能等业务。在软件付费层面，在特斯拉的带动下，智能电动汽车用户逐渐习惯了付费订阅的服务方式，如蔚来2.0平台车型的自动驾驶订阅服务、小鹏汽车的XPILOT服务等。

科技的进步促使产品发生变化，随之而来的是用户体验的变化，相应的商业模式也发生了很大的变化。特斯拉作为智能电动汽车的先行者，在多年的发展中不断尝试克服各种难题，也重新定义了汽车公司的生存之道。

第五章

挑战不可能的产品路书①

苹果公司联合创始人史蒂夫·乔布斯曾在一次采访中透露，在苹果团队研发一款平板电脑时意外发现同样的技术可以用来制造手机，于是诞生了iPhone。2003年，特斯拉发现锂离子电池技术的发展允许其用于电动汽车，于是诞生了特斯拉的第一款产品Roadster，助力电动汽车时代的到来。之后，特斯拉又发布了一款可以不断升级的电动汽车Model S，促进了现代汽车工业的智能化发展。如今特斯拉凭借Model 3和Model Y两款车型在北美、欧洲及中国电动汽车市场获得成功。此外，特斯拉还发布了可以改变商业运输模式的纯电动货车Semi，以及看上去可以在火星上行驶的Cybertruck等车型。纵观特斯拉的产品组合，其推出的车型要么影响汽车行业的发展，要么占据相应的细分市场，随着每一款新产品的发布，总是可以看到特斯拉成功克服一次又一次的挑战。

① 路书一般指旅游市场的产物，此处指特斯拉在产品方面的规划。

拉开软件定义汽车序幕

2012年的某一天，笔者在浏览汽车媒体网站时意外发现了一款电动汽车，搭载了尺寸比当时的iPad还要大的中控大屏，瞬间就被它吸引，从此开始不间断地关注特斯拉。笔者在出差时，也会抽空去当地的特斯拉门店探店，但是Model S与Model X两款车型的售价给笔者留下了电动汽车是奢侈品的印象，感觉它离普通消费者的生活还很远。

直到2017年年底，蔚来举办的发布会重燃了笔者对于电动汽车的兴趣。在这场发布会之后，汽车行业内有关电动汽车的讨论也变多了。

2018年年初，笔者选择离开所在的车企，投身"造车新势力"的创业大潮之中。在"造车新势力"的几年，笔者不仅收获了丰富的智能电动汽车知识，认识了智能电动汽车时代的全新产品，也了解了行业的发展趋势。了解得越多，越容易发现特斯拉在智能电动汽车领域不仅拥有难以撼动的优势，而且领先于当时的"造车新势力"。以Model S车型为例，除了拥有表现不错的电池管理系统，它还具备先进的自动辅助驾驶功能、领先行业的电驱电控能力及可以不定期更新的操作系统等，而这大多数都要归功于它不同于其他传统车型的电子电气架构，以及多年积攒的软件优势。

电子电气架构听起来比较抽象，实际就是连接车内各个传感器、电控单元及硬件的电子电气分配系统，其作用是实现车内各个模块之间的信号传输与电力供应等。任何一款汽车都有自己的电子电气架构，并且每辆车的架构会因为早期的产品定义而存在差异。特斯拉Model S车型的电子电气架构就是它能称为智能汽车的主要原因。传统的电子电气架构基本采用单一通信的方式，各种配置之间很难实现通信。例如，车机语音控制模块和天窗模块分别来自不同的供应商，并且在电子电气架构中都是完全独立的，如果想要开发一项语音控制天窗的功能，则无法实现。但在Model S车型的电子电气架构中，通过将动力部分、底盘部分及车身部分的各个电控单元等尽可能地整合在相应的域控制器中，各个模块之间的通信变得方便，同时减少了电控单元的数量。例如，特斯拉打通了Model S车型的辅助驾驶模块与动力部分和底盘部分之间的联系，这也是Model S车型在交付后仍可以通过后续空中升级实现更多辅助驾驶功能的主要原因。Model S作为一款2012年亮相的车型，却可以实现当前部分车型依然无法实现的功能，如果再加上Model S车型的研发时间，可以想象当时特斯拉在电子电气架构领域的领先水平。正是先进的电子电气架构让Model S及后续所有车型都具备了整车空中升级（OTA）的功能。

说起OTA，相信关注智能电动汽车的人不会感到陌生，因为现阶段有许多汽车品牌都会宣传自己的车型具备此种功能，甚至一些汽车品牌会在此种功能的营销方面花费不少心思。为了方便人们理解OTA，可以将它比作人们日常使用的智能手机升级功能。OTA分为软件空中升级（SOTA）和固件（Firmware）空中升级（FOTA）两种类型。例如，可以将智能手机中安装的任意一个应用程序的版本升级称为SOTA，这种升级只会改变应用程序的软件部分，不涉及硬件部分；而FOTA可以理解为智能手机整体系统的升级，它需要调用硬件部分。

特斯拉同时具备FOTA和SOTA的能力。例如，特斯拉在Model S车型交付后不久便升级了导航、车机交互界面、门把手的弹出灵敏度及车道辅助等功能，直到现在，特斯拉已经通过多次的OTA对车辆的功能、操作体验及车机交互等进行了提升。很难想象，当人们购买汽车后，汽车的功能会变得越来越多。例如，特斯拉先前升级的"哨兵"模式可以利用车身周围的摄像头及车身传感器监控车辆周边的异常情况，用户可以将车辆设置为"待命""警惕""警报"3种状态，车辆会根据不同的状态采取相应的措施，如发出警报声、点亮大灯及在车载屏幕中显示提醒字样等，以确保车辆的安全并及时保存视频证据。诸如此类的功能还有很多，如Joe降音模式及游戏厅等。这也是许多科技发烧友愿意购买一辆价值不菲的Model S汽车的主要原因。

具备OTA功能的Model S汽车也改变了汽车行业以往的售后服务模式。例如，当用户在驾驶Model S汽车时，车机上突然出现系统故障的提示，这时用户需要拨打电话给特斯拉的专业客服，技术人员在后台就可以读取用户车辆的信息并给出诊断结果。如果可以通过升级车辆来解决故障，相应系统就会推送一个升级包，而用户只需点击安装更新即可。但这一切对于当时的传统燃油汽车来说是很难高效解决的。短期看是用户的体验发生了变化，长远看则是汽车行业的售后服务模式发生了很大变化。

时间来到2020年，国内涌现出诸如蔚来、小鹏及理想等智能电动汽车品牌，它们推出的车型都具备OTA功能，这可能是受到特斯拉电子电气架构的影响。博世公司曾于2019年发布了一张关于汽车电子电气架构的发展图，根据该公司的预测，类似特斯拉Model S车型的电子电气架构应该在2020年得到普及，但特斯拉早在2012年就推出了这样的架构。先进的电子电气架构吸引了不少车企对特斯拉的各个车型进行拆解分析，有行业专家在2021年就提出特斯拉的电子电气架构领先同行至少5年的时间。

表现突出的电子电气架构只是智能电动汽车的基础。除了拥有先进的电子电气架构，特斯拉成功的另一个原因在于它从一开始就意识到软件的重要性，多年的技术积累让特斯拉拥有了强大的软件团队，这也是特斯拉可以研发自己的车机系统，并将车型的OTA更新频率做到平均每年5~6次的原因。

曾担任奥迪研发中心总监的彼得·莫腾斯于2020年发表了一篇名为《椎心泣血——我们都在沉睡》的文章。在该文中，他指出整个德国汽车行业存在对于软件认知不足的问题。例如，大众集团90%以上的软件都采用外包方式。在汽车上分布的近百个电控单元并没有实现协同，而是由上千家供应商提供，这些供应商之间或有合作关系，或完全独立。这不禁让人想起2020年8月，上万辆大众汽车ID.3因为无法通过OTA升级车辆系统，不得不临时搭建帐篷厂房进行线下插线升级，而每辆车的升级时间需要6~7h，这与特斯拉的车辆软件升级形成很大的反差。正如彼得·莫腾斯所说，在智能汽车到来之际，大众集团似乎还没有做好准备。

传统车企发展多年，已经建立了完善的供应链体系，而供应商体系也细分到一级供应商、二级供应商、三级供应商等。或许在购买汽车时会听到汽车销售人员讲解该车不同部分所对应的供应商，但在特斯拉的门店就不会出现这种场景。

换个角度看，这种传统车企是否更像一个拥有生产汽车资质的组装厂？而电子电气架构之上的软件系统则容易被忽视。由于供应商之间缺少协作，无法实现有效通信，导致车辆内部的许多信息无法共享。在一个拥有多个信息孤岛的系统中，智能又从何谈起。例如，尽管一辆车拥有和特斯拉一样多的摄像头，但当用户提出想要一个类似特斯拉"哨兵"模式的功能时，许多主机厂无能为力。因为从技术层面出发，这种功能需要摄像头、车机系统、前照灯及车身控制器等的协同，但若它们来自不同的供应商，其开发周期和开发难度可想而知。主机厂最终也只能选择放弃升级这种功能，因为时间成本和资金成本都不支持这样做。长此以往，又能如何保证用户的体验？

特斯拉的Model S及后续车型无不体现了软件给车辆带来的价值。在中国汽车流通协会于2021年发布的2020年12月中国豪华车品牌保值率排行榜中，特斯拉以66.3%排名第四位，仅次于雷克萨斯、保时捷及奔驰。作为一款电动汽车能够拥有这样的保值率是有些不可思议的。除了品牌原因，另一个主要原因就是特斯拉的车型可以不断进行OTA，从而使车辆持续拥有新功能。这一点与苹果公司的iPhone有些许相似之处。

特斯拉在量产了旗下第一款车型Roadster之后，马斯克向团队提出了新的要求——制造一款智能化程度类似于iPhone的汽车，并要成为最好的电动汽车。在经历了多重考验之后，当时代号为Model 2的车型最终以Model S的身份出现在大众面前。Model S车型的诞生开启了智能电动汽车的大门，它将先进的电子电气架构引入了汽车行业，并将OTA功能融入了智能电动汽车消费者的生活之中，就此拉开了汽车行业软件定义汽车的序幕。而就在Model S车型正式交付9年之后，也就是2021年，它再次迎来了新的使命。

Model S 车型历久弥新

"我们在2012年量产了Model S，超越了所有人的期望。现在是2019年，依然没有一辆可以和它竞争的汽车，已经过了7年，我们仍在等待。"这是马斯克在2019年4月举办的自动驾驶日大会上提及的部分内容。

并非马斯克刻意鼓吹特斯拉的产品，事实的确如此，在2019年，不仅是Model S车型，特斯拉的其他量产车型在全球市场也很难遇到一个实力相当的对手。Model S车型虽然发布较早，但截至2021年，出色的整车设计仅让车辆的外观造型在2016年经历了一次升级，放到现在看也不觉得过时。此外，特斯拉还通过空中升级（OTA）技术不断进行优化，不计其数的版本升级让车辆的车机系统和整车功能都在发生变化；随着电池成本的降低和能量密度的提升，Model S也开始搭载容量更大的电池——从40kW·h升至100kW·h，特斯拉通过软硬件的升级让Model S在细分市场中始终保持很强的竞争力。为了吸引更多的客户选择Model S，特斯拉甚至利用软件算法锁定大容量电池的部分容量，并以更低的价格出售Model S车型。

为了让Model S车型的加速能力与超跑级别的车型相媲美，特斯拉还推出了前后各装配一个电机的双电机版本，并通过优化算法提升电驱系统效率的性能版本。例如，特斯拉在2014年推出了Model S P85D版本车型，其中P代表性能版本（Performance），D代表双电机（Dual）。这款车型拥有一种名为"疯狂模式"

157

（Insane Mode）的驾驶模式选项，一旦用户选择此种驾驶模式，车辆从静止加速到96km/h只需要3.2s。这样的数据表现不输于一些超跑车型，而在"疯狂模式"下的加速值也会给驾驶者带来非同一般的体验。

但马斯克似乎对Model S的加速表现仍不满意，于是在几个月之后又推出了一种名为"狂暴模式"（Ludicrous Mode）的驾驶模式，由于电驱系统的瞬间电流过大，特斯拉不得不在原有车型的基础上进行两处硬件升级，马斯克甚至将火箭发动机上使用的镍铬合金材料技术用于"狂暴模式"中。双电机版本的用户可以付费进行改装升级，改装后的Model S车型从静止加速到96km/h只需要2.8s，比"疯狂模式"下的加速能力提升了近10%。执着于提升加速能力的马斯克在2017年又向Model S P100D版本车型的用户推送了一个彩蛋——"狂暴模式+"（Ludicrous Plus）。知名汽车媒体《汽车潮流》（*Motor Trend*）在2017年对Model S P100D版本车型做过一次加速测试，其结果显示该车型从静止加速到96km/h所需的时间小于2.3s。

Model S不断刷新加速成绩，正如马斯克所要求的，Model S不仅是最好的电动汽车，还要成为最好的汽车。Model S车型的外观和内饰基本没有大的变化，但其电驱系统、电池系统及操作系统都在更新。例如2019年，为了提高Model S车型电驱系统的工作效率，特斯拉将原来一直使用的前置交流异步感应电机更换为效率更高的永磁同步电机，从而在不改变电池容量的情况下，通过优化电驱系统的工作效率使综合续航能力得到提升。

就在马斯克提出特斯拉在等待一个可以与Model S竞争的车型之后不久，保时捷公司酝酿已久的第一款纯电动车型Taycan正式上市，经过至少5年的准备，保时捷汽车也开始走向电动化。为了能让Taycan拥有保时捷跑车的加速能力，研发团队为Taycan研发了800V的电子电气架构和两级减速器，这两项技术在当时的汽车行业中并不多见。尽管如此，Taycan Turbo S版本车型作为动力性能最强的代表，其百公里加速能力仍以2.8s的表现落后于特斯拉的Model S P100D版本车型。此外，Taycan的续航能力也较为一般，但其售价比Model S高一倍。抛开上述对比结果，Taycan的一项表现还是让人眼前一亮的，那就是其动力性能并非最强的Turbo版本打破了纽博格林赛道的纪录。已经习惯了占据各种榜首的特斯拉自然不愿落后于人，就在Taycan发布此项数据后的第二天，马斯克就通过社交媒体发布了Model S车型将于下周到达纽博格林赛道的消息。不久后就有媒体发现改装后的Model S出现在纽博格林赛道上。与此同时，特斯拉还在美国的拉古纳-塞卡赛道进行新的动力系统测试。

2019年9月12日，特斯拉官方通过社交媒体平台发文，称其在拉古纳-塞卡赛道对采用新技术的Model S Plaid动力系统和底盘样车进行了测试，测试成绩为1分36.555秒。这一成绩也是四门轿车中第二个比赛场纪录还要快的成绩。在2020年举办的特斯拉电池日活动上，马斯克发布了Model S Plaid版本车型，并称之将会成为量产车中加速最快的车型。

其实早在2017年特斯拉发布第二代Roadster车型之时，马斯克就曾提过Plaid。Plaid直译的意思是格子图案，其出处是一部名为《太空炮弹》（Spaceballs）的电影。影片中炮弹族飞船在追击男主角驾驶的飞船时开启了超过光速的"狂暴速度"（Ludicrous Speed），以至于整个飞船飞入了一片格子图案中。影片中出现的一句台词——"他们飞入了格子图案中"（They have gone to plaid）也成为特斯拉新动力系统的命名来源。影片中的"狂暴速度"（Ludicrous Speed）则是Model S"狂暴模式"（Ludicrous Mode）的灵感来源。

特斯拉的Plaid动力系统究竟是什么？根据马斯克回答网友的内容可知，Plaid动力系统将搭载3个电机，并会用于Model S、Model X和第二代Roadster车型上，但不会用于Model 3和Model Y两种车型上（成本原因）。出现在纽博格林赛道上的改装版Model S车型就是搭载了Plaid动力系统的车型。2019年9月19日，特斯拉官方通过社交媒体发文表示，测试数据显示Model S Plaid版本车型在纽博格林赛道上达到7分20秒的成绩，如果进行一些优化，有望达到7分05秒的成绩。至此，特斯拉采用未量产的Model S Plaid版本车型超过了Taycan Turbo版本车型的成绩，尽管这不是纽博格林赛道的正式成绩。

2007年，特斯拉的创始人之一马丁·艾伯哈德突然从特斯拉离职。他的离开也引发了一些老员工的离职，如当时的电池部门副总裁及董事会成员Tse等。Tse在离开特斯拉后成立了一家名为Atieva的公司，主要方向是研发纯电动车型的动力系统，旨在为其他汽车品牌提供技术解决方案。2012年，负责Model S车型的首席工程师彼得·罗林森在从特斯拉离职后不久就加入了Atieva。2016年，Atieva宣布进军整车制造行业，并成立Lucid品牌，其第一款车型是名为Air的五门豪华轿车，该车的豪华程度堪比奔驰S级，性能直追特斯拉的Model S。

自Lucid发布Air车型以来，外界对于这款车型的期待就是成为Model S车型的竞争对手。2020年10月，在Air车型发布价格之后，Model S车型便以降价的方式来应对。Lucid和特斯拉的竞争不止于此，还有其他方面的操作，如宣传等。

尽管Air车型在续航能力方面暂时领先于Model S车型，但是随着Model S车型的继续优化，Air车型的优势也就所剩不多了。

2021年5月11日，特斯拉在自己位于加利福尼亚州的工厂中举办了Model S Plaid版本车型的交付仪式。这款比原计划晚交付半年的改款车型的亮相还要追溯至特斯拉2020年第四季度及全年的财报，其中公布了此车型的众多细节，比如全新的内饰、和Model 3车型一样的横置大屏、类似第二代Roadster车型的转向盘及类似Model 3车型的中控台等。

如果用一句话来形容Model S车型的这次改款，那就是"最不像改款的改款"。确切地说，改款的Model S车型除了外观没有太大变化，其余基本都变了。因为一般车企的车型改款基本都是从外观开始的，之后是内饰部分、动力部分及驾控部分等，这样有利于消费者从外观辨别是否为改款车型。而特斯拉并未这样做的原因或许就是它拥有足够的技术积淀。

Model S Plaid版本车型的驱动系统备受关注，虽然前期关于这套电驱系统的信息已有很多，但人们对于前置一个电机、后置两个电机的方案仍很好奇，因为这套电驱系统可以提供750kW的最大功率，使车辆的最高速度达到320km/h，并且只需1.99s就可以让车辆从静止加速到96km/h。此外，Model S Plaid版本车型还以9.23s的成绩打破了量产车400m竞速的世界纪录。

这样的性能表现主要归功于特斯拉新研发的碳纤维包覆技术，马斯克认为该种技术很可能成为一种先进的量产电机技术，因为碳纤维与转子使用的铜材质热膨胀系数不一致，所以将两者卷压在一起是非常困难的，为此，特斯拉不得不研发一种专用设备来克服这一技术难题。而这个颇具挑战性的任务交由Tesla Automation公司负责。新的电机技术可以让转子以超过20 000r/min的转速工作，同时保证转子和定子之间保持很小的间隙，从而确保电机的大功率输出。正如交付仪式中呈现的"完美功率曲线"所示，Model S Plaid版本车型的电驱系统可以保证车辆的功率在96~320km/h的加速区间基本实现无衰减。值得一提的是，Model S Plaid版本车型实现最快加速性能的两项数据（400m竞速比赛和0~96km/h比赛）依靠的是特斯拉的单级减速器，而非保时捷Taycan使用的两级减速器。

在2021年改款Model S车型的内饰设计方面，特斯拉采用了名为Yoke的转向盘。Yoke可直译为牛轭，因为新的转向盘造型很像一个牛轭。虽然造型有些奇怪，但此种转向盘有其独特之处——除了具有可以增加驾驶视野清晰度的造型设计，还集成了转向灯和刮水器等多功能触控按键。当人们还在讨论Model 3和Model Y两款车型的内饰设计过于简洁时，特斯拉在此款Model S车型上又取消了换挡拨杆和刮水器控制杆。新的换挡方式被移至17in的大屏上，而刮水器操作也可以通过转向盘上的按键和滚轮组合进行控制。2021年改款Model S车型拥有的"自动换挡"功能颇具吸引力，该功能利用车身周围Autopilot的感知硬件对车辆周边的环境进行分析，并结合驾驶者的意图智能地切换挡位。根据用户的试驾反馈可知，"自动换挡"功能的可用性和准确性都非常不错。正如马斯克在此款Model S车型的交付仪式上提到的那样，特斯拉希望尽可能减少驾驶者的操作，而是由车辆去读取驾驶者的意图。这种从视觉层面到交互逻辑层面的极简主义设计，或许是特斯拉的一种独特的风格。

此外，特斯拉还对车身结构进行了优化，在美国高速公路协会实施的碰撞测试中，Model S Plaid版本车型在最低致伤率方面排名第二，第一名则是特斯拉于2018年生产的Model 3后驱版本车型，更让人感到不可思议的是排名前五的车型都来自特斯拉。改款Model S车型除了具有以上跨越性的技术配置，还配备了车内主动降噪技术、特斯拉自研的高功率音响系统、全新的车机界面、新的热泵系统及隐藏式空调出风口等。

自2012年6月正式交付以来，特斯拉不断利用其所掌握的核心技术让Model S车型完成多次蜕变，确保其历久弥新。

来之不易的爆款

生产模型很容易，实现量产却很难，实现正现金流更需要卧薪尝胆。

———埃隆·马斯克

对于任何一家汽车公司来讲，拥有一款可以大批量交付给市场的车型至关重要。因为这意味着企业可以获得更高的利润、吸引更多的市场投资者、具有更高的市场占有率、享受更低的供应商采购价，以及吸引更多的经销商加盟等。对于上述众多益处，或许只有吸引更多的经销商加盟这一条不符合，剩余的应该都是2019年之前的特斯拉迫切需要的。

马斯克于2006年在特斯拉官网上发布了第一篇网络日志（Blog）《特斯拉汽车的秘密宏伟规划（只有你我知道）》[*The Secret Tesla Motors Master Plan (just between you and me)*]，他在该文中指出特斯拉需要赚取一定的资金，并在合适的时机推出一款民众都能负担的经济型电动车型。在2006年的一次采访中，马斯克透露了特斯拉的车型规划，一款代号为Model 3的车型首次被提及。2016年，马斯克在特斯拉位于加利福尼亚州的工厂中发布了特斯拉的第四款车型Model 3，时至今日，该车型已经席卷了美国、中国及欧洲部分国家的新能源汽车排行榜。但是马斯克很清楚，以当时Roadster车型的价位是很难实现持续性盈利的。早期的电动汽车与电池相关的成本比例超过60%，而在当时容量为1kW·h的电池的售价基本在1100美元以上，要想生产一款续驶里程超过300mile的车型，高昂的成本将使其成为小众车型。正是在这种背景下，才有了马斯克在其网络日志中提及的宏伟计划。

马斯克在Model 3发布会上指出，正是因为得到了Model S与Model X两款车型用户的支持，才有了Model 3的诞生。Model 3不仅要担负特斯拉加速世界向可持续能源转变的任务，更要帮助特斯拉实现持续性盈利。自2003年创立以来，特斯拉仅在2013年的第一季度与2016年的第三季度有过短暂的季度性盈利，甚至在2020年之前都未曾有过整财年盈利。可想而知，当时的特斯拉在经营方面承受了不小的压力，它需要通过Model 3这种大众车型向外界证明自己是可以盈利的一家公司。

尽管早期的特斯拉总是被负面消息所困扰，但是Model S与Model X两款带有强烈科技感的车型仍吸引了不少支持者，加上马斯克的个人影响力，消费者对于起售价为3.5万美元的Model 3还是很期待的。2016年3月31日，Model 3正式发布，许多特斯拉的支持者聚集在各地的特斯拉门店等待预定下单。虽然当时的特斯拉已经采用了线上订购的方式，但在巧妙的营销之下，还是有不少支持者想在发布会开始之前就预定，从而能够实现早日提车。很难想象，众多特斯拉的支持者在不知道Model 3车型的外观、续航能力及具体售价等情况下就愿意支付1 000美元的订金。这样的场景基本不会出现在以往的汽车行业中。

在Model 3发布会即将结束之际，马斯克公布了Model 3在过去24小时中订单量超过115 000辆的消息。在该发布会结束后的第二天，马斯克又通过社交媒体继续公布了Model 3的订单情况。

Model 3发布会结束一周后，特斯拉官网发布了一篇名为《电动汽车成为主流的一周》的文章。特斯拉借此通报了Model 3最新的订单量已经超过了32万辆，这些订单意味着特斯拉将实现至少140亿美元的营收，比特斯拉2015年全部的营收还要多。在Model 3发布会结束后的第三周，马斯克在接受媒体采访时透露，Model 3的订单量几乎达到40万辆。

如此之高的订单量，即使是在电动汽车市场已经成熟的当下也会让人感到不可思议，因为消费者预订的是一辆售价超过3.5万美元的电动汽车，而不是一个售价超过1 000美元的智能手机。最重要的是，车辆最快的交付时间是在一年半之后，但这并不影响消费者订购的热情。

Model 3之所以有如此高的订单量，其主要原因在于它的性价比。Model 3车型的售价约为当时Model S主销配置车型的一半，但续驶里程只比Model S车型少了50km。特斯拉从一开始就通过Roadster跑车树立起豪华品牌的形象，Model S车型配置的17in大屏及Model X车型安装的鹰翼门等鲜明亮点，更是让消费者对产品的科技属性认知变得越发强烈，加上特斯拉与传统车企截然不同的营销策略等，令消费者认为特斯拉是豪华电动汽车的代表。这一切都为起步售价只有3.5万美元的Model 3做好了铺垫。那么特斯拉又是如何将Model 3的售价压到如此之低的？

关键点之一是在整车物料清单中占比最高的电池。根据国际能源机构提供的数据，2016年电动汽车电池包的成本价格约为293美元/kW·h，而在Model S亮相的2009年则要超过1 200美元/kW·h。Model 3的最早交付时间是在2017年年底，当时的电池包成本已经降至218美元/kW·h。此外，特斯拉从2014年开始建设内华达州超级工厂，这座与松下公司合作建立的工厂的主要用途就是生产用于特斯拉旗下电动汽车和静态储能产品的电池，从而保证了特斯拉稳定的电池供应，特斯拉无须从外部供应商处购买电池，这就让特斯拉在电池的供应链与成本方面拥有了更多的优势。在Model 3发布会期间，马斯克宣布内华达州超级工厂正式投入使用。Model 3车型搭载的是当时最新的21700电池，这款电池的体积比Model S与Model X两款车型使用的18650电池增加了20%，但其能量密度提高了50%，电池能量密度的提高意味着Model 3车型可以使用更少的电池来获得更强的续航能力，并且更少的电池意味着更低的成本。此外，21700电池采用新的正极材料配置方案，在确保安全性和能量密度的前提下，它降低了钴元素的用量，而钴元素在正极材料中是价格最高的一个。根据马斯克的描述，21700电池的技术会比其他电池品牌下一代的技术更先进。

关键点之二是Model 3车型的车身。特斯拉在研发Model S与Model X两款车型时，受限于当时的电池能量密度，不得不采用成本更高的铝合金车身来降低整车质量，以此来提高车辆的续航能力。Model 3车型在生产时的电池能量密度已有很大提升，加之其定位为一款经济型电动汽车，因而其车身采用了钢铝混合的材质。虽然Model 3车型初期的车身设计遭到了不少诟病，但原材料成本及生产工艺要求的降低都在一定程度上降低了Model 3车型的制造成本。例如，Model 3车型的总装生产线少于50道工序，这比传统车企的工序数量减少了近70%，此外，特斯拉在Model 3车型上尽量使用标准化的车身部件，相较于Model S车型，Model 3车型至少减少了80个部件。

关键点之三是Model 3车型采用更加集成化的电子电气架构。特斯拉在Model S车型的基础上重新研发了电子电气架构，新的架构不但减少了各项功能的控制器数量，还缩短了各个控制器之间的线束长度。例如，Model S车型的线束长度约为3km，而Model 3车型的线束长度只有1.5km。更短的线束意味着更低的成本、更小的质量，更小的质量意味着更强的续航能力。特斯拉利用自己在电子电气架构方面的优势不断去繁就简。例如，将Model S和Model X两款车型使用的辅助驾驶控制杆集成在Model 3车型的换挡拨杆上；取消其他车型必备的后视镜调节按键，并将它集成在转向盘上的两个滚轮中，当驾驶者想要调节外后视镜时，只需在屏幕中选择按键功能后，利用两个滚轮进行操作。此外，这两个滚轮还集成了音量调节、转向盘高度调节、辅助驾驶速度调节等功能，这也是人们无法在Model 3车型上找到相关按键的原因。

了解特斯拉的人应该知道，Model S和Model X两款车型的内饰设计已经比多数车型更简洁，但当人们看到Model 3车型时，会发现位于转向盘前方的仪表板不见了，空调出风口和内门把手也都不见了，取而代之的是一块横置的15in大屏、隐藏在中控台上的细小出风口及电子控制的开关按键。初看这种设计，会给人一种空荡荡的感觉，但在体验了一段时间后，又会发现这种极简主义设计带来的是充满科技感的简洁。正如马斯克在2019年SpaceX的载人飞船Starship的亮相仪式上提到的那样，他一直秉持的设计理念就是"最好的部件就是没有部件，这样既减小了质量、降低了成本，又可以减少故障的发生率"。他认为最好的设计就是"去设计化"，在保证正常工作的前提下直接取消，这种做法就是最好的。虽然笔者不认为Model 3车型的内饰设计是为了降低成本，但不可否认的是其设计确实降低了Model 3车型的物料清单成本。至于由设计研发及模具开发所带来的成本则可以让后续的批量生产来分摊。

知名拆车达人桑迪·门罗（Sandy Munro）在拆解了早期生产的Model 3车型后，发现其毛利率竟能达到30%。根据他的拆解报告，特斯拉使用的内后视镜在功能层面不输于宝马i3和雪佛兰Bolt，但其成本和质量都比这两种车型更低，见表5-1。特斯拉通过这种方式控制了Model 3车型的成本，同时打破了电动汽车比同级别燃油汽车更重的规律。Model 3车型的整备质量约为1610kg，与宝马3系车型的整备质量不相上下。

表5-1　三种车型物料成本的比较

车型	特斯拉Model 3	宝马i3	雪佛兰Bolt
内后视镜成本（美元）	29.48	93.46	164.83
内后视镜质量（kg）	0.37	0.8	0.91
电机成本（美元）	754.14	841.54	836.44
电机质量（kg）	46.10	48.37	51.49

马斯克多年的布局，加上特斯拉多年的沉淀，帮助Model 3在完成产能爬坡后顺利于美国市场超越同级别豪华汽车的市场占有率。特斯拉2018年第二季度的财报显示，Model 3车型不仅成为其细分市场的第一名，其市场占有率也超过了52%。值得

注意的是，这个市场占有率比宝马3系、奥迪A4、奔驰C系、雷克萨斯 IS与捷豹XE车型的占比总和还要高。

但如马斯克所言，生产模型很容易，实现量产却很难，实现大批量量产更是难上加难。Model 3在产能爬坡阶段也未能幸免，导致当时的特斯拉再度面临经营挑战。

汽车由上万个零件组成，随着智能电动汽车时代的到来，车辆的电子电气架构发生了颠覆性的变化，各种智能化的功能出现在汽车上，这对汽车的生产提出了新要求。在智能电动汽车领域深耕多年的马斯克更是深谙此道，回顾之前特斯拉发布的所有车型，可能只有与Model 3车型同平台的Model Y车型的量产过程相对顺利，其余四款车型的交付都出现了不同程度的延迟。

纵观特斯拉的发展历程，充满了各种考验，马斯克在一次接受媒体采访时表示创业如同咀嚼玻璃，同时凝望深渊。

2008年，SpaceX公司面临前三次试飞均未达到预定轨道的难题，特斯拉的Roadster车型也因为质量问题无法实现大批量交付，而马斯克几乎已经耗尽了出售PayPal所得的收入及个人积蓄。马斯克原本给两家公司都留有充足的预算，但没有想到公司的支出速度超过预期，因而不得不面临新的选择——要么将剩余的钱投给其中一家公司，以保证这家公司可以存活；要么一分为二投给两家公司，但这两家公司可能会全部破产。马斯克最终选择了后者，幸运的是随着SpaceX公司第四次试飞的成功，公司很快得到了业务订单，特斯拉也在几近破产之际获得了股东的投资。这是特斯拉最接近破产的一次，因为对于一家公司而言，现金流是非常重要的。

除了2008年的这场重大危机，2018年发生的Model 3"产能地狱"事件也让特斯拉经历了非比寻常的经营考验。

2016年，Model 3在发布后的一周内就获得了超过32万辆的订单，如何完成这些订单是当时特斯拉面临的一大难题。因为在此之前，Model S和Model X两款车型每年的交付量总和刚超过10万辆，面对如此之大的订单需求，特斯拉必须进行高速生产。根据当时供应商提供的信息，特斯拉初始计划通过28个月达到大规模量产，但大量的订单不得不让特斯拉压缩量产周期。根据马斯克在Model 3发布会上公布的时间，特斯拉计划在2017年年底开始交付工作。

之后，马斯克在2017年的股东大会上表示他正在考虑将工厂按照一个产品来打造，以此来提高生产效率，于是特斯拉的垂直整合能力再次发挥了作用。例如，马斯克分别在2016年和2017年收购了两家专注于制造生产工具的公司。此外，马斯克还将Model 3的量产工作交给资深工程师道格·菲尔德，并为其提供充裕的资金去搭建一条自动化生产线，这种看似一切皆可行的过度自动化生产线却引发了Model 3的"产能地狱"事件。

不过这已不是特斯拉第一次经历"产能地狱"事件了。早在2013年，特斯拉就因无法大批量生产旗下的Model X而遭遇了同样的问题。马斯克在事后称是自身原因导致Model X车型搭载了过多的先进技术，而供应商无法满足需求。现在看来似乎的确如此，因为Model X车型的鹰翼门及感应门等技术放在现在依然属于行业领先水平。

2017年7月，特斯拉在其工厂内小批量交付了30辆Model 3汽车，同时马斯克宣布Model 3即将进入"产能地狱"。他预计此次"产能地狱"将持续6个月左右，并希望特斯拉在同年12月可以生产超过20 000辆Model 3汽车，并在2018年生产超过40万辆Model 3汽车。然而，特斯拉在当年第三季度只生产了260辆Model 3汽车，第四季度也只生产了2 425辆Model 3汽车。这和马斯克所期望的每周5000辆的产能数据存在很大差距。

此时的特斯拉如同一位正在潜泳的运动员，本来可以浮出水面换气，却又不得不继续潜泳，并且需要潜得更深。2018年之前的特斯拉，自2003年成立以来只有两个季度经历过短暂的盈利，其余季度均处于亏损状态，导致其并不被投资者看好。而在市场层面，通用汽车公司和宝马公司也相继推出了自己的纯电动汽车，特斯拉的至暗时刻随之而来。如果Model 3能顺利完成产能爬坡，特斯拉将获得投资者的认可和大量营收；如果Model 3无法完成产能爬坡，特斯拉的经营可能会面临重大问题。

导致Model 3无法顺利量产的原因主要有两个，其中一个原因是Model 3车型并未使用原有的18650电池，而是改用新的21700电池，但因电池生产线的问题，电池在装配成模组时无法满足正常工作，甚至在一段时间内，员工不得不手动进行电池模组的组装工作；另一个原因则是Model 3车型的总装生产线一次性使用了过多的自动化技术，导致机器人在出现安装问题时引发整条装配线停机。马斯克也在接受媒体采访时承认特斯拉在Model 3车型上一次性投入了过多新技术，实际应该循序渐进。

特斯拉作为一家热衷于自动化的公司，无论是车辆的驾驶自动化，还是生产自动化，马斯克都希望通过自动化来提高生产效率。根据相关报道，2013年Model S车型的生产线就已经配置了超过160台机器人，这种自动化水平在当时已经算是非常高的级别了。例如，将座椅传输至车内、风窗玻璃的涂胶及安装等工作都交由机器人完成，而同样的工作在部分车企仍需要由人工完成。

不可否认的是，马斯克对于Model 3车型的自动化生产还是失算了。2018年4月初，马斯克通过社交媒体接连发文表示自己作为首席执行官的重心就是哪里紧急，自己就出现在哪里，而眼下最紧急的事就是Model 3的量产工作。一年前，他让道格·菲尔德（以下简称道格）负责Model 3车型的工程设计和生产工作，道格也认为设计和生产最好能够保持一致，于是他们设计的车并不是特别难制造，但马斯克还是认为最好分开。

言语之间，外界已经意识到马斯克将要接替道格来负责Model 3车型的生产工作。之后，外界就传出道格即将离开特斯拉的消息。为了解决Model 3车型的生产问题，马斯克直接住在工厂里。尽管有人会质疑马斯克在工厂能做些什么，因为人们对于一个公司首席执行官的认知更多的是制定战略和重大决策等，但是马斯克的确在生产线上及时发现了问题，并与工程师商讨解决方法。

为了帮助Model 3实现产能爬坡，特斯拉还在弗里蒙特工厂的停车场修建了一个"帐篷车间"。因为对于当时的特斯拉来讲，重新建设一个厂房所需的周期过长，这与特斯拉急于量产的要求显然不相符，于是特斯拉仅用时三周就成功搭建了一个"帐篷车间"。尽管这个"帐篷车间"看上去不可思议，但对于当时的特斯拉来讲并不重要，只要它能够生产Model 3车型就可以。从当时交付给用户的车辆情况来看，来自"帐篷车间"的车辆的总装质量的确有不小的提升空间，但是马斯克对于这个能在产能爬坡阶段起到重要作用的"帐篷车间"情有独钟。值得一提的是，第一辆双电机版本的Model 3汽车就诞生于"帐篷车间"。直到2022年，"帐篷车间"依然在生产与

Model 3车型同平台的Model Y车型。

2018年7月2日，特斯拉发布了本年度第二季度的产销数据，就在第二季度的最后七天，特斯拉生产了5 031辆Model 3汽车，达成了一周产能超过5 000辆的目标。马斯克和特斯拉的团队终于兑现了自己的承诺。同时，Model 3车型的产能还首次超越了Model S与Model X两款车型的总和，由此拉开了Model 3成为特斯拉主销车型的序幕，而特斯拉也正式转变为一家汽车公司。

来自火星的皮卡

2019年11月21日，特斯拉在其位于洛杉矶市的设计中心发布了旗下第一款纯电动皮卡Cybertruck。而这款皮卡的诞生，其实早有征兆。早在2012年，马斯克就有制造一款超级皮卡的打算，并认为该车应拥有很强的动力和动态空气悬架等。但在当时，特斯拉的全部精力主要集中在Model S和Model X两款车型的量产工作上，导致无暇顾及超级皮卡项目。

阿什利·万斯在其2016年出版的《硅谷钢铁侠》一书中就曾提过特斯拉对于Cybertruck的想法——特斯拉正在讨论生产一种货车和设计一种既能在陆地上行驶，又能潜入水中的潜水汽车。马斯克甚至在2013年不惜花费一百万美元购买电影《007之海底城》中出现的莲花Esprit，并希望向外界证明这种车是可以被制造出来的。特斯拉或许会制造两三辆相同类型的汽车，但是数量有限，因为潜水汽车的市场非常小。阿什利·万斯还在该书中写到马斯克好像对那种不仅能驾驶，还有其他特殊功能的汽车非常热衷。

在Cybertruck发布之前，全球市场中只有亚马逊投资的汽车初创公司Rivian在研发纯电动皮卡，但未上市交付。皮卡作为美国的畅销车型之一，得益于其多功能的特点，既可以满足人们日常通勤的需求，又可以满足拉货及牵引等需求。皮卡是不少汽车品牌征战美国汽车市场的必备车型，这里给出一组数据供大家参考：2020年，在福特汽车全年的销量中，货车系列的销量超过110万辆，其中F系列的皮卡销量就有78.7万辆。该系列的皮卡连续39年成为全美皮卡销量冠军，也是全球汽车市场连续44年销量最好的皮卡车型。此外，占据2020年全美销量前三位的车型均为皮卡，依次为福特F系列、雪佛兰Silverado和菲亚特-克莱斯勒的Ram。仅2019年，美国汽车市场的皮卡销量就超过300万辆，特斯拉自然不愿意错失分一杯羹的机会。

特斯拉没有像福特、通用等传统车企那样继续保留皮卡经典的造型。在Cybertruck的发布会开始后，马斯克就用一组照片来阐述皮卡多年不变的造型。之后，伴随火焰喷射及烟雾特效，特斯拉向人们展示了自己理解的皮卡。直到现在，笔者依然记得当时看到Cybertruck（见图5-1）时的第一反应：难道这又是马斯克跟大家开的一个玩笑？笔者甚至认为在Cybertruck中可能藏着特斯拉真正要发布的皮卡。但是笔者的这种想法是错误的，因为人们所看到的就是Cybertruck，只不过看上去与人们日常所能

图5-1　特斯拉的Cybertruck

见到的其他车型有很大不同。Cybertruck既没有Model 3发布时多彩的车身颜色，也没有Model S的柔美线条，它只有无色的铁皮和锋利的棱角，车身上也看不到任何曲线，甚至连车顶都是带尖的，试问有人愿意驾驶这样的汽车吗？但马斯克只用了几分钟就颠覆了笔者的想法，并让笔者喜欢上了Cybertruck。除了极具辨识度的造型，根据马斯克在发布会上的讲解，Cybertruck还具有以下功能特点：车身和玻璃具备一定的防弹功能，三电机版本Cybertruck的0~60km/h加速时间不到2.9s，超过500mile的续驶里程（极限值）及空气悬架等。试想一下，驾驶Cybertruck在路上行驶时，获得的关注度或许不输于其他跑车。

2020年12月，特斯拉的首席设计师Franz von Holzhausen在接受中国媒体的采访时对Cybertruck的设计理念进行了阐述。以下是来自中国的知名汽车媒体"电动星球"有关此次采访的报告内容：

在Franz von Holzhausen（以下简称Franz）的眼中，统治皮卡市场长达七十年的福特、雪佛兰及克莱斯勒等品牌更像恐龙化石。皮卡市场已经定型，是时候迎来变革了。特斯拉其实一直都希望生产皮卡，Franz和他的团队尝试了各种解决方案，但依旧很难超越表现已经足够优秀的内燃机皮卡。不过传统皮卡已经进入了瓶颈期，因此，只要特斯拉能打破一些范式，就有机会做出足够好的皮卡——前提是足够高效。Franz提到，皮卡虽然功能强大，但其车壳比较脆弱，因而很多皮卡在使用几年后就会变得很旧。特斯拉希望将皮卡的车壳制成类似骨骼的结构，以增强其耐用性，于是决定使用不锈钢，但不锈钢很难成型，因此外观设计又成为新的难题。Franz表示自己和团队借鉴了很多其他工业产品的外观，包括战斗机等，最终成功打破了皮卡的外观定律，并能保证不减少任何功能。Franz认为自己及团队改变了汽车设计的理念，以及保持简洁一直是很重要的，尽管这种做法看似十分大胆，包括三角形的造型，但仍希望新外观能带给人们未来感。

这种突破对于Franz来说并非易事，毕竟由他主导的Model S、Model X、Model 3及Model Y车型的外观与主流车型相比虽有不同，但不会如此特殊。突破思维局限是很难的，Cybertruck的风格就与之前的四款车型完全不同。正如Franz所说，特斯拉并没有尝试去遵守一个特定的设计语言，更多的是从功能性角度设计产品。

不难发现Cybertruck的外观设计灵感应该源于马斯克先前购买的莲花Esprit，虽然真正的Cybertruck并不能潜水，但其超现实的外观设计已经拥有足够的吸引力。实际上，马斯克为了致敬这辆水陆两栖的莲花Esprit，早在2014年就通过专业软件更新了一个节日专属彩蛋：用户先长按（保持至少5s）车机屏上的特斯拉Logo标识进入服务访问菜单，再输入"007"进入车辆控制菜单，就可以将车机中原有的"特斯拉车型"的图形改为莲花Esprit潜艇的造型，并且用户可以通过改变"深度"来调整车辆悬架的高度。国内用户驾驶的带有空气悬架功能的Model S或Model X车型，在车机的"玩具箱"中即可找到一个名为"潜水艇模式"的选项，选择该模式后，车机中的车辆图形将变为莲花Esprit潜艇的造型。

尽管美国的一家消费者调研公司通过对21 143名美国民众进行调研发现，仅有29%的人认为Cybertruck的外观设计很好，其余的人则表示不太喜欢，但这并不能阻挡人们预定Cybertruck。在Cybertruck发布后的一周，马斯克就通过社交媒体发文表示特斯拉已经收到25万辆的订单。虽然自此之后特斯拉不再公布Cybertruck的订单量，但有关数据显示，截至2021年5月底，特斯拉已经在全球收到超过100万辆的Cybertruck的订单。

正如Franz所说，为了实现车辆的经久耐用，特斯拉采用不锈钢材料制作车壳。马斯克也证实了这一点，Cybertruck的外观之所以不平滑、没有曲面，是因为特斯拉采用了一种特殊型号的不锈钢材料，而该种不锈钢非常坚硬以至于会在冲压环节损坏冲压机。为了能在质量和硬度方面达到平衡，特斯拉还尝试使用钛合金材料，但其成本远高于不锈钢材料，于是对于成本向来有很高要求的特斯拉选择放弃使用钛合金材料。马斯克最终选择了代号为30X的冷轧不锈钢作为制造Cybertruck车壳的材料。

目前，汽车车壳的原材料主要为钢铝合金混合材料或者全铝合金，主要原因就是其制造工艺非常成熟，上下游产业链也成熟。汽车作为一个上下游产业链极其冗长的行业，生产厂家必须考虑成本、生产制造及维修等多重因素，因而多年来也没有车企敢于尝试采用不锈钢材料作为车壳的原材料，毕竟这会改变原有的生产线和供应链，但这正是特斯拉选择在得克萨斯州新建工厂用于生产Cybertruck的原因。马斯克提到的代号为30X的冷轧不锈钢，并不是指这种钢材是30倍的冷轧钢，而是特斯拉体系内对于此种型号冷轧不锈钢的代号。值得一提的是，SpaceX公司在制造星际飞船Starship时就采用了代号为301的不锈钢。至于为什么采用X作为型号的最后一位，外界猜测或许是因为特斯拉将会针对Cybertruck研发一种全新的不锈钢材料，以满足规模化的生产需求。由于汽车的产能一般都是按照上百万辆来计算的，马斯克强调特斯拉可以生产这种合金材料（30X），但因为无法采用传统的冲压工艺，不得不提出新的生产工艺。

特斯拉美国官网对代号为30X的超硬冷轧不锈钢的描述如下：如果有更好的材料，我们早就用了，而Cybertruck的车壳材料能够抵抗损伤、不产生变形，并能长期防锈蚀，可以为驾乘者提供最大限度的保护。很难想象一款汽车的外观在发生剐蹭或轻度碰撞后不会产生变形，正如Franz在Cybertruck的发布会上使用大锤砸向Cybertruck的车门，结果此车门没有出现任何变形，而作为对比的福特F-150车门出现了很大的凹坑。

此外，Cybertruck或许会成为首个不使用车漆的量产车型。因为采用不锈钢材料，即使取消了传统的涂装工艺，车壳也不容易出现锈蚀。涂装工艺除了能让车身更加美观，更重要的作用就是防止车身出现锈蚀。但它需要对白车身进行多次的防锈蚀处理、烘干及喷漆等，因而存在能耗高、污染大的问题。如果Cybertruck的生产过程能取消涂装工艺，将至少减少40道工序，生产效率也将得到明显提升；由于不再需要喷涂机器人、涂装车间、防腐材料及涂料等，也将大幅度减少Cybertruck的生产物料清单成本。

除了特殊的不锈钢材料，Cybertruck使用的玻璃也引发了不少关注。或许谁也没有想到，就在Cybertruck的发布会现场，当Franz第一次将钢球扔向驾驶员侧车门的玻璃时，玻璃居然出现了裂痕；更让人们意想不到的是，当Franz再次将钢球扔向后排车门的玻璃时，玻璃居然也出现了裂痕，现场的氛围一度略显紧张。但似乎就是这样的意外，反而让更多人知道了Cybertruck。不过这起事件还是影响了特斯拉的股价。尽管马斯克后来解释是因为现场演示砸车门环节影响了玻璃的结构，但未得到大众的认可。

Cybertruck还有不少类似的未解之谜，下面总结了一些网友多次提及的设计谜题。

（1）外后视镜。根据马斯克的描述，受限于法规，Cybertruck在出厂时必须配备外后视镜，但特斯拉会采用可拆卸的后视镜，以便于用户在购买后可以随时拆卸后视镜。然而，问题是在拆掉后视镜之后，应如何满足替代性的功能，答案会是流媒体外后视镜，还是其他奇特的解决方案？

（2）车身门把手。马斯克多次确认Cybertruck不会配备门把手，车辆会自动识别车主并开启车门。根据马斯克在得克萨斯州超级工厂开幕活动上打开Cybertruck车门的动作来看，Cybertruck的每个车门都会配备一个按键，按压该按键后，车门即可弹起开启，甚至可以看到Cybertruck的车门能自动关闭。

（3）刮水器。根据Cybertruck发布会现场展示的样车来看，Cybertruck并没有配备传统意义上的刮水器，但最新的Cybertruck样车却配备了一个很大的刮水器。因为Cybertruck前风窗玻璃的倾斜角度相对较低，导致其前风窗玻璃的面积比一般车型更大，加上只使用一个刮水器，所以特斯拉只能采用一个很大的刮水器，显得不协调。至于量产版本的Cybertruck将使用何种设计的刮水器，只能等其交付后一探究竟了。

（4）中控材质。关于Cybertruck上类似大理石花纹的中控[1]，根据参与

---

[1] 汽车的中控用于控制汽车空调、音响等舒适娱乐装置。

Cybertruck发布会试驾环节的工作人员介绍，Cybertruck的中控采用一种特殊的纸质材料。那么问题就是它到底是何种纸质材料，能否满足硬度要求，是否防水、易燃。

（5）太阳能电池板。根据马斯克的描述，特斯拉会在Cybertruck上增加一块太阳能电池板，这样每天可以产生满足15mile续航要求的电量，如果使用可折叠式的太阳能电池板，每天可以产生满足30~40mile续航要求的电量。而美国人的日均行驶里程约为30mile，这是否意味着Cybertruck在某种特定环境下可以不需要充电？

同时，马斯克也通过社交媒体展示了一些新功能，如四轮转向功能，它可以让Cybertruck在狭小的空间内掉头或躲避障碍物变得更容易。甚至在网友提问Cybertruck是否可以在火星上使用时，马斯克也给出了肯定的答复，尽管笔者认为这或许是马斯克式的幽默，因为在火星上驾驶Cybertruck的前提是能将其送到火星上。

Cybertruck可能也会因为一次性使用了太多的新技术而遭遇"生产地狱"及延迟交付等问题，但是其所拥有的超现实造型又是充满吸引力的。马斯克也曾坦言，Cybertruck可能会失败，因为它不同于其他任何一款车型，但这不会改变他对Cybertruck的热爱。

受到Cybertruck的影响，美国的许多车企也加快了皮卡车型电动化的速度。通用汽车公司在2020年10月发布了电动版本的悍马汽车；菲亚特-克莱斯勒在2020年第三季度财报会议上确认了将推出电动版本的Ram；福特在2021年5月发布了电动版本的F-150。特斯拉再次凭借一己之力加速了传统车企的电动化进程，Cybertruck也有望成为继Model S与Model 3两款车型之后再度改变汽车行业竞争格局的车型。

最"安全"的汽车

2021年6月，特斯拉举办了用户期待已久的Model S Plaid版本车型交付仪式。虽然该款车型的参数及信息已在官网上披露，但马斯克还是带来了许多关于它的信息。当马斯克提到安全性能时，其所展示的内容不禁让人感叹。如果按照美国国家公路交通安全管理局新车评鉴协会的测试标准进行测评，Model S Plaid版本车型在2011—2021年的碰撞测试中的致伤率是第二低的。然而，特斯拉Model S Plaid版本车型的造型与早九年发布的Model S车型并无大的变化，一款发布了超过十年的车型造型依然能在安全性能方面表现突出也是很不错的。值得注意的是，在这项碰撞测试中，按照致伤率从低到高的排名，排名前六位的车型均来自特斯拉，依次是2018款Model 3单电机版、2021款Model S Plaid版本、2019款Model 3双电机版、2013款Model S、2020款Model Y双电机版及2017款Model X。这样的数据也给了马斯克很强的信心。

特斯拉在汽车安全性能方面的突出表现与其在车型研发上的投入不无关系，纯电动汽车的车身结构同样起到了不小的作用。特斯拉从Model S车型开始就按照一辆纯电动车型的思路来设计研发车身及动力系统，而许多传统车企在早期是直接将原有燃油车型的车身用于纯电动车型上，汽车行业将这种做法称为"油改电"，因为它只是通过更换原有燃油车型的动力总成转变为纯电动车型。这种采用"油改电"方式得到的车型与特斯拉的新纯电平台相比有很多不同。例如，多数燃油车型将发动机和变速器布置在发动机舱中，并且需要设计跨越整个车身的排气系统，部分车型还因为驱动形式等限制需要设计传动轴等，导致燃油车型的车身并不能像纯电动车型那般规整。这也是那些通过"油改电"方式研发得到的纯电动车型的动力电池包基本都呈现不规则形态的原因。

此外，由于动力电池需要布置在车辆底部，原有燃油车型车身的前后轴荷比发生了变化，而这种变化对于"油改电"车型的操控及安全性都会产生很大的影响。因为燃油车型车身在设计时会考虑将更多的重量集中在发动机舱部位，而纯电动车型从设计初始就不需要考虑布置排气系统或者传动轴等，所以在设计车身时就允许在其底部布置更多的加强梁。因为不需要为发动机及变速器等预留位置，纯电动车型在设计前机舱时就可以留出更多的碰撞缓冲区。例如，传统燃油车型因为需要考虑在车辆发生正面碰撞时不能让发动机和变速器向后挤压驾驶室，所以需要设计发动机与变速器的下沉机构。相比之下，纯电动车型拥有更大的优势。首先，类似特斯拉的单电机车型都采用后轮驱动的设计，在这种情况下，在车辆发生正面碰撞时就不需要考虑电驱系统向后挤压驾驶室的问题；即使是前后均布置电机的设计，也无须过于担心，因为多数纯电动车型的电驱系统相比传统燃油车型的发动机与变速器机构在轻量化方面更具优势。

特斯拉在解释Model 3车型为何可以做到如此安全时指出，其自主研发的纯电平台确保了Model 3车型上质量最大的部件——动力电池可以平整地布置在车身的重心位置，如同早期在特斯拉零售门店展示的类似一个滑板的Model S平台。这种设计有利于使车辆的前后轴荷比达到50∶50，不仅可以提高车辆的操控性能，还可以在车辆发生事故时降低其翻滚的概率。为了尽可能将车身的重心集中在车身中央位置，特斯拉甚至在设计动力系统时特意将后轮的电机放在后驱动轴前方的位置，从而保证电机的质量向车辆的重心位置偏移。此外，与Model S和Model X两款车型的全铝合金材质车身不同，Model 3车型的车身采用钢铝混合材质，新的车身结构与材料设计让Model 3车型在车辆发生正面碰撞和侧面碰撞时均可以最大限度地保护驾驶室的安全。例如，在车辆的侧面碰撞测试中，Model 3车型的车身可以在最小的变形范围内最大限度地吸收碰撞能量，同时为车内的安全气囊留出足够的弹出空间，从而保证车内的驾驶人员得到有效保护。

但是上述内容只是确保一辆新车能达到五星级安全标准的必要条件，特斯拉的纯电平台和相应的车身结构也更容易让它的汽车在安全测试中取得更好的成绩。正如前文所述，在美国国家公路交通安全管理局新车评鉴协会组织的车辆碰撞测试中，特斯拉车型连续十年（2011—2021年）占据致伤率排行榜的前六位（该排行榜按照致伤率从低到高排名）。这不禁让人好奇特斯拉是如何做到的。如果说纯电动车型的车身结构在安全性方面比传统燃油车型更具优势，那为什么其他纯电动车型没有在安全性方面超越特斯拉呢？

1.高度集成

熟悉电动汽车的人应该知道，从Model S车型开始，前备箱就与电动汽车逐渐产生了很强的关联。而在此之前，只有一些发动机后置的燃油车型才有前备箱这个概念，如保时捷911、大众甲壳虫等。其实电动汽车设置前备箱似乎也是合理的，因为它没有体积庞大的发动机和变速器机构，这样可以节省不少空间。但在实际中，直到2022年，依然有很多纯电动车型未设置前备箱，在打开它们的机舱盖后，会发现类似燃油车型的紧凑布局。实际情况因车而异。例如，某些纯电动车型为了使乘坐空间最大化，选择牺牲前备箱空间；某些纯电动车型因为要考虑混动版本，所以在车身设计初期无法为前备箱预留空间。通过观察发现，已设置前备箱的纯电动车型基本都有一个共同点——车辆的零部件高度集成。

如果认为车身长度接近5m的Model S车型应该设置前备箱，那相对紧凑的Model 3车型也需要前备箱，这就要归功于特斯拉对于高度集成的追求。虽然和燃油车型相比没有发动机和变速器，但电动车型依然需要在机舱内布置电驱系统、冷却系统及电控系统等。

以Model 3车型为例，与其他燃油车型及电动车型的冷却系统不同，特斯拉为其设计了一款内部代号为Superbottle的高度集成的冷却系统。Superbottle将本来需要多个部件才能完成的工作集中于一个新设计的冷却系统中，这样不仅可以缩小冷却系统的体积，还能大幅度减少连接管路的数量。暂且不提设计研发的成本，毕竟业内也没有对应的供应商，特斯拉新设计的冷却系统需要供应商重新开模。但如马斯克秉持的观点，任何新技术在初期都会产生较高的成本，随着生产规模达到一定量级，将会出现边际成本递减，因此，Superbottle的成本也会随着Model 3车型的热销而被摊平。此外，高度集成的设计也可以减少总装工序。更重要的是，Superbootle需要使用特斯拉独有的控制软件，从而可以形成一定的技术壁垒。Model Y车型上的热泵空调所使用的八通阀也有异曲同工之处。

与Model S车型相比，Model 3车型在电气系统方面发生了很大的变化。例如，Model 3车型将之前分布在Model S车型各个部位的电气控制系统集成在一个内部代号为Penthouse的装置中。Penthouse本意为顶层公寓，而特斯拉将与电池相关的控制器，如车载充电机、高压转换器、超级快充的电流传感器及接触器等都集成在位于电池包尾部上方的Penthouse中。许多电动车企考虑到整车的设计、电磁兼容、维修便利性及研发成本等原因，更愿意将上述控制系统放在前机舱位置。

得益于高度集成化的设计，Model 3车型的车身工程师能够预留更多的物理空间用于布置防撞钢梁及加强杆等，从而保证了Model 3车型在发生正面碰撞时可以最大限度地吸收碰撞所产生的能量，以减小碰撞给驾驶舱带来的变化，进而保护驾乘人员安全。

值得一提的是，特斯拉在2020年第一季度的财报中展示了冲压一体成型的Model Y后车身——原先需要使用70个零部件进行铆接、焊接等处理的后车身总成，现在只需要通过一次性冲压即可完成。与由多个焊接件、铆接件拼接所得的后车身相比，一体式的冲压件更安全。根据相关消息，特斯拉已经在研发一体式的前车身，配合已在得克萨斯州工厂量产的结构性电池组发布。特斯拉通过对汽车的车身进行高度集成化和模块化的设计，在大幅度提升生产效率的同时，也让汽车的安全性变得更高。

2.数据驱动

相信大家在买车时，或多或少都曾听过销售人员说某款车是五星级碰撞安全，或者从销售展厅内布置的展架、立牌等处看到五星安全碰撞等级的字样。美国于20世纪

80年代率先发布了新车评价规程，之后，汽车的安全性能开始受到更多的关注。时至今日，许多国家或地区都有了自己的新车评价规程，如欧洲的E-NCAP。我国的新车评价规程是由中国汽车技术研究中心有限公司于2006年发布的，即C-NCAP。

随着汽车工业的不断发展和进步，以及国家和消费者对于汽车安全的日益重视，C-NCAP基本做到了三年一更新。例如，它在2021年发布的管理规则中就增加了很多新的测试项目，并对先前一些测试项目的要求进行了提升等。在新能源车型销售占比越来越高的当下，2021年更新的C-NCAP中就针对新能源车型增加了一些安全性能测试项目，并增加了辅助驾驶功能对于车辆主动安全性能的测评，甚至还增加了与日常行车安全息息相关的车辆前照灯性能测评等内容。每辆测试车都会通过其在主动安全、行人保护及乘员保护3个项目中的表现获得相应的得分率，最后根据每个项目相应的权重，通过C-NCAP计算测试车的综合得分率及星级安全评价。

多年来，汽车行业对于车辆的安全评价基本沿用了这一思路，类似于考试的标准，汽车公司只需要按照这种标准进行车辆设计即可。事实也是如此，汽车公司会在研发团队中设置相应的团队来确保车辆的安全性能，汽车行业内也诞生了相应的技术支持供应商，用来提供完整的方案使车辆达到各项测试标准。这一切看上去似乎没有任何问题，新车评价规程倒逼汽车公司在车辆的安全性能上进行投入，最终保护了消费者的利益。但是特斯拉官方发布的一个关于车辆安全的视频不禁让人陷入思考，难道五星级安全就是终点？如果两款车都是五星级安全，哪一辆更安全？又或是两款车的综合得分率相同，哪一辆更安全？

2021年10月，特斯拉官方发布了一个名为《特斯拉碰撞实验室|数据驱动安全》

（*Tesla Crash Lab | Data-Driven Safety*）的视频。在视频的开头，特斯拉的安全工程师就表示新车评价规程中的测试项目如同沙滩中的一把沙子，并不能代表真实世界的碰撞事故。这种想法好像没什么问题，因为测试项目的确只能模拟一部分碰撞场景，但是新车评价规程在经过多年的调整后已经变得相当完善了。特斯拉之所以能如此评价新车评价规程，究其原因可能在于特斯拉是当前汽车行业内唯一一个拥有上百万辆智能汽车在道路上行驶的公司。特斯拉通过收集用户在驾驶过程中的数据，可以得知用户的驾驶行为及在发生事故时的真实场景，这样特斯拉就有了大量的事故数据来研究如何提升车辆的安全性能。例如，在上述视频中出现的特斯拉安全工程师所模拟的场景，即一辆皮卡与Model Y汽车发生了侧面偏置碰撞，这种场景就不存在于新车评价规程中。但是特斯拉根据用户数据发现，相似的事故在现实生活中多次发生，而在新车评价规程中出现的侧面100%重叠碰撞却很少发生。因此，特斯拉在经过多次计算机模拟后进行了实际的碰撞测试，并通过获得验证后的数据对现有用户的汽车及后续生产的车型进行软件或硬件层面安全性能的优化。

这一切都要归功于智能汽车可以记录车辆的行驶数据并将其实时传回汽车公司的功能，这在以前的传统汽车上是无法实现的。正如上述视频中的安全工程师所述，特斯拉知道车辆在发生事故时车内人员是否系安全带、座椅的具体位置、转向盘的角度及安全气囊的弹出时间等，甚至可以通过查看事故发生时车辆周围的视频数据来对事故进行分析。经过数据优化后的安全系统可以在碰撞发生前10ms确定此次碰撞的类型，从而进行判断，并让安全气囊及安全带等约束装置以最佳方式保护车内人员的安全。

正如特斯拉的安全工程师将新车评价规程比作沙滩里的一把沙子，笔者相信《特斯拉碰撞实验室|数据驱动安全》视频中呈现的内容也只是特斯拉提升车辆安全性能工作的一小部分。汽车在进入智能化时代后产生了越来越多的数据，就像智能手机一样，各个应用商会根据用户的使用数据不断优化用户的体验。特斯拉是汽车行业中率先进入智能化的公司之一，它通过有效利用所得的数据，在不断提升用户体验的同时，也在保护每辆特斯拉汽车驾乘人员及路人的安全。

3.辅助驾驶

2021年7月，马斯克在回复网友时提到，当年特斯拉之所以急于推出第一代自动辅助驾驶功能，其主要原因就是一位特斯拉车主在驾驶没有自动辅助驾驶功能的特斯拉汽车时因疲劳驾驶而发生车祸。这起事故造成一名自行车骑行者身亡，特斯拉车主并没有受伤，但该车主以特斯拉新车内有异味导致其昏睡并引发事故为由起诉特斯拉，法院驳回了该车主的起诉。有过驾驶经历的人应该知道，驾驶者偶尔会有一些疲劳驾驶的情况发生，而疲劳驾驶往往会发生在长途行车中，事故一旦发生，其后果难以预计。相关数据显示，疲劳驾驶导致交通事故发生的概率甚至比酒驾还高，由疲劳驾驶引发的重大交通事故的比例可达40%。但随着汽车技术的提升，许多车型已经配备了基于视觉系统的疲劳监测预警、基于多种感知硬件的车道偏离预警、车道保持、碰撞预警及自动紧急制动等功能。

特斯拉从2014年开始就在其Model S车型上陆续推送了第一代自动辅助驾驶功能，时至今日，特斯拉已经将基础的辅助驾驶功能变成全系车型的标配。辅助驾驶功能的好处不言而喻，这也是近些年各个国家和地区在新车评价规程中陆续加入辅助驾驶功能评测的原因。在汽车行业内，以测试严格度闻名的欧洲新车评价规程早在2014年就将新车是否搭载自动紧急制动功能，以及自动紧急制动的表现作为新车安全性评估的指标之一，并在之后的几年内升级了更严格的测试标准，如车与车之间、车与路人之间，以及车与骑行者之间的自动紧急制动表现。我国的新车评价规程也在2018年版本中加入了自动紧急制动功能的测评，并在2021年版本中完善了自动紧急制动功能的测试场景，同时加入了车道保持、车道偏离预警、盲区监测及速度辅助系统功能的测评及技术要求。新的测评要求也将倒逼汽车公司在其生产的车辆上增加上述辅助驾驶功能。

不可否认的是，辅助驾驶功能对于许多消费者来讲依然是比较陌生的，甚至有消费者认为这些功能会导致更多事故发生——的确有驾驶者因为理解不同或者操作有误导致事故发生。并且相关事故的报道常因为其突发性、异常性，在传播加速的同时给人们留下了很深的印象，特斯拉就曾有过这种经历。作为一个跨界造车的创新代表，加上投资者和媒体的关注，特斯拉品牌车型发生的交通事故更容易成为人们关注的热门话题，甚至有不少事故会被认为与辅助驾驶功能有关。为了证明特斯拉的辅助驾驶功能不仅不会造成事故，反而能降低事故发生的概率，马斯克从2018年开始就通过特斯拉官网发布特斯拉车辆的安全报告。下面给出2021年第一季度的特斯拉车辆安全报告：

在第一季度，在自动辅助驾驶功能Autopilot参与的驾驶活动中，平均间隔4.19×10^7mile（约合$6{,}74 \times 10^7$km）行驶里程报告一起交通事故。在没有Autopilot参与的驾驶活动中，平均间隔2.05×10^7mile（约合3.3×10^7km）行驶里程报告一起交通事故。在没有Autopilot和主动安全功能参与的驾驶活动中，平均间隔9.78×107mile（约合1.57×107km）行驶里程报告一起交通事故。美国国家公路交通安全管理局（NHTSA）的最新数据显示，美国国内平均间隔4.84×106mile（约合7.8×106km）行驶里程发生一起碰撞事故。

从上述报告不难看出，特斯拉用户在开启Autopilot时发生交通事故的概率明显低于不开启Autopilot时。即使不开启Autopilot，但有主动安全功能参与，发生交通事故的概率依然低于美国国内的平均事故率。作为参考，2021年第一季度的数据显示，特斯拉用户在使用Autopilot时发生交通事故的概率约为美国国内平均事故率的1/10。如图5-2所示，2018—2021年，特斯拉汽车的事故发生率明显低于美国平均水平，尤其是在开启Autopilot的情况下。

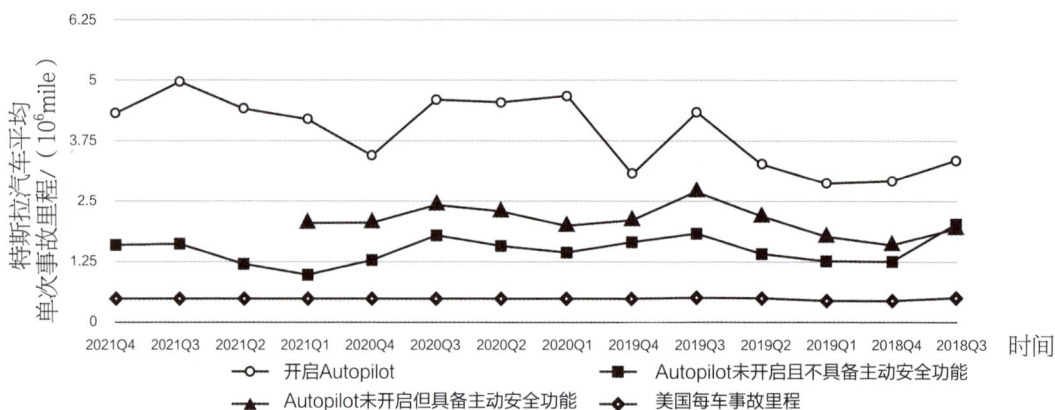

图5-2 2018—2021年特斯拉汽车的事故发生率

　　当人们还在争论辅助驾驶功能是否会让汽车变得更安全时，马斯克已经通过数据给出了答案。在实际生活中，也有不少因为特斯拉的Autopilot而避免事故发生的案例，甚至可以通过社交媒体及搜索引擎找到具体的案例。例如，2021年8月，一位挪威的特斯拉用户被发现在一辆高速行驶的Model S汽车中失去知觉，恰好有人记录了整个过程并制作了视频。视频显示，虽然该名用户失去了知觉，但因Model S汽车开启了Autopilot，所以车辆依然保持在车道线内行驶，并未冲出道路。就在行驶至一个隧道的时候，或许是因为车辆在需要驾驶者进行操作确认时未得到及时回应，此辆Model S汽车在车辆系统的作用下缓慢停车并开启了应急灯。最后，该起事件未造成任何车辆及人员损失。试想，如果该用户驾驶的是一辆不配备自动辅助驾驶功能的汽车，那结果就可想而知了。

　　特斯拉并不是第一家采用自动辅助驾驶功能的汽车公司，却可以称得上是将自动辅助驾驶功能普及给汽车消费者的第一家公司，它一直坚持有关自动辅助驾驶及全自动驾驶功能的研发工作。特斯拉在让汽车变得智能的同时，也在安全车身的基础上为汽车多加了一层保护。不过特斯拉似乎不满足于单纯让车辆变得更安全——特斯拉于2021年9月推出了内部测试已久的《特斯拉安全评分测试版》。为了让想参与全自动驾驶测试功能车队的特斯拉用户都拥有一个良好的驾驶习惯，特斯拉通过对每位用户的日常驾驶习惯，如是否出现紧急制动、碰撞预警功能的激活频次、激烈驾驶、未保持安全车距及Autopilot的强制退出频次进行评分。特斯拉也会根据用户的得分来决定是否允许其加入全自动驾驶测试功能车队。因此，特斯拉不仅想要制造世界上安全系数最高的汽车，也期望通过人工智能技术及特斯拉的运营体系让驾乘变得更安全。

4.电池安全

如果让一位拥有多年燃油汽车驾驶经验的用户去购买纯电动汽车，预计这位用户关注的问题可能都在电池上。电池作为电动汽车上成本最高的硬件，消费者在选购电动汽车时不仅会考虑续航能力及充电等问题，也会重点关注电池的安全。这也是电动车企宣传的重心之一。

特斯拉从第一款纯电动车型Roadster开始就开创性地使用了消费电子产品上使用的锂离子电池，而锂离子电池虽然拥有能量密度大的优势，却存在热失控的风险，特斯拉为此组建了自己的电池热管理团队。随着Roadster车型的量产，锂离子电池开始用于各种电动车型中。特斯拉通过Roadster车型向外界证明，电动汽车不仅可以像超级跑车一样拥有强劲的动力、不错的续航能力，还很安全。Model S车型的诞生和消费者的认可更是让车企意识到电动汽车的时代或许已经到来。2014年，特斯拉公开了自己的专利。之后，越来越多的公司开始研发纯电动汽车，其中的一些公司会通过购买专业的特斯拉汽车拆解报告来指导自己的研发工作，也有公司直接购买Model S车型进行拆解。早期的一些电动汽车公司或电动汽车动力总成供应商的技术中基本都有特斯拉技术的影子。而特斯拉也在多年的发展中不断迭代更新自己的电池技术，以确保电池系统的安全。

或许有人会质疑特斯拉电池的安全性，因为偶尔会看到特斯拉汽车起火的报道。例如，上海市就曾发生过两起特斯拉汽车的起火事故。一起发生在2019年，一辆老款

Model S汽车在某小区地下车库停放期间起火；另一起发生在2021年年初，一辆新款Model 3汽车在进入地下车库后不久即发生起火事故。两起事件在当时都让消费者对于电动汽车及特斯拉汽车的电池安全产生了怀疑，甚至有个别小区一度禁止电动汽车停放在地下车库。这也从侧面反映了人们对于电动汽车安全的担忧。除了上述事故，特斯拉在其他地区也曾发生过类似事故，那么问题来了，特斯拉汽车的电池是否安全？

美国市场的特斯拉车型销量占比稳居首位，而美国也是特斯拉最早开始交付的国家，但是特斯拉的电池安全曾受到美国媒体的质疑。于是特斯拉从2018年开始统计旗下车型的起火事故，并与全美汽车起火的概率进行比较，然后以年度为单位发布车辆起火事故数据报告。下面给出特斯拉发布的2020年美国市场汽车起火报告：

从2012年到2020年，在特斯拉汽车参与的行驶活动中，汽车每行驶约2.05×10^9mile（约合3.3×10^9km）即发生一起起火事故。而美国国家消防协会（NFPA）和美国交通部的数据显示，在美国，汽车每行驶 1.9×10^8mile（约合3.058×10^8km）即发生一起起火事故。

为了与NFPA所提供的数据进行合理比较，特斯拉的数据中也包括由建筑火灾、纵火等与车辆无关的事件所引起的起火事故，在此段时期内发生的特斯拉汽车起火事故有一部分是由上述原因导致的。

根据上述报告中的数据可知，特斯拉汽车的起火概率要远低于整个美国市场汽车的起火概率，甚至不到后者的万分之一，并且特斯拉汽车起火事故的数据还包括非车型原因引起的。毕竟人们确实看到了特斯拉汽车起火事故的报道，但在日常生活中也有不少燃油汽车或其他电动汽车的起火事故并未被报道，随着时间的推移，反而容易给人们造成一种特斯拉汽车似乎经常起火的印象。

尽管如此，特斯拉在电池安全方面一直是业内的引领者，得益于其多年的技术积累，特斯拉在电池安全方面拥有其他车企所不具备的优势。

首先，特斯拉可以称得上是将锂离子电池用于汽车动力领域的领导者。多年来，特斯拉在动力电池领域建立了完善的团队并有了不少技术积累——无论是电池热管理技术，还是电池包技术等。这与很多车企早期开发电动汽车的思路不同，在"造车新势力"还未出现之前，传统车企在早期更依赖于自己的供应链体系，甚至一些电动汽车从电池系统到驱动系统都要依靠供应商。部分传统车企只会组建一个相对保守的技术团队，但核心技术的研发都要依靠供应商，这个现象直到"造车新势力"出现才开始有所改观。纵观现有的市场格局，销售业绩不错的电动车企，除了电芯依靠外部供应，从电池模组、电池包及电控系统等基本都建立了自己的研发团队。

其次，就是特斯拉擅长的"垂直整合"策略。除了将电池包相关技术掌握在自己手中，特斯拉还是汽车行业内除比亚迪外唯一的一家研发、生产及制造动力电池的公司。马斯克很早就意识到电池对于电动汽车的重要性，于是率先在内华达州建立了第一个超级工厂。特斯拉通过与松下公司合作，逐渐掌握了电池相关的核心技术，从而让特斯拉在电池研发生产、电池模组、电池包及电池管理系统等领域实现了完全自主研发，更能保证电池的安全性，避免发生其他车企因供应商提供的电池有问题而被迫召回纯电动车型的情况。

最后，特斯拉是一家在电池领域不断进行研发的公司。2020年9月，特斯拉在其举办的电池日活动期间发布了最新研发的4680电池及结构电池包等。4680电池采用新的生产技术及规格，其生产效率和能量密度等均有一定的提升。该型号电池在电池安全方面采用了一种新技术——无极耳的设计，从而可以减小电池内阻，进而减少电池工作时的发热量，而电池起火的主要原因就是内部发生热失控。2022年年初，特斯拉位于加利福尼亚州的电池公司生产了100万个4680电池，得克萨斯州超级工厂生产的Model Y车型已经采用了4680电池及结构电池包。随着新的电池包结构及电池技术的投入使用，特斯拉有望在电动汽车电池安全领域再度拔得头筹。

马斯克对于产品的安全性能一直有一种特殊的执着，或许与他曾经驾驶摩托车发生严重的交通事故有关。而这也是他在不同场合多次强调特斯拉不会推出纯电动摩托车的原因，即使是与Cybertrcuk一同推出的ATV越野摩托车，也需要经过特殊设计，保证其安全性得到有效提升。可以说在智能电动汽车时代，特斯拉在汽车安全方面为汽车行业提供了不少指引及参考。无论是高度集成的车身设计，还是利用海量的驾驶数据来优化自动辅助驾驶功能及车辆被动安全性能，或是在电池安全的前提下不断寻求新的技术突破，这些都将给整个行业、汽车消费者及交通参与者带来无形的好处。

笔者有时会思考这样一个问题：特斯拉的车型在多个国家（或地区）的新车评价规程中都已经获得五星安全的评定，这难道还不够吗？即使特斯拉可以收集到用于优化车辆安全的数据，就算它不去做任何优化，也能满足安全标准及营销需求。但如特斯拉的安全工程师安德尔·贝尔所说："特斯拉不会在汽车安全方面停步，这只是开始。我们这么做的原因很简单，首先，我们具备这样的能力；其次，这是在做正确的事。"

小结

淘汰随身听（一种个人随身播放器）的不是质量更好的随身听，而是MP3（一种播放器）；淘汰数码相机的不是像素更高的数码相机，而是手机；而手机也不再只是功能单一的通信工具，它已升级为智能手机。纵观现代商业发展史可知，淘汰自己的往往不是竞争对手，而是跨行业、跨领域的颠覆式创新。无论是Model S和Model X两款车型拉开了软件定义汽车的序幕，还是热门车型Model 3将电动化推向了高潮，或是超现实存在的Cybertruck，特斯拉总是在向所谓的"不可能"发起挑战。

人们可以在特斯拉的产品中感受到其不断创新的精神，正如它没有像其他美国车企一样推出传统的电动皮卡，而是挑战性地推出了采用新的设计语言、新的工艺技术等的Cybertruck，以及通过渐进式的迭代和更新，让老款产品焕发新魅力等。马斯克就在最初评价Model S车型时提出，特斯拉要制造的不只是最好的电动汽车，还是最好的汽车。

马斯克曾在多个场合提到，人们应该为世界的未来感到兴奋，并为之努力奋斗，让世界变得更精彩。或许正是因为他对于生活持有这样的态度，才成就了特斯拉勇于创新的精神。

第六章

——
特斯拉的
保卫战

2021年的中国新能源汽车市场表现令人眼前一亮，尽管整个汽车行业都受到了芯片短缺所导致的产能危机影响，但无论是行业先锋特斯拉，还是传统车企比亚迪，又或是造车新势力蔚来、小鹏及理想等都交出了出色的交付成绩，特斯拉的全球交付量逼近百万辆大关。如果从特斯拉一直秉持的加速世界向可持续能源转换的使命来讲，这无疑是特斯拉非常希望看到的，但不可否认的是，诸如比亚迪、上汽及大众等传统车企已经成功实现了向电动化方向的转型；造车新势力蔚来、小鹏及理想也已经度过了从无到有的艰难历程；还有小米、百度、华为及苹果等高科技公司也纷纷布局电动汽车制造领域，相信会成为未来特斯拉在电动汽车领域保持领先地位的挑战。无论是华为、百度和小鹏在自动驾驶领域的深耕细作，还是蔚来在电动汽车充换电补能体系的全面发力，以及比亚迪、大众及宝马等传统车企在"三电"（电池、电驱、电控）领域的突破等，都已经让外界开始猜测谁会成为特斯拉的接替者。

自动驾驶之争

2021年4月12日，在华为第18届全球分析师大会上，华为轮值董事长徐直军在回答分析师关于华为在智能驾驶方面进展的提问时表示：华为公司的自动驾驶团队告诉他，华为现有的自动驾驶技术已经可以支持其测试车在市区内无干预地行驶1000km，这要优于特斯拉的自动驾驶技术。之后，相关视频迅速在网络上传播，并引起了大量的讨论，同时拉高了外界对于华为自动驾驶技术表现的期望值。因为当时的特斯拉已经向北美地区的部分用户开放了完全自动驾驶（FSD）的测试版本，根据许多测试用户的反馈可知，特斯拉的自动驾驶技术虽然在乘用车市场中表现得很突出，但依然无法实现市区内无干预行驶1000km。

此外，徐直军还在大会期间承诺华为公司将在之后举办的上海国际汽车工业展览会（以下简称上海车展）期间演示其自动驾驶技术，汽车媒体"42号车库"随后发布了其团队体验搭载华为自动驾驶技术的北汽极狐阿尔法S汽车的视频。通过该体验视频可以看到，华为的自动驾驶技术多次完成了诸如无保护左转、躲避对向来车、礼让行人及避让电动摩托车等操作。甚至在几个场景中，当体验的团队人员认为自动驾驶系统须切换为驾驶者接管时，华为的自动驾驶技术仍能有效应对，全程无需驾驶人介入。"42号车库"认为在中国市场能够体验到与特斯拉FSD测试版本相似的自动驾驶技术是相当不错的。因为在这之前，如果想要体验同等级别的自动驾驶技术，则需要选择以出行业务为主的无人驾驶出租车Robotaxi，并且必须限定在一段固定的范围内。而华为的自动驾驶技术是搭载在一款可以在汽车市场正常销售的乘用车上的，这在中国市场尚属首次。

深耕于自动驾驶领域多年的百度Apollo也在2021年举办的上海车展期间展示了自己的领航辅助驾驶系统（ANP）与自主泊车系统（AVP）。这两个系统与以往人们所了解的百度Apollo有所不同，之前百度Apollo留给大众的印象更多是搭载在出行业务的Robotaxi上，百度Apollo将自动驾驶技术降维用于乘用车型。百度Apollo通过与造车新势力威马汽车合作，将上述两种系统搭载在一款可以量产的乘用车型上。在实际体验期间，百度Apollo的ANP虽然没有经历非常复杂的场景，但对于常规的无保护左转、礼让行人及主动变道等场景都处理得很成熟。此外，在体验百度Apollo的AVP时，车辆可以在设定好停车位和召唤地点后，实现相当于无人驾驶的泊车操作。综上所述，百度Apollo希望借助ANP与AVP这两套系统，实现从停车场召唤、城市道路、高速公路到停车场自动泊车的全场景自动驾驶。

华为与百度这两家科技公司之前与汽车行业并无过多交集，却在2021年举办的上海车展期间大显身手，恰逢此次车展有许多新款智能汽车发布，于是汽车行业内将此次车展定位为智能汽车展。紧跟华为与百度这两家公司的步伐，在之后的几个月内，上汽的智己汽车、"造车新势力"小鹏汽车发布了自家产品在复杂城市道路上的自动驾驶演示视频。

例如，智己汽车的IM AD智能驾驶系统在上海市中心城区的繁华路段完成了近20km的"零接管"智能驾驶操作，通过演示视频可以看到，测试车辆顺利完成了无保护左转、汇入高架桥、主动变道、切换高架桥及通过大曲率弯道等一系列典型场景。小鹏汽车也在其2021年10月举办的1024科技日前夕，邀请部分媒体参考测试自己研发的城市智能导航辅助驾驶（NGP）测试版，根据多家媒体提供的体验视频可知，小鹏汽车的城市NGP体验路线要比之前提到的华为、百度及智己汽车的体验路线更复杂。在整个体验过程中，除了上面提到的三家公司都会遇到的许多复杂场景，搭载城市NGP功能的小鹏P5汽车还遇到了行人随机穿行马路、施工路段、强行变道、绕行长时间停车的公交车及停车场自动泊车等场景。尽管这些场景都很复杂，小鹏的城市NGP测试版基本可以应对自如，只有在极少的情况下才需要人为介入。

如果你不是一名自动驾驶的从业者或者喜好者，看到以上示例，会不会产生一种自动驾驶已经来到人们身边的感觉？如果你是一名特斯拉用户或者喜欢智能汽车，会不会好奇特斯拉的自动驾驶技术是否会被超越？因为在2019年5月，特斯拉在中国市场开通了自动辅助导航驾驶（NoA）功能之后，直到2022年年中依然没有太多自动辅助驾驶方面实质性的新增功能推送给特斯拉用户，而特斯拉用户期待已久的城市街道自动辅助驾驶功能也迟迟不见踪影。事实上，特斯拉的自动驾驶技术在中国市场的确遇到了一些挑战。

1.FSD的选装率不足

马斯克在2020年第四季度的财报电话会议中，就分析师关于中国市场的FSD策略是否会与其他地区有差别的问题作出如下回复："特斯拉目前是中国电动汽车市场的引领者，因而我认为我们还是做对了一些事情，才能成为最畅销的电动汽车。但同时，只有很少一部分用户选购了FSD选装包，基本只占购车用户的1%或2%，这比其他国家的数据要低。"对比同时期小鹏汽车与蔚来汽车的辅助驾驶选装率，不难发现特斯拉FSD的选装率的确偏低。这与特斯拉对于自动辅助驾驶选装包的分类，以及2020年一段时间内针对自动辅助驾驶的营销策略不无关系。特斯拉的自动辅助驾驶可以分为3类：① Autopilot基础版辅助驾驶，包含车道保持、自适应巡航等功能；② EAP增强版自动辅助驾驶，包含自动辅助导航驾驶、自动辅助变道、智能召唤及自动泊车等功能；③ FSD，除了包含Autopilot基础版辅助驾驶和EAP增强版自动辅助驾驶的所有功能，还具备识别交通信号灯和停车标志并做出反应及城市街道自动辅助驾驶两种功能。但从2019年开始，特斯拉对Autopilot基础版辅助驾驶进行了免费标配，并在一段时间内取消了EAP增强版自动辅助驾驶选装包，将其功能并入FSD选装包中。价格因素，加上选装包中最重要的一些功能并未开放，导致一些用户不得不放弃选购FSD选装包。就在此次财报电话会议结束半个月后，特斯拉将售价仅为FSD选装包一半的EAP增强版自动辅助驾驶选装包重新上线。从中国特斯拉门店的销售人员处了解到，已购买特斯拉汽车的用户基本都会选装EAP增强版自动辅助驾驶选装包，究其原因，价格和可用性是两个重要因素。

2.友商[①]在自动驾驶方面全面爆发

特斯拉所有的自动辅助驾驶功能都是建立在其2016年就已确定的硬件架构上的，

---

① 友商，即互联网或者电商行业中对有竞争关系的对方的一种称呼。

该架构包含8个摄像头、1个毫米波雷达（美国市场已取消毫米波雷达）及12个超声波雷达。自动驾驶计算平台经过3次升级得到第三代全自研计算平台，算力相比上一代提升了十多倍。尽管行业内的大部分人都清楚自动辅助驾驶的表现与车辆的智能辅助驾驶硬件并非对等关系，但从营销角度出发，无论是感知硬件，还是车载自动驾驶计算平台，特斯拉的数据从2021年开始好像变得不如过去那般"高科技"了。人们看到越来越多的汽车公司宣布将在自己的产品上搭载激光雷达、高精度地图、高清摄像头及算力更高的车载计算平台等，竞争愈发激烈。

2021年年初，蔚来在其举办的蔚来日（NIO Day）活动期间发布了旗下首款轿车ET7。作为蔚来的旗舰车型，ET7肩负着蔚来对于自动驾驶的期望，它搭载了名为Aquila的超感系统，其硬件架构包含33个高精度传感器（1个超远距高精度激光雷达、7个800万像素高清摄像头、4个300万像素环视摄像头、5个毫米波雷达、12个超声波传感器以及2个高精度定位单元、1个增强主驾感知及业内不多见的V2X车路协同）。蔚来的Adam超算平台采用4块英伟达的Orin芯片，获得了超高的算力。

华为公司也在其智能汽车解决方案2021年的新品发布会上发布了自己的自动驾驶相关产品。计算平台作为自动驾驶的一个核心部件，华为公司对此已有多年的积累，其发布的MDC810计算平台拥有超高的算力，经过多项测试及生产后，已经达到量产水平。此外，华为公司还发布了旗下正在研发的4D成像毫米波雷达，它可以实现对速度、距离、水平角度和垂直高度的感知，相较于目前许多车型使用的毫米波雷达，它可以实现垂直高度的信息输出，从而更好地识别道路中的车辆及障碍物等。

传统车企长城汽车在智能汽车时代到来之际并未掉队，而是选择主动出击。由长城汽车原有的自动驾驶部门孵化而来的自动驾驶科技公司毫末智行在2021年发布了自己的新型车载自动驾驶计算平台。借助长城汽车多年来的优秀市场表现，毫末智行已在2022年实现装车量产，有望成为算力最高的一款车载自动驾驶计算平台。

"造车新势力"小鹏汽车在其第二款轿车P5及首款旗舰SUV车型G9上分别搭载了两个激光雷达；智己汽车也首次采用了4D毫米波雷达；威马汽车的第一款轿车M7一次性搭载了3个激光雷达；长城汽车旗下的沙龙品牌车型则搭载了4个激光雷达。较多提供芯片解决方案的英伟达也在2021年年底和2022年年初发布了自己的自动驾驶全栈解决方案，从车载自动驾驶计算平台、硬件架构、自动驾驶算法、地图构建、算法模拟到开发工具等一应俱全，甚至研发了比特斯拉Dojo训练能力更强的超级计算机。紧跟英伟达的脚步，高通公司也在自动驾驶领域推出了自己的全栈解决方案，其通过垂直整合策略完善了自己在自动驾驶领域的解决方案，在提供芯片解决方案的同时，也可以提供自动驾驶的硬件及算法等解决方案。此外，还有许多主机厂及自动驾驶公司都在积极向自动驾驶的目标迈进。

放眼特斯拉，其现有车型上搭载的前向摄像头还停留在120万像素，甚至连目前仅有的一个毫米波雷达也取消了（仅限美国市场），第四代自动驾驶硬件及计算平台也没有发布。尽管特斯拉依靠自己多年累积的算法优势，可以在现有硬件架构下实现比许多品牌更好的自动驾驶辅助体验，但问题在于其在自动驾驶领域的优势还能保持多久。

3.FSD本土化困境

当FSD Beta的测试版本在美国市场推出后，很多测试者都会将相关驾驶视频上传到网络中。通过这些测试车辆在美国不同城市的测试情况可以看出，美国的道路交通情况与我国有着很大的区别，如车流密度、交通参与者种类、道路旁的灯光标志及相关设施的建设方式等。

如果在中国使用完全依赖于纯视觉方案的FSD Beta测试版，它又会有什么样的表现？如同让一个在美国有驾驶经历的人在中国道路上驾车，笔者认为起初会有不适感。因为在这一点上，笔者有着切身的经历。尽管笔者在海外的驾驶里程累计超过了10 000km，但依然记得驾驶初期的种种不适应，可能源于交通法规、交通信号指示灯、道路规划等方面的不同，以及不同国家驾驶习惯的不同。就算是一些细节的不同，反映在自动驾驶上仍会有很大的差别。马斯克也在柏林超级工厂的交付日活动上提出，如果想在欧洲推出FSD Beta完全自动驾驶，仍需要大量的适配工作，因为欧洲不同国家的语言不同，交通规则及道路规划等也不一样。可见其想要在另一个国家还是很有挑战性的。

说回自动驾驶，目前，FSD Beta完全自动驾驶的测试版已经推送给越来越多的北美特斯拉用户。根据参与测试用户的反馈可知，三四十分钟的路程中平均会出现1~2次的特殊场景需要人为接管，有些用户甚至经历过多次"零接管"。特斯拉也在不断地收集FSD Beta完全自动驾驶的测试版无法处理的特殊场景，并通过不断优化其自动驾驶算法来提升自动驾驶水平。但这些特殊场景与在中国测试自动驾驶时遇到的特殊场景有时会有很大差别。

小鹏汽车自动驾驶负责人吴新宙博士曾提过，在中国市场做城市自动辅助驾驶最害怕"三个流"，第一个是行人流，因为我国到现在依然有不少不遵守交通规则的行人，他们可能随时出现在城市道路的任何一个位置；第二个是电动摩托车流，中国是世界上外卖活跃度最高的国家，城市道路中随处可见骑着电动摩托车的外卖小哥，有些外卖小哥存在逆行、闯红灯等违章行为；第三个是公交车流，吴新宙博士用非洲大草原上的大象来比喻城市道路中的公交车。笔者相信许多驾驶人都有被公交车加塞的情况，并且由于公交车的车身巨大，它在很多时候可以同时横跨三个车道。以上这些都是典型的中国式城市道路行车场景，可以说是每一个想在中国市场实现城市区域内自动驾驶的公司必须攻克的难题。小鹏汽车为了尽快实现城市自动辅助驾驶功能，甚至在其P5车型上搭载了两个激光雷达，用于感知层面的冗余；在定位、规划与决策算法层面，小鹏汽车针对城市道路进行了软件的重新编写。而特斯拉的FSD Beta测试版依靠现有的纯视觉感知及相应的算法能否应对上述场景？只能等特斯拉在中国市场推送FSD Beta测试版之后才能知晓。

在提到自动驾驶时不会少了特斯拉，而在推陈出新的今天，自动驾驶也不再是特斯拉的专属，但在已经量产交付给用户的各项辅助驾驶中，特斯拉依然是综合实力最强的。在马斯克提及的第一性原理及多年自动辅助驾驶研发经验的支持下，特斯拉敢于取消唯一的一个毫米波雷达（仅限美国市场），而是利用纯视觉技术实现许多人认为必须通过毫米波雷达或激光雷达才能实现的测速及测距功能。在纯视觉技术方面，特斯拉曾经的合作方Mobileye早已开始布局，并于2020年发布了纯视觉测试车辆完成全自动驾驶的样片（Demo）。这也从侧面说明了特斯拉设计纯视觉方案是有一定道理的，正如马斯克所说，当毫米波雷达和视觉输出的信号不同时，应该相信哪一个？相比于毫米波雷达或者激光雷达，视觉拥有更好的精度及数据流，随着纯视觉处理能力的不断提升，其将表现得更突出。由此可知，特斯拉会坚持纯视觉路线，而非多传感器融合。

就像马斯克形容制造一辆汽车那样，如果按照打造一款产品的思维来设计自动驾驶，那制作出一个样品固然容易，但要实现量产会很困难。早在2016年10月，特斯拉就在其官网上发布了FSD的Demo，它展示了搭载与量产车型相同硬件的Model X车型，在FSD软件的支持下，从车库出发，经过城市道路、高速公路，再到城市道路及停车场，甚至在车内人员下车后主动找到停车位并成功泊车，而这一切都没有任何人为干预，一气呵成。除了特斯拉，华为、小鹏及智己汽车也发布了城市区域内全自动辅助驾驶的Demo，期待其能实现量产交付。

截至2022年年初，特斯拉已经有超过200万辆搭载了同样自动辅助驾驶系统架构的车辆上道路行驶，这些车所收集的真实自动辅助驾驶场景及数据是其他汽车公司或自动驾驶公司无法比拟的。为了能够很好地利用数据，做好自动驾驶的数据闭环，特斯拉不惜组建了超过1 000人的特殊数据标注团队，并没有采用一些自动驾驶公司选择的外包方式。此外，特斯拉还自主研发了人工智能D1芯片，用于建设算力更强的人工智能训练计算机Dojo。为了能够更好地处理一些现实驾驶中的极端场景，特斯拉还打造了专属的自动驾驶模拟训练平台。这不禁让笔者想起马斯克在2019年举办的特斯拉自动驾驶日活动上被问到特斯拉每年会有多少比例的研发费用投放于自动驾驶时，他的回答是："基本全部。"

现在还不能确定特斯拉的FSD Beta完全自动驾驶服务会在何时推送给中国用户，也不知道第四代自动驾驶硬件会有哪些新亮点，更不知道特斯拉的纯视觉路线能否真正实现全自动驾驶。但相信只要有马斯克的支持，特斯拉就会在自动驾驶方面不断进行迭代更新。说不定毫米波雷达会再次回归，甚至连激光雷达也可能出现在特斯拉的全新硬件架构中。因为在通向自动驾驶的道路上，人们还处于探索阶段，也无法完全确定哪条技术路线是对的。这也是自动驾驶的有趣之处，它如同一座山峰，大家都在尝试登顶，但每个人的方法略有不同。笔者很庆幸生活在这样一个科技改变生活的时代，希望能尽快看到自动驾驶，甚至无人驾驶进入普通大众的生活。笔者也很好奇，究竟是特斯拉的纯视觉路线会获得成功，还是现有主流的多传感器融合会取得成功；或许它们都会成功，只是时间先后的问题。

决战智能座舱

马斯克曾提出，随着无人驾驶成为现实，人类驾驶汽车在未来或将变得不再合法。因为人类与可以实现自动驾驶的汽车相比，只有双眼，而汽车可以拥有多只"眼睛"及其他互为安全冗余的感知设备。这里先不讨论真正的无人驾驶是否可以实现，以及何时可以实现，但我们能看到自动驾驶已在一定范围内实现，并真正投入了商用。随之而来的问题则是在这种情况下，车内人员可以做什么？休息或娱乐？汽车又可以给人们带来哪些超越想象的体验？虚拟现实（VR）还是增强现实（AR）？这就是智能座舱需要解决的问题了。

汽车可以播放蓝牙音乐、进行导航曾被认为是很重要的功能。而随着越来越多的汽车接入4G网络，很快就实现了在线视频、在线音乐及一些基础的游戏等功能。汽车上的屏幕数量越来越多，尺寸越来越大，分辨率也越来越高。曾几何时，笔者认为这就是所谓的智能座舱，那么特斯拉在2012年的Model S车型上就已经实现了笔者当时认为智能座舱应该拥有的大部分功能。随着通信及软件等技术被用于汽车，真正的智能座舱似乎离人们的生活越来越近了。

特斯拉当年通过设计研发独特的电子电气架构和自研操作系统，使Model S车型可以将很多传统车型必不可少的物理按键集成在尺寸比iPad更大的车机屏幕中。当时的人们或许不曾想到可以在车中浏览网页，或是通过一个屏幕控制车辆的空调、窗户、车灯和选择喜欢的音乐等。Model S车型座舱的出现敲开了汽车行业智能座舱的大门。现在人们不但可以在车里看视频、听音乐和玩游戏，还能通过智能座舱控制家里的智能家居等；在与车辆交互时，基本可以让座舱语音助手帮忙完成大部分操作。但智能座舱绝不止于此，未来汽车智能座舱或许还能实现一些超乎人们想象的功能，尤其是在许多科技公司进军汽车行业之后。

作为智能座舱的先行者，从早期的Model S车型到Model 3车型，再到2021年的改款Model S车型，特斯拉依然在智能座舱领域领先众多竞争对手，同时也是不少汽车品牌试图超越的目标。从早期的"浪漫模式""排放测试模式""狂暴模式"及"007模式"等功能推送，以及不断迭代的车机系统与辅助驾驶功能，到近些年的"赛道模式""宠物模式""哨兵模式""立体扬声器""洗车模式"及越发丰富的游戏项目，特斯拉从娱乐性、动力性、操控性及智能辅助驾驶等方面对座舱进行不断升级，让用户在不需要更换车辆的情况下依然能体验到各种新的功能。

以非常实用的"哨兵模式"为例，早期的版本只能实现在停车后调用车身外部的摄像头进行车辆周围环境的记录，如果想查看记录视频，则需要通过车辆的大屏进行查看。在特斯拉用户的不断建议下，特斯拉新的"哨兵模式"已经可以实现实时查阅，用户只需要通过特斯拉的手机应用程序就可以实时查看车辆周围的情况。此外，特斯拉还将该功能与"立体扬声器"功能实现互通，以便于用户利用手机应用程序将音频传送至车辆外的扬声器中，就像汽车可以说话一样。尽管这种功能在消费电子行业中似乎已经司空见惯，如许多智能监控设备都可以实现类似的功能，但在汽车行业中，特斯拉的"实时哨兵模式"还是第一个。国内的车企也不甘落后，如小鹏汽车、长安汽车及比亚迪等也都在其新推出的车型中实现了类似的功能（考虑到法律法规原因，部分车企已于2022年暂时关闭了此项功能）。

通过更新车辆各个系统中的硬件和软件，调用车辆中的硬件，实现前所未有的功能，给驾乘者带来新的体验，这就是软件定义汽车对于行业和消费者的意义，也是车企及供应商不断加码智能座舱的重要原因。一个好的智能座舱关系到众多方面，因为它涉及车辆早期的定义、企业内部的研发投入，甚至企业内部的组织架构等各种因素。但撇开一切差异化的原因，如果想要做好智能座舱，就必须在电子电气架构与操作系统两方面下足功夫。

电子电气架构之于智能座舱就像血管系统之于人类的各个器官，因为只有表现优良的电子电气架构才能像健康的血管系统那样连通人类身体的各个部分，使其协同运作，进而让智能座舱拥有更多的功能；而操作系统之于智能座舱就像生态系统之于地球，因为好的生态系统可以保证地球各类物种的存留，优秀的操作系统则可以让智能座舱日新月异。

1.电子电气架构

随着越来越多的智能汽车上市销售，电子电气架构这一词汇逐渐被各个汽车品牌引用，并作为车型的宣传点。电子电气架构可以简单理解为管控车辆中所有电子与电气设备的技术方案。根据汽车行业过往的电子电气架构的发展，以及目前行业对于未来电子电气架构变化的预测，可以简单将电子电气架构的发展分为3个阶段：分布式架构阶段、域融合式架构阶段和集中式架构阶段。

传统燃油汽车装有许多电控单元，如发动机电控单元、变速器电控单元及车灯电控单元等，而这些电控单元的数量会随着车辆配置的增加变得越来越多。这里将这些电控单元比作一家公司的许多部门，这些部门基本都是单独运作的，互相之间很少有沟通，这就是所谓的分布式电子电气架构，在2020年之前生产的燃油车型基本都采用此种架构。在传统燃油汽车盛行的年代，这种架构确保了车辆的各项功能正常运行，但是随着电动化、智能化逐渐进入汽车行业，消费者希望汽车能够像智能手机一样可以不断更新系统以带来新的功能，特斯拉的Model S应运而生。它的电子电气架构对车辆的动力部分、车身控制部分及底盘部分等都按区域进行了控制，从而使区域内的各个电控单元都可以实现更好的通信，也在一定程度上减少了电控单元的数量。说回上述公司部门的举例，公司为了提高工作效率，将各个高度关联的部门整合为一个大部门，从而使原来互不沟通的各个部门可以提高沟通效率，并且各个大部门之间还能相互合作，为公司提供前所未有的产品和服务。这就是特斯拉可以对智能辅助驾驶领域中的摄像头进行调用，开发出"哨兵模式"的功能，而其他很多品牌车型难以实现的原因。特斯拉的Model S及Model 3就是域融合式电子电气架构的代表车型，诸如"造车新势力"蔚来、小鹏及理想，以及在智能化方向走在前列的传统车企（如大众、比亚迪和长城等）都在近几年推出的纯电动车型上采用了此种电子电气架构。

随着智能汽车对于通信能力要求的不断提高，以及车载高算力芯片等相关技术的日益成熟，汽车行业预估将会出现由一个中央计算单元控制所有功能域的电子电气架构。如果继续用公司来类比，则相当于出现了一个极其强大的领导者，负责统筹一切，各个大部门都要向其汇报，并由其统一进行最后的决策。这种模式的好处是领导者可以清楚掌握公司的具体情况，从而充分调动资源。目前，长城汽车已经着手研发类似的集中式电子电气架构，预计会有相关产品亮相。在2021年举办的广州国际汽车展览会上，小鹏汽车发布了旗下的旗舰SUV车型G9，它不仅搭载了小鹏汽车第四代智能辅助驾驶系统，还采用了小鹏汽车第三代电子电气架构。该架构有两点非常值得关注，一是其采用了中央超算与域控制的架构；二是该架构在通信技术层面采用了千兆以太网。

关于上述第一点，按照上文中汽车行业对于电子电气架构的分类，小鹏汽车的第三代电子电气架构基本达到了集中式电子电气架构阶段。由于小鹏汽车的第三代电子电气架构对外公布的信息有限，目前还不能比较它和特斯拉Model 3使用的电子电气架构，但其至少在架构概念层面不会落后于Model 3。这种架构带来的好处也是显而易见的。例如，搭载第三代电子电气架构的G9车型可以很好地打通车上的各个硬件，从而打造更好的智能化功能；它可以显著减少车辆的电控单元数量，并缩短整个电子电气架构中电气设备之间的线束长度；在2021年汽车行业集体缺少芯片的时期，它可以降低车辆对于部分芯片的依赖程度，从而缓解了汽车公司的产能问题。

关于上述第二点，小鹏汽车宣布其第三代电子电气架构是国内首次实现千兆以太网的通信架构。如果用物流行业来形容汽车电子电气架构中通信网络的变化，传统电子电气架构中使用的控制器局域网（CAN）总线技术等的通信网络如同使用普速火车进行货物运输，由于早期的物流需求量并不是很大，其对于运输量和运输速度都没有过高的要求；而小鹏汽车使用的第三代电子电气架构中的以太网如同采用高铁进行货物运输，由于电子商务平台的兴起，物流的订单量大量增加，导致对物流运输量和速度的要求变得更高。其核心原因是G9车型搭载了诸如激光雷达、高清摄像头及毫米波雷达等传感器，汽车上每秒产生的数据已经是搭载传统电子电气架构车型的数百倍或数千倍，甚至可能超出传统电子电气架构中的通信网络所能承受的程度。

特斯拉的Model 3车型从2017年开始交付，同平台的Model Y车型从2020年开始交付。Model 3车型采用的第一代电子电气架构已经在市场中征战超过5年，并在大量使用硬件的背景下，依靠其算法的优势将唯一的毫米波雷达从感知系统中去掉（仅限美国市场）。特斯拉凭借其突出的软件能力及具有前瞻性的电子电气架构，依然能向用户推送新的功能。至于特斯拉的第四代自动辅助驾驶硬件是否会更新现有的电子电气架构，也是值得人们期待的。

随着造车新势力的崛起，传统车企的逐渐发力，以及科技公司进军汽车行业，特斯拉在电子电气架构方面的优势正在被蚕食，特立独行的特斯拉在马斯克提到的"第一性原理"的驱动下又将如何应对这一问题呢？

2.操作系统

要说国内特斯拉用户用车的一个主要痛点，应该是导航问题。这或许会让很多非特斯拉用户感到疑惑，难道电动汽车的主要痛点与电池不相关？但是通过与特斯拉用户和特斯拉门店人员的沟通反馈，发现导航问题才是特斯拉在中国市场不得不面对的一个问题。纵观近几年上市的智能电动车型的智能座舱，基本可以实现车机导航代替手机导航的功能，从而让多数用户放弃购买手机支架，但是特斯拉在中国市场并没有很好地解决此问题，其核心原因看似是导航应用的本土化问题，实则与特斯拉的车机系统有关。

特斯拉在推出Model S车型之际，为了能让用户在汽车上体验到操作平板电脑的感觉，它选择在Linux系统的基础之上自研车机系统。正是这种技术路线的选择，使特斯拉在智能化方面获得了很大的优势。特斯拉在2012年交付了第一辆Model S汽车，而车机系统的研发比这个时间还要早至少两年，那时的车机系统，别说有Model S车型的大型触控屏幕，甚至许多新发布车型的中控屏幕都不支持触控，特斯拉的这一选择，从一开始就注定了它的与众不同。就算是现在，像特斯拉这样通过修改Linux底层系统来打造车机系统的汽车公司也不多，如阿里巴巴集团与上汽集团合力打造的斑马车载系统，以及汽车芯片供应商地平线打造的Together OS车载系统等。

当前汽车使用的车机系统还有蓝莓公司的QNX系统，以及基于谷歌公司的安卓车机系统进行再开发所得的车载系统。其中，QNX系统因其较强的安全性及稳定性而被许多汽车的仪表板所采用；安卓车机系统则因其开放性及丰富的应用生态等因素而被众多车型的中控屏所采用。以在车机系统操作体验上有不俗表现的理想One车型为例，其座舱共拥有4块屏幕，其中与车辆控制功能相关的两块屏幕的机车使用了Linux系统（理想汽车考虑到技术创新与服务生态等原因，并未在仪表板中使用相对封闭的QNX系统），包括辅助驾驶、系统报警、行驶里程及车辆控制等；另外两块屏幕因为更侧重于应用生态及娱乐功能，故基于安卓车机系统进行了深度开发，这也是理想One车型的中控屏幕与副驾驶屏幕的系统扩展能力更强的原因。与基于Linux系统开发所得的特斯拉车机系统相比，理想One车型在安卓系统的生态中更容易适配各种应用程序。同样基于安卓车机系统进行深度开发的比亚迪的Di-Link车机系统和小鹏汽车的

Xmart OS车机系统也在车载应用的扩展性方面表现不错。

或许会有人提出疑问：难道不能通过类似百度Carlife或者苹果Carplay的应用程序进行手机投屏这一方式来解决特斯拉车机导航的问题吗？答案是不行。这背后可能是特斯拉的不愿意，因为研发智能座舱的公司都在为使车机代替手机而努力，又何需使用类似百度Carlife或者苹果Carplay的应用程序？就在许多车企和智能座舱供应商的注意力仍集中在如何打通手机与车机之间的互联，以及车机应用生态等问题时，一个"不速之客"的到来或许将改变智能座舱操作系统的格局。

2019年年初，华为公司在世界移动通信大会上发布了基于5G时代的"1+8+N"战略。其中，"1"代表智能手机；"8"代表个人计算机、平板电脑、智慧大屏、智能音响、智能眼镜、智能手表、智能车机及智能耳机；"N"代表覆盖移动办公、智能家居、运动健康、音影娱乐及智慧出行5种场景的所有智能设备；"1+8+N"战略中的"+"则代表相互连接的关系。华为公司希望通过以智能手机为中心，打通八类五种场景的智能产品。同年8月，华为就在其开发者大会上发布了鸿蒙操作系统。鸿蒙操作系统的万物互联特性和华为的"1+8+N"战略，充分说明了鸿蒙操作系统是华为公司为万物互联所筹备的系统。

或许在外界看来，华为公司进入车机领域并不稀奇，毕竟已有阿里巴巴集团及百度等互联网公司涉足车机领域，但是华为公司发布的鸿蒙操作系统及"1+8+N"战略的意义对于智能汽车市场要超过上述两者，可以通过以下场景反映出来：

你在周末约了几个朋友去爬山，于是将该事项通过智能手机记录在日历中，而你所使用的所有智能设备也同步读取了"周六爬山"这一事项。周六早晨，你在智能闹钟的唤醒下按时起床，随时在线的智能汽车读取到去往爬山地点的路线因为发生交通事故而出现拥堵，于是智能语音助手建议你最好提前10分钟出发，这样可以选择另一条不拥堵的路线。之后，智能汽车会确认你是否需要提前开启空调并对车内温度进行调节等。这一切的操作都是通过家里智能设备的语音助手完成的。在你享用早餐期间，可以通过智能音响欣赏你喜欢的音乐，当你驾驶汽车从家里出发之后，车辆通过你的智能手机确认了车主身份后，自动将音乐同步到你的车机上，你的车机与手机同时实现了无缝匹配，结合车辆的自动驾驶与交互设置，你将不会错过任何一个重要电话与信息，也不会因为查看手机而出现安全隐患。在爬山期间，智能手表会记录你的健康数据，并同步到你的智能汽车上。之后，智能汽车建议你可以食用一些蛋白质较为丰富的菜品，并顺便给你推荐了周边提供类似菜品且口碑不错的餐厅。

上述场景在未来万物互联的世界里将会延伸至人们的生活、工作及娱乐之中，但是这些"无缝连接"的体验都是建立在设备的底层系统基础之上的，而华为的鸿蒙操作系统是唯一一个支持多设备之间，仅利用同一系统就可以实现快捷且便利的无缝连接体验的操作系统（截至2022年）。

鸿蒙操作系统的强大之处就在于其万物互联的属性，因为鸿蒙操作系统是一款基于微内核的全场景分布式操作系统。华为公司宣称，无论是平板电脑或智能手机等移动设备，还是榨汁机及电磁炉等家用设备，都可以使用鸿蒙操作系统。这种体验对于装机量极大的安卓车机系统和特斯拉自研的车机系统都是无法实现的。试想一下，当你的车机和你的手机、电脑及家里的智能设备均可以实现无缝连接时，将会给用户带来超乎想象的体验。

此外，鸿蒙操作系统还能实现"一次开发、多端部署"，即开发者开发的应用程序只需要通过一次开发就可以适配手机、车机、智慧屏幕及平板电脑等支持鸿蒙操作系统的多种设备。这有助于吸引更多的开发者为搭载鸿蒙操作系统的设备开发更多的应用程序，而不会像当前安卓车机系统或特斯拉自研的车机系统那样需要后期大量的软件适配工作，大量的适配工作会导致开发成本的增加，这不是一个良好的循环。

华为在不到3年的时间里就完成了鸿蒙操作系统从发布到量产装机的工作，根据华为公布的数据，截至2021年10月，已经有超过1.5亿部智能设备搭载了鸿蒙操作系统。在鸿蒙操作系统强大生态的支持下，开发者的应用程序也得到了更多的下载使用量，从而获得更多的收益分成，这是一个良性生态的基础。在2021年华为全球开发者大会上，华为通过举例说明一个主题为"太空液晶"表盘的付费下载量超过300万次，仅此一项应用程序就为其开发者带来了至少1 300万元的收入。华为在布局万物互联生态方面也是不遗余力的，截至2021年10月，华为在其智能互联生态版块已有超过1 800家合作伙伴，以及超过4 000个智能生态产品，仅2021年新增智能生态设备的发货量就超过了6 000万台。

在智能座舱方面，华为与小康塞力斯合作开发的问界M5及M7两款车型都已经搭载了鸿蒙操作系统。得益于鸿蒙操作系统的万物互联属性，车机与搭载鸿蒙操作系统的手机之间实现了应用的无缝流转、算力调用及硬件调用等，甚至搭载鸿蒙操作系统的儿童安全座椅也能与车机进行实时通信，这在汽车行业还是很少见的。

或许有人会问，即使鸿蒙操作系统可以实现万物互联，也可以拥有非常丰富的应用程序，但它毕竟只是一个操作系统，人们是否会因为一个鸿蒙操作系统就选择某款汽车？现在也许还不会，因为在智能电动汽车市场，特斯拉、蔚来、小鹏及理想等品牌在自动辅助驾驶、电池技术及软件定义汽车功能等方面都具有一定的优势。但随着智能汽车的发展日益成熟，动力电池越发标准化，自动驾驶越来越普及，软件定义车辆的功能也日趋完善，智能汽车一个很大的差异可能是智能座舱，而操作系统会影响人们的购车选择。

智能座舱之争难免会让人想起多年前个人计算机（PC）与智能手机的操作系统之争。在PC时代，操作系统的封闭性及硬件问题导致苹果公司的Macintosh销量逐年走低，而微软公司凭借开放的Windows系统占据上风，迅速建立了系统和软件生态，Windows系统直到现在依然以垄断性的优势占据PC操作系统市场。进入智能手机时代，回归苹果公司的乔布斯吸取了先前的教训，更加重视操作系统生态的重要性，终于在移动设备市场推出iPhone后扳回一局。与此同时，也诞生了诸如谷歌这样的互联网新贵，其针对移动设备开发的安卓系统也迅速占领了市场。鸿蒙操作系统的推出不但改变了移动设备操作系统长年被苹果和谷歌两家公司垄断的局面，还将改变汽车市场智能座舱的竞争局面。

综上所述，也许就能明白为什么苹果、小米等科技公司会进入汽车领域，而国产汽车销量领先的吉利汽车决定进入手机市场，甚至连"造车新势力"蔚来也要进入手机市场。有趣的是，在2021年年底，不断有外媒传出特斯拉要制造手机的消息，甚至连其名字都取好了——Model π。虽然这一消息未得到特斯拉官方的证实，但如果有一天，当你真的看到特斯拉要进入手机领域的消息时，希望你不要太惊讶，因为这是意料之外、情理之中的事。

　　智能座舱不只是所谓的车机代替手机、手机与车机互联，它不仅需要满足人们日常使用车机进行导航、在车内观看流媒体平台、无缝智能语音控制及不断的软硬件升级等需求，还需要在车载硬件逐渐升级的同时，利用软件技术不断给车辆带来新的功能，更要在万物互联时代，打通人们工作、生活及娱乐等场景，成为下一个智能终端的流量入口。

得电池者得天下

一家名为AC Propulsion的公司在2003年前后研发出一款采用铅酸蓄电池作为动力源的电动汽车Tzero，特斯拉在得到此款汽车动力系统的授权后，研发出特斯拉的首款车型Roadster。特斯拉用这款车型向外界证明了电动汽车可以像燃油汽车一样拥有良好的性能，电动汽车也开始被大众所关注。

近些年，得益于电池材料技术和管理技术的日趋成熟，以及成本的下降，电动汽车已经在一些方面超越了同级别的燃油汽车，但电动汽车发展至今，围绕电池依旧有许多问题需要解决，如电池安全、车辆续航、充电及购买成本等。而对于如何解决上述电池问题，以及特斯拉在电池方面的优势是否依然牢固等有关新能源电池的问题，将通过以下几个层面进行分析。

1.电池安全

2020年10月，韩国现代汽车公司宣布召回其生产的77 000辆Kona纯电动汽车，起因是2019年发生在加拿大蒙特利尔市的一起电动汽车爆炸事故。据事故车辆的车主回忆，当时车辆停放在车库中且没有进行充电，当他看到车库中不断有烟雾冒出时才发现车辆起火，随后车辆就发生了剧烈的爆炸。无独有偶，2020年11月，美国通用汽车公司宣布召回旗下2017款—2019款共68 667辆雪佛兰Bolt纯电动汽车。因为美国高速公路协会的调查显示，之前发生的5起Bolt纯电动汽车着火事件都有相似的原因，即电池均来自LG公司的韩国工厂。而现代汽车公司召回的Kona纯电动汽车恰好也采用LG公司的电池。但召回事件并未到此为止，2021年8月，通用汽车公司再次更新了其召回范围，即扩大至2020款—2022款的雪佛兰Bolt纯电动汽车，据相关报道，共计有超过14万辆Bolt纯电动汽车由于存在起火风险需要召回处理。

尽管电动汽车已经发展了十余年，但其发展无法避开电池安全这一话题。笔者相信，无论是电动汽车行业从业者还是消费者，都不希望看到任何品牌的电动汽车因为电池安全问题而发生起火事故。因为与日常关心的电动汽车续航及充电等问题相比，电池安全问题直接可以作为消费者购买电动汽车的一个否定项，也是影响整个电动汽车行业的一个重要因素。但纵观整个行业，依然会有个别电动车型因为电池安全问题而带来起火风险，如电池在设计或生产制造方面的问题，汽车公司设计电池包的问题，以及电池管理系统的问题等。目前，消费者一般会从以下两个方面对电池安全进行考量：电池材料和封装形式。

根据目前市面上主流电动汽车所采用的电池可知，电池材料主要集中为三元锂离子电池和磷酸铁锂电池两种类型，它们都是根据电池正极所采用的材料而命名的。例如，Model S车型所采用的镍钴铝三元锂离子电池，就是因为其正极材料采用了镍、钴、铝3种材料；而国产的Model 3标准续航升级版车型采用正极材料为磷酸铁锂的磷酸铁锂锂离子电池。在封装形式方面，一般有圆柱形电池、方形电池及软包电池3种形式。例如，蔚来的ES8车型采用方形电池，特斯拉的Model S车型采用圆柱形电池，而通用汽车的Bolt车型采用软包电池。

对于通用汽车公司当时的召回事件，马斯克也表达了自己对Bolt车型使用软包电池的观点。马斯克认为电池尺寸越大，意味着冷却系统越难冷却电池的中心，从而容易形成发热点。而当压力和热量想要从电池中释放出来时，软包电池的结构就很难避免热失控的发生。因此，马斯克不推荐电动汽车使用软包电池。

就像马斯克对于软包电池的评价一样，围绕电池材料及封装形式给电池安全带来的影响众说纷纭，消费者有自己的观点，电池技术人员也有自己的认知。即使电池会因为其材料及封装形式存在电化学层面的安全性高低之分，但是很难脱离电池包来判断采用哪种材料或者封装形式的电池更安全。因此，哪家公司的电池包更安全，或者说哪家公司的电池包用在车上更安全才是应该关注的问题。

自从特斯拉当年率先在其首款车型Roadster上使用了消费电子领域的锂离子电池后，汽车行业开始进入锂离子电池时代。特斯拉在电池安全方面的表现一直是有目共睹的，这一点可以从特斯拉每年公布的汽车起火数据中看出。此外，中国的车企也在电池安全方面不断进行大量的研发投入。例如，2020年，比亚迪品牌率先推出了刀片电池——因其封装后的外形像一把刀而得名，这种封装形式更像一个改变了尺寸的方形电池；在电池材料方面，比亚迪品牌选择其认为更安全的磷酸铁锂电池，并将自己的刀片电池与三元锂离子电池和普通封装的磷酸铁锂电池进行了一次针刺测试对比，结果显示三元锂离子电池发生了剧烈的燃烧，普通封装的磷酸铁锂电池虽无明火，但产生了冒烟及高温现象，而刀片电池没有出现明火、冒烟及高温等情况。

目前，比亚迪的刀片电池或许能做到让"自燃"远离搭载磷酸铁锂电池的电动汽车，但三元锂离子电池作为当前市场中占比更高的电池，如何让它也通过严苛的针刺测试仍是一个问题。2021年年初，广汽埃安（广汽埃安新能源汽车股份有限公司）发布了搭载新一代技术的弹匣电池。该技术通过采用超高耐热稳定的电池、超强隔热的电池安全舱、极速降温冷却系统及全时管控的电池管理系统来保证弹匣电池系统的安全性。值得注意的是，采用弹匣电池技术的三元锂离子电池包是汽车行业内首次通过针刺测试的电池包。其测试结果显示，广汽埃安的弹匣电池包在测试中未发生起火，仅出现了冒烟等情况，即使测试中产生了高温，也未造成周围电池的热失控。这样的测试结果不仅通过了GB 38031—2020《电动汽车用动力蓄电池安全要求》中对电池单体发生热失控后，电池系统在5min内不起火、不爆炸的要求，还将三元锂离子电池的安全性提升了一个高度。

2021年，长城汽车发布了与广汽埃安的弹匣电池有异曲同工之妙的大禹电池。大禹电池先通过阻断热失控源头、采用隔温材料及先进的电池管理技术进行降温，再通过大禹电池专有的技术对热气流进行定向排爆等处理，可以实现让类似高镍含量的三元锂离子电池在发生热失控后不会影响整个电池包的安全。长城汽车宣称大禹电池技术可以保证电池包在正常使用寿命周期内永不起火、永不爆炸，并且为了普惠整个行业，长城汽车还免费开放了大禹电池技术的专利。

无论是通过电池结构优化而实现不自燃的刀片电池，还是对电池材料、电池包设计及电池管理系统等优化的弹匣电池及大禹电池，都表明汽车行业在为电池的安全而努力。例如，特斯拉在2020年举办的"电池日"活动上发布新的4680电池，由于采用了无极耳的设计，电池内阻得以降低，从而减小了电池工作时的发热量，让电池包变得更安全。此外，特斯拉目前已有超过200万辆电动汽车上道路行驶，而每辆车的动力电池系统数据将反馈给特斯拉的电池管理系统。知乎ID为daijun211的电气工程师在评价特斯拉的电池管理系统时表示："在充电过程中，特斯拉电池管理系统会使用热管理系统在 10min内加热到电芯温度55℃（理论的活性最佳温度），然后继续充电，这一点是其他几乎所有主机厂根本不敢做的。 几乎所有的主机厂都想着法子把电池温度控制在35℃以下，生怕电池过温了。但是特斯拉似乎完全不在意这个问题，想着法子把电芯温度调到它性能最佳的状态，发挥最大的性能。"

2.车辆续航

2021年可谓是改变人们对于电动汽车续航能力不如燃油汽车固有印象的一年。

2021年1月9日，蔚来在其蔚来日活动上宣布，搭载150kW·h固态电池的ET7车型的续驶里程将超过1000km。

2021年1月13日，智己汽车宣布其首款轿车L7的电池将使用掺硅补锂技术，可使续驶里程接近1000km。

2021年年中，美国"造车新势力"Lucid宣布其首款轿车Air搭载了容量为118kW·h的动力电池系统，其在美国EPA标准下的续驶里程可达520mile（832km），已超过特斯拉的Model S车型。

2021年11月，根据工信部公布的相关数据，广汽埃安的LX车型搭载了容量为144.4kW·h的动力电池系统，其在（新欧洲驾驶循环）NEDC工况下的最长续驶里程可达1008km。

2021年12月10日，工信部公布的数据显示，奔驰旗舰轿车EQS搭载了容量为

111.8kW·h的动力电池系统，其在NEDC工况下的最长续驶里程可达849km。

如同在油耗水平趋于同质化之时，想要提升燃油汽车续航能力的方法就是增加油箱的尺寸，这一思路同样适用于电动汽车。通过上述信息可以看出，动辄1000km、少则800km的续驶里程都是在超大电池包容量的情况下产生的。目前，汽车行业在不改变电池包尺寸的前提下，提高车辆续航能力的主要方法就是增加电池包的能量密度，大致可以分为两种思路：一是提高电池单体的能量密度；二是优化电池包结构，在不改变电池包尺寸的前提下布置更多的电池。

思路一：提高电池单体的能量密度

目前，电动汽车上使用的锂离子电池单体主要由正极、负极、电解液与隔膜组成。在电池充放电的过程中，锂离子穿过电解液和隔膜在正极与负极之间来回移动，从而使电子在外部电路产生电流。电池能量水平和充放电速度主要取决于分布在正极、负极之间锂离子的密度及锂离子在正极、负极之间的移动速度。这也是很多电池技术主要集中在正极、负极、电解液及隔膜上的原因。

以现在的电动汽车中使用比例最高的三元锂离子电池为例，许多车型采用的正极材料为镍、钴、锰3种元素。其中，镍元素的占比越高，代表电池的能量密度越大；钴元素主要用于稳定电池内部的化学结构；锰元素用于提升电池的安全性。经常可以看到这3种元素后面有3个数字，如NCM523，它代表电池中镍、钴及锰3种元素的占比约为50%、20%及30%。随着电池技术的不断成熟，汽车行业对于电池能量密度的要求越来越高，加上钴元素原材料价格的不断上涨，镍、钴、锰3种元素的占比也在发生变化，如NCM622和NCM811。然而，在镍元素占比升高给电池能量密度带来很大提升的同时，电池公司同时需要解决高镍含量电池的安全性及循环使用寿命问题。对此，不同公司各有自己的核心技术。例如，特斯拉在美国市场采用松下公司的镍钴铝三元锂离子电池，通过使用铝元素来保证电池的安全性及循环使用寿命。

在电池正极材料中的镍元素含量几乎达到最高限度时，电池公司开始着手负极材料的研究，尝试通过改变负极材料来提升电池的能量密度。目前，多数锂离子电池的负极材料都采用石墨，而与之类似的硅元素在存储锂离子方面要比石墨更具备优势，并且价格很低，但硅元素容易膨胀，这也是石墨长期占据负极材料主要市场的主要原因。

2021年年初，智己汽车在其品牌发布会上宣布旗下首款车型智己L7将搭载来自宁德时代采用"掺硅补锂"技术的动力电池（现已实现）。使用该技术的电池单体的能量密度可达300W·h/kg，而同款电池包也将使智己L7的NEDC综合续驶里程达到1000km，并具有2×10^{6}km零衰减及永不自燃等特点。"掺硅补锂"技术中的"掺硅"是为了提高负极存储锂离子的能力，"补锂"则是因为掺杂了硅元素之后的电池在首次充放电时会损失一定比例的锂离子，所以在制造电池时需要提前给负极预埋一部分锂离子以抵消相关损失。

为了提高电池的能量密度，无论是特斯拉在2020年的电池日活动上发布的硅负极电池，还是大众集团在2021年动力日活动上发布的高硅负极电池，都要通过掺杂一定比例的硅元素来提升负极材料存储锂离子的能力，以提高电池单体的能量密度，进而提升车辆的续航能力。

蔚来在其2020年举办的蔚来日活动上宣布旗下首款旗舰轿车ET7将搭载容量为150kW·h的固态电池，它可让ET7的续驶里程超过1000km。固态电池一时成为热门词汇，但它暂时无法实现量产是汽车行业的基本共识。固态电池是相对于目前所使用的液态电池而言的，因为它可以通过固态电解质来实现锂离子在正极、负极之间的移动，所以可以减小电池体积并提高其能量密度。此外，它还有一个最大的特点就是不会发生自燃。常用的锂离子电池因为使用了液态电解液，所以在电池温度过高时会释放氧化物，从而引发电池热失控，导致电池起火甚至爆炸等问题。但与硅负极电池相似，固态电池仍未实现量产的原因也是存在一些难以攻克的缺点，如充电慢、低温性能差及量产成本高等。

与其他品牌改变电池单体性能的策略稍有不同，特斯拉通过研究发现圆柱形电池的直径为46mm是提升续航能力和控制成本的理想选择。此外，特斯拉还创新性地取消了用于区分电池正负极的极耳，这样可以使锂离子在电池内的移动范围从原有的250mm缩短至50mm，从而通过降低电池内阻减少电池充放电时的发热量。马斯克指出，电子在新的4680无极耳电池中的行程甚至比一些小型号、有极耳的电池还要短。也就是说，新的电池虽然尺寸更大，但在热管理方面的性能要比小尺寸的电池更好。特斯拉的相关数据显示，新的4680电池拥有5倍的能量、6倍的功率，可使汽车的续航能力提升16%。放在现实生活使用场景中，给用户带来的好处就是更长的续驶里程及更高的充电速度。此外，特斯拉还通过在负极使用经特殊处理的硅元素来提升电池的能量密度，从而使汽车的续航能力提升20%；特斯拉也没有停止对正极进行优化，通过进一步提升镍元素在正极材料中的占比，可以使续航能力提升4%。

思路二：优化电池包结构

在电池公司努力提高电池单体能量密度的同时，汽车公司在提高电池包的能量密度上也是不遗余力的。自从特斯拉将电池单体组成模组，并将多个模组制成电池包的方法用在电动汽车上，多数电动汽车在电池包设计上都沿用了这一思路。直到Model 3的出现，人们才发现特斯拉摒弃了以往Model S与Model X两款车型电池包中的多模组设计，转而采用两大两小共4个电池模组的设计。这种设计可以明显提高电池包内的空间利用率，让Model 3车型的电池包可以盛放更多的电池，提高电池包的能量密度，从而提升Model 3车型的续航能力。汽车行业通常将采用这种设计的电池包称为"大模组"电池包。这就像购买一盒铅笔，在正常情况下，一盒铅笔中会装10小包铅笔，而每小包又装有20根铅笔，也就是说，一盒铅笔内含200根铅笔。但是为了提高铅笔外包装盒的利用率，铅笔厂决定将原来一盒中的10个小包装改成4个相对更大的包装。因为减小了包装的体积，所以一盒铅笔内可以装220根铅笔了。在这个类比中，一盒铅笔就像一个电池包，一小包铅笔就像一个电池模组，而一根根铅笔代表着一个个电池单体。

2019年，宁德时代率先发布了一种没有模组的电池包，引发业内大量关注。之后，比亚迪在2020年发布了刀片电池，一种新的电池包结构自此进入公众的视野。得益于刀片电池的构造，比亚迪可以省去常规电池包中的模组部分，直接将刀片电池布置在电池包内。根据比亚迪在刀片电池发布会上公布的数据，常规电池模组的空间利用率为80%，从模组到电池包的空间利用率为50%，因此，一般电池包的空间利用率只有40%。这是因为电池包需要盛放上百千克的电池，模组之间必须布置一些横梁来提高整个电池包的强度。但刀片电池本身就具备很高的强度，这也是比亚迪去掉模组的重要原因。这种设计可以将电池包的空间利用率提高20%，也就是说，比亚迪的电池包容量会比同样尺寸的传统电池包提高20%，这种容量的提升也将直接反应在车辆的续航能力上。汽车行业一般将采用上述结构的电池包称为无模组电池包（CTP）。

目前，汽车行业内除了比亚迪和宁德时代，长城汽车旗下的蜂巢能源也在无模组电池包技术上实现了量产。科学技术的有趣之处就在于它可以不断迭代升级和推陈出新。

2020年8月，宁德时代董事长曾毓群在中国汽车蓝皮书论坛上表示，其团队正在研发一种名为无电池包底盘集成（Cell to Chassis，CTC）的技术，它可以让电芯在没有模组和电池包的情况下与底盘直接集成在一起。这种技术一旦实现量产，可在成本层面帮助纯电动汽车追平燃油汽车，并能大幅度提升车辆的续航能力。宁德时代预计CTC技术将于2025年实现量产。之后，特斯拉也在其电池日发布会上推出了结构性电池组技术，其核心与宁德时代的CTC技术可以说是有异曲同工之妙。特斯拉的相关数据显示，采用结构性电池组技术可以让汽车的续航能力提高14%。2022年年中，这项技术在特斯拉位于得克萨斯州的超级工厂生产下线的Model Y车型上实现小批量使用。

同年，通用汽车公司也发布了新的电动平台"奥特能"，该平台的电池包通过完善电池管理系统来提高电池包的能量密度。在传统的电池管理系统中，因为需要将每个模组的工作数据传送给整个电池包的管理系统，所以需要使用很多线束连接电池包中的各个模组和电池管理系统。这种设计不仅需要为线束预留空间，还会让电池包变得更重。也就是说，线束增多会影响布置更多的电池，同时降低了整个电池包的能量密度。因此，通用汽车公司在"奥特能"平台上采用了一种新的无线通信方式，它可以在电池包体积不变的前提下布置更多的电池，进而提升该平台车型的续航能力。

预计消费者及汽车行业对于提升续航能力的不断追求，在未来一段时间内会是汽车行业面临的主流问题。笔者期待特斯拉的4680电池及结构性电池组能尽早实现大批量量产，希望新的电池设计能让特斯拉汽车的续航能力实现马斯克在2020年电池日活动上提出的54%的增长，从而让消费者和汽车行业都享受到技术带来的福利。此外，笔者也期待诸如通过改变电池材料的"掺硅补锂"或固态电池技术，以及通过优化电池包结构的CTC与无线电池管理技术尽早实现批量使用。

或许未来特斯拉各个车型在续航方面的优势会被细分市场的竞争对手超越，但在续驶里程越来越长、电池包容量越来越大的现在，高效补能问题似乎比续航问题更难解决，而特斯拉就是高效补能体系方面的开拓者和引领者。

3.充电

2021年10月，恰逢国庆节假期，电动汽车再次引发热议，社交媒体上有不少电动汽车用户分享了充电站排长队的情况。不过这种情况并不是每天都发生的，但的确反映了在电动汽车销量与日俱增的情况下，补能的需求与供给能力的冲突越发明显。现在看来，早在2012年就开始布局超级充电站的特斯拉可谓是有先见之明的。

针对电动汽车补能体系的重要性，理想汽车创始人李想有自己的想法。他曾表示大部分同行可能会严重低估特斯拉自建超级充电站、蔚来自建换电站和充电体系对于销量的促进作用。不然，续驶里程为445km的Model 3汽车，以及续驶里程为420km的ES6汽车，就算其价格贵、续航能力一般，又为何能成为销售冠军？随着C端电动汽车的普及，越来越多持有新能源号牌的购买者不具备家用充电桩的安装条件。随着电动汽车保有量的增加，公共快充的体验是会持续下降的。能够稳定解决最基本的充电体验问题才是销量的核心基础。最基本的"一日三餐"的竞争其实早已分出了胜负，产品好和服务好只是附加分。

理想汽车创始人李想对于电动汽车用户的需求把握可谓是非常精准的。其首款车型理想One就凭借增程式的技术路线，解决了用户对于续驶里程和充电的担忧。这也是其仅靠一款车型、一种配置就能拿下细分市场销量冠军的原因。而理想汽车也曾多次对外公开表示，其要推出纯电动车型的前提条件就是400kW以上充电技术的逐渐成熟。这一条件明显是为了减少充电时间，而现实中的充电时间往往是由充电时间与寻等充电桩时间两部分组成的。所谓寻等充电桩时间是指用户从住处或公司等地前往充电站并在充电站排队等候的时间；充电时间则是车辆从开始充电到结束充电所用的时间。

4.充电时间

撇开补能效率最高的换电技术，对于缩短快充时间而言，大功率充电可谓是最优解。以特斯拉现有的V3超级充电桩为例，其最大充电功率可达到250kW。根据特斯拉的官方数据，部分Model 3 车型使用V3超级充电桩充电15min最高可补充250km左右的续航电量。如果想要达到理想汽车声称的400kW的充电功率，则需要提高车辆与充电桩的充电电压及电流。目前，大部分电动汽车的动力电池都是建立在400V的电压平台之上的。例如，特斯拉Model 3和Model Y两款车型的额定电压为355.2V，小鹏P7车型的额定电压为352V，蔚来ES6车型的额定电压为347V。如果想让上述车型的充电功率达到400kW，则需要充电电流超过1 000A，这不是普通的充电桩和电池所能承受的。于是，800V的电压平台应运而生，而保时捷就是第一个敢"吃螃蟹"的人。

保时捷首款纯电动车型Taycan的最高配版本Turbo S使用的就是800V的电压平台，但超过180万元的指导售价也对这个电压平台产生了一定影响。保时捷其实为了这个电压平台已经付出了高昂的成本。在常规情况下，一辆电动汽车有一套电压为400V左右的动力电池系统，还有一个12V的蓄电池电压平台。前者一般与电驱系统、空调系统及电压转化器等大功率设备相连；后者一般与照明系统、娱乐系统及刮水器等低功率设备相连。如果保时捷想要将动力电池的电压升至800V，则需要将与之相连的设备都配套成为800V电压的设备，但从供应商的角度出发，在800V电压平台还未大规模量产的情况下，供应商很难大批量配套备货。这也直接导致了保时捷Taycan不得不配备4个电压平台，分别为800V、400V、48V及12V。其中，800V的电压平台主要匹配电驱系统，400V的电压平台匹配空调系统，48V的电压平台匹配动态底盘系统，12V的电压平台匹配娱乐系统与车身电子系统等。在付出大量心血之后，保时捷Taycan也成为当时量产车型中充电速度最快的车型，其官方数据显示，Taycan的最大充电功率可达350kW。通过保时捷在国内发布会上的充电演示来看，将Taycan的电量从5%充到80%用时不到30min，这样的充电速度要归功于800V的电压平台和Taycan的专属充电桩。

目前，国内主流的充电桩功率基本都在120kW左右，如果想要实现保时捷宣传的350kw充电功率，车企就需要给自己的高压平台配备一个专属的高压充电桩，否则，即使具备超级快充的功能，但在一般充电桩上也难以发挥作用。这也是许多车企在发布800V电压平台的同时，基本都会承诺自建超级充电桩的原因。例如，极氪汽车在发布装备800V电压平台的极氪001车型时，公布了与之配套的极充中心充电站，其充电功率最高可达360kW；小鹏汽车发布的旗舰SUV车型G9也已装备800V的电压平台，与之相匹配的是超过480kW的超级充电桩。这样的高压平台及充电功率可使极氪001车型做到充电5min，补能120min；而小鹏G9可以做到充电5min，续驶200km。

高效补能的背后是车企在高压平台和充电网络上的不断投入，以及消费者高昂的购车成本。因为800V的电压平台并非直接将电池的串并联数目改变，它的背后是一个庞大的工程。就像保时捷的Taycan一样，为了能够与动力电池的电压相匹配，车辆的很多零部件都必须进行升级，如压缩机、电机、电压转化器、充电机、线束及熔丝等。这种对车辆零部件进行大规模的升级调整，会导致车辆的物料清单成本增加。如同给一辆原来只有2.0L排量的燃油汽车换装一台排量为4.0L的发动机，相应的变速器、轮胎、制动系统、润滑油及燃油等都需要做出调整。这也是为什么到2022年年中，依然没有太多支持800V电压平台的车型量产交付，即使有部分搭载800V电压平台的量产车型，其价位也不会低，市面上的主流电压平台依然是400V。很巧合的是，极氪汽车在极氪001车型发布会上所承诺的800V电压平台版本车型并未实现量产交付，这也从侧面印证了800V电压平台的高成本及量产难度。因为即使有消费者愿意高价购买一辆搭载800V电压平台的车型，其也可能不会接受在找不到相匹配的充电桩后，只能在第三方的快充桩上进行充电。

事实上，即使没有800V的电压平台，如果能很好地利用现有的400V电压平台，也能实现很高的充电功率。例如，特斯拉一直坚持的"大电流方案"。

以特斯拉的Model 3车型为例，当其充电功率达到250kW时，就意味着电流将达到600A左右；而极氪汽车在800V电压平台版本车型搁浅后，很好地利用了现有400V电压平台版本的充电能力，也实现了超过220kW的充电功率，瞬间充电电流可达552A。但这两个大电流的超级充电体系都有一个共同特点，就是必须使用自己品牌建设的超级充电桩。因为当前公共充电桩的额定电流最大只有250A，而大电流给充电桩的散热也提出了更高的要求。

2019年3月，特斯拉推出了充电功率为250kW的V3超级充电桩。之后，直到2022年年初，特斯拉在提升充电速度方面也没有进一步的动作。2022年年底，特斯拉终于推出了第四代超级充电技术，配合采用无极耳设计的4680电池批量装车，相信特斯拉车型在充电速度方面会给汽车行业带来惊喜。

5.寻等充电桩时间

相较于因条件有限而只能依靠公共充电资源的电动汽车用户，具备家用充电条件的电动汽车用户可能会感到更便利。事实上，公共充电资源的情况也容易影响消费者在纯电动车型和混合插电车型上的选择。

尽管现在的电动汽车的续驶里程越来越长，许多没有长途出行需求的车主每周最多需要给车辆充电两次，但人们对于充电体验的追求是不会停步的，除非能做到充电和加油一样便利，甚至充电比加油更便利。

超级充电技术让车辆的充电时间显著缩短，但在需要充电时找不到合适的充电桩，或是需要等待很长的时间等，都会抵消超级充电技术带来的时间上的优势。假设你是一名特斯拉用户，如果在住处和公司10km以内都找不到特斯拉的超级充电桩，那你会选择10km以外的特斯拉超级充电桩，还是距离住处5km以内的第三方快充桩？如果选择特斯拉的超级充电桩，那在路程上消耗的时间可能会超过在第三方快充桩进行充电的时间。

笔者的一位朋友就曾遇到过类似的事情，她于2021年年中购买了某款纯电动轿车，该车的综合续驶里程超过500km。她决定购买该款轿车的主要原因就是距离她的住处不到5km的地方设有该品牌的超级充电桩，而她购车的主要用途是通勤和城市周边郊游，因而一周基本只需充电两次。根据她的反馈，每次充电总耗时会超过1h，其中充电（电量从30%到90%）时间约为45min，路上耗时至少30min。可能是因为这款车型现有的保有量还不是很高，所以她暂时未遇到排队等候的情况。试想一下，随着该车保有量的增加，如果遇到周末或假期，整体充电时间还会增加。因此，如果想要缩短用户在充电过程中寻找及等待充电桩的时间，就需要不断提高建设超级充电桩的速度。

从2021年开始，人们或许会在购物中心及商业中心等人流量较为集中的区域看到越来越多的快速充电桩。在众多汽车品牌争相在各大购物中心建设零售门店的同时，一场超级充电桩的基建之争正在悄悄进行，众多汽车品牌又开始争夺购物中心有限的电网电容。

至于为什么选择在购物中心建设超级充电桩，这与众多汽车品牌的商业逻辑有关。首先，购物中心是人们进行娱乐、用餐等的区域，如果可以在看完一场电影或是跟朋友聚餐后就能给车辆充满电，这种便利性是不言而喻的；其次，超级充电桩是关于汽车品牌另一种形式的广告，看到超级充电桩不仅会让人们联想到该品牌，还可以加深其对于该品牌的积极印象；最后，布局在购物中心的超级充电桩是一个很好的营销利器。试想一下，当你购车时，从销售人员处知道距离自己住处最近的购物中心就有该品牌的超级充电桩，是否会增加你的购买信心？

然而像超级充电桩这种极其占用电网容量的设备也不是能随意安装的。以特斯拉的超级充电桩为例，V3版本的最大充电功率可以达到250kW，如果想再安装10个V3版本的超级充电桩，则需要占用2500kW的功率，这无疑会给电网带来一定的压力。因此，现在的购物中心一般会给充电桩这种大功率设备预留一定的电容容量，而这种稀缺资源又是先到先得的。

从2012年开始在美国市场布局第一个超级充电站，2014年开始在中国市场建设超级充电站，特斯拉很早就意识到超级充电站对于纯电动车型的重要性。正如李想所说，无论是坚持超级充电路线的特斯拉和小鹏，还是坚持充换电一体的蔚来，它们都在细分市场表现不俗。自建的补能体系在其中起到了至关重要的作用。在特斯拉的影响下，越来越多的品牌意识到自建超级充电桩的重要性，如极氪、广汽及大众等。

截至2022年2月，小鹏汽车已上线848座超级充电站、174座目的地充电站，覆盖全国所有直辖市和地级行政区。

截至2022年7月，蔚来已建设1011座换电站，累计提供超1000万次换电服务。

在整个2022年，蔚来在中国市场累计建成超过1 300座换电站、6 000座超级充电桩和1万个目的地充电桩。

广汽埃安预计在2025年之前，在全国300个城市建设2 000座充电功率可达480kW的A480超级充电站，覆盖所有地级市。

截至2022年6月，极氪汽车已经建设完成并上线291座充电站；根据规划，其将在后期完成2 200个充电站、20 000个充电桩的补能体系建设。

截至2022年6月末，特斯拉在中国大陆地区已建成超过1 200个超级充电站、超过8 700个超级充电桩，以及超过700个目的地充电站、超过1 800个目的地充电桩，覆盖超过370个城市。

难以评估到底有多少比例的消费者会在选购纯电动汽车时将该品牌是否有自建补能体系作为考虑因素，但可以确定的是，能减少消费者对续航担忧的品牌和产品更容易获得消费者的认可，无论是提升车辆的续航能力，还是加大补能体系的建设，抑或是两者兼具。

6.电池成本

2020年10月1日，正值国庆节假期，特斯拉再度引发了关注。起因是国产标准续航版Model 3车型补贴后的售价由原先的271 550元（人民币，下同）降至249 900元，降价幅度为21 650元，这难免会让刚刚购买Model 3汽车的用户感到不满。但理性看待此次降价，其主要原因是动力电池由原先的三元锂离子电池更换为磷酸铁锂电池，而磷酸铁锂电池的原材料成本普遍低于三元锂离子电池，从而可以降低Model 3

的整车制造成本，最终体现在终端售价上。售价低于25万元的特斯拉车型，尽管受到一些争议，但又吸引了更多的消费者选择特斯拉汽车。

"加速世界向可持续能源转变"是特斯拉从创立之初就定下的使命，马斯克也在其发布的网络日志《宏伟计划》[①]中提到，特斯拉会不断通过推出更低价格的车型，让更多消费者可以购买电动汽车，从而实现特斯拉的使命。从2020年开始，三元锂离子电池因为原材料价格上涨，不仅导致产能严重受限，价格也随之迅速上涨。这迫使更多的车企选择低温性能不是很好，但在成本上有一定优势的磷酸铁锂电池。特斯拉更是在2021年第三季度的财报会议中透露，将在全球范围内把标准续航版Model 3和Model Y两款车型的动力电池由三元锂离子电池更换为磷酸铁锂电池。

影响纯电动汽车普及的因素不只包括续航能力、补能及电池安全等，购买成本也是一个重要的因素。而影响购买成本的主要因素来自动力电池。虽然近几年动力电池的成本有所下降，但其依然是纯电动汽车中最贵的部件之一。这里以比亚迪的秦Pro车型为例，其燃油版本的指导价为8万~10万元，而纯电版本的指导价为15万~20万元。其中，燃油版本的最高配版本1.5TI自动旗舰型与纯电版本的入门标准版智联领尚型相比，在除动力系统以外的其余配置几乎一致的情况下，两者的指导售价竟然相差5万元。

根据纯电动汽车行业的相关数据，动力电池依然占据一款纯电动汽车物料清单成本的40%左右。因此，如何降低动力电池的成本，使纯电动汽车的生产制造成本能与

---

① 原文标题为*The Secret Tesla Motors Master Plan (just between you and me)*。

燃油汽车相媲美就显得尤为关键。如果一款纯电动汽车的售价能与同级别燃油汽车相当，并且其后续的使用成本、维护成本都明显低于燃油汽车，相信会有越来越多的用户考虑购买这款纯电动汽车。

面对降低动力电池成本这一难题，每家车企和供应商都有不同的思路。

特斯拉和比亚迪可谓是在动力电池领域拥有极高垂直整合度的公司。2020年，比亚迪向外界宣布成立弗迪系列公司，涉及了电池、底盘、照明、动力总成及模具5个业务板块。其中，弗迪电池有限公司专注于动力电池、消费电子类电池、储能电池及电池回收等业务。成立电池公司可以让比亚迪通过提高垂直整合度来降低动力电池的成本。在生产制造层面，比亚迪通过大量建设电池生产工厂来降低电池成本。例如，其在上海、深圳及重庆三地成立了电池开发中心，而在西安、青海、重庆、惠州、蚌埠、深圳、贵阳、长沙及抚州等地成立电池生产工厂，累计的电池生产规划产能超过200GW·h。在电池封装层面，比亚迪的刀片电池相当于将电池直接模组化，从而可以在电池包层面减少更多的零部件。比亚迪的相关数据显示，使用刀片电池可以将电池包的成本降低30%。在原材料层面，比亚迪一直都是磷酸铁锂电池的拥护者，通过刀片电池与无模组技术让磷酸铁锂电池包的能量密度得到提升，从而在保证续航能力的前提下降低动力电池包的成本。这一点从比亚迪2021年的车型销量结构中就可以看出，不仅新能源车型的销量占比超过90%，纯电动车型的销量占比更是超过50%。

如果认为通过降低动力电池的成本来降低电动汽车售价的方式不算明显，那么蔚来在2020年推出的BaaS（Battery as a Service）电池租用服务就显得比较直接了。或许难以想象购买一辆燃油汽车，但不买发动机是一种什么场景，然而，购买电动汽车是真的可以不买动力电池的，这个情景由蔚来首次实现。以一辆蔚来ET5汽车为例，带有标准续航电池包的整车售价为328 000元（人民币，下同），但是如果消费者选择电池租用服务，该价格可以减少7万元，即以258 000元的价格出售，之后，消费者只需要每个月向蔚来支付980元的租用费用即可。此外，消费者还可以通过额外付费将标准续航电池包升级为续航能力更强的电池包。这种服务既可以让消费者不再担心电池的衰减问题，也降低了购买成本。蔚来为了实现此项业务付出了很多努力。例如，它一如既往地坚持电池"可充可换可升级"的路线，建设大量的换电站，并为了支持车辆和电池分开销售而成立了电池资产管理公司，以进行电池梯度利用等。蔚来2020年第四季度与全年财报电话会议披露的数据显示，在2021年2月的车辆订单中，选择电池租用服务的用户比例已达到55%。

或许有人会认为电池租用服务是一个分期付款业务，其对于电池成本的降低并没有起到非常直接的作用，但是蔚来于2021年发布的三元铁锂电池包可以算是降本增效的利器。所谓三元铁锂电池包，就是同时拥有三元锂离子电池与磷酸铁锂电池两种电池的电池包。就在行业普遍认为三元铁锂电池可能无法实现量产之时，蔚来不但成功将其量产，还在不改变电池包尺寸的情况下提升了车辆的续航能力。而蔚来如此做的主要目的就是降低电池成本，因为磷酸铁锂电池成本低，可以有效改善蔚来车型的毛利率水平。但是磷酸铁锂电池的低温性能差，电池剩余电量的估算也不准，为了不影响用户体验，蔚来将少量的三元锂离子电池分布在电池包的外围，这样既可以给电池包保温，让磷酸铁锂电池的性能得以发挥，也可以利用三元锂离子电池剩余电量估算准确的特点给整个电池包做剩余电量估算。只是它需要更复杂的电池管理技术的支持，而蔚来通过开发双体系算法，可以很好地管理整个电池包的温度及充放电性能等。三元铁锂电池包不仅可以提升蔚来汽车用户在冬天的用车体验，更为重要的是在三元锂离子电池成本不断上涨的同时，帮助蔚来在一定程度上降低电池的成本。

大众汽车集团在降低电池成本上也是紧跟特斯拉的脚步。2021年，大众汽车集团举办了"动力日"活动，在时任CEO赫伯特·迪斯的带领下，大众汽车集团对从电池原材料、电池设计、生产制造、电池包设计到电池回收利用等整个电池生命周期内的战略进行了全局规划。在电池原材料方面，其将优化正极、负极材料，如使用硅负极等方法以减少20%的成本；在电池设计方面，其将通过采用一体化的标准电池来减少15%的成本；在生产制造层面，其将通过建设自己的电池工厂等措施来减少10%的成本；在电池包设计层面，其会采用先进的无模组及电池至车身的技术方案，以减少5%的成本。如果以上策略都能成功实现，预计可以减少50%的电池成本。

在汽车公司努力尝试降低电池成本之际，电池供应商也在积极推进产能提升和成本管控。例如，宁德时代就在2021年发布了更具成本优势的钠离子电池，因为与锂的全球存储量相比，钠的存储量更大；而与磷酸铁锂电池相比，钠离子电池还具备低温性能与充电功率等方面的优势，只不过当前的钠离子电池还受到能量密度的影响，因而难以在电动汽车上实现量产。但根据宁德时代提供的相关信息，第二代钠离子电池的能量密度将达到200W·h/kg，这可与现有的磷酸铁锂电池的能量密度相媲美。但钠离子电池的产业链预计要到2023年才能初步形成，因此，若想使用成本更低的钠离子电池，仍需要再等待一段时间。

蜂巢能源电池公司也不甘于落后，其不仅要在2025年之前，在世界范围内建设规模累计超过600GW·h的电池工厂，还在2021年量产了自己的无钴电池。三元锂离子电池中成本最高的元素就是钴，因为其存储量非常有限，开采也有难度。因此，在锂离子电池中减少甚至不使用钴元素，就可以降低成本。虽然，蜂巢能源电池公司并未公布其无钴电池的成本情况，但如果无钴电池能够实现大量装车，受益于规模效应，其成本也会降低。

马斯克早在2013年年底就向外界透露了自己制造电池的想法，希望通过建设工厂将电池包的成本减少30%，最终于2014年9月确认了特斯拉的第一个超级工厂——内华达州超级工厂。但在当时，特斯拉汽车单季度的全球交付量还不到10 000辆，Model 3也未正式发布，公司仍处于亏损状态。试问当时的马斯克为何决定以高昂的成本来建设自己的电池工厂？

在2020年举办的电池日活动上，特斯拉推出了新的无极耳4680电池，并对电池设计、生产工艺、电极材料及电池包设计4个层面进行了逐一优化，累计在电池包层面可以减少56%的成本。

（1）电池设计层面。根据马斯克的描述，有极耳的电池在生产环节需要时不时停止生产流程以确认极耳是否达标，这样做会在生产线加速运转时严重影响电池的生产效率，而无极耳设计就不存在这种问题。与有极耳的电池相比，采用无极耳设计的4680电池在生产成本方面可以减少14%。

（2）生产工艺层面。特斯拉通过借鉴传统印刷行业与饮料灌装行业的生产思路，将自己的电池生产线打造成具备高速连续动态组装功能的生产线。该生产线仅其中一条线的产能就是过去的7倍，年产量可达20GW·h。特斯拉预估生产线效率的提升可以在电池包层面减少18%的成本。

（3）电极材料层面。特斯拉通过在正极增加镍元素的比例，同时降低钴元素的用量，以及优化正极生产工艺、增加电池回收效率等方式，可以在电池包层面减少12%的成本；对于负极材料，特斯拉则是通过特有的技术在负极加入硅元素，在提升续航能力的同时，可以在电池包层面减少5%的成本。

（4）电池包设计层面。得益于一体式压铸后车身的设计及新的无极耳4680电池，特斯拉可以将电池直接集成在车身底盘中，从而取消了复杂的模组和电池包。仅这一项设计就能减少10%的整车重量，以及370个零部件。新的电池到车身底盘的结构性电池组设计，在大幅度提升续航能力的同时，也可以在电池包层面减少7%的成本。

特斯拉希望通过制造出人们都能负担得起的电动汽车来加速世界向可持续能源转变。在自动驾驶越发成熟及电池成本得到有效控制之后，特斯拉预计将在未来推出售价为25 000美元的全新车型。根据马斯克的描述，此款车型不仅会在细分市场极具竞争力，还将具备全自动驾驶功能。笔者对它的亮相还是很期待的。

被忽视的"发动机"

如果将纯电动汽车的动力电池比作传统汽车的燃油，那电机就相当于发动机。在纯电动汽车市场有一个很有趣的现象，或许是因为汽车公司将更多的宣传资源用在电池技术上，许多纯电动汽车消费者似乎不是很关心与电机相关的问题。这对于传统燃油汽车而言却是很难想象的，因为有很多消费者会在买车之前就关注发动机的信息，无论是从品牌到材质，或是从排量到百公里加速时间，还是从油耗到质保等。之所以会出现这种情况，一是因为消费者大部分的关注点都停留在纯电动汽车的续航能力上；二则是因为纯电动汽车的加速能力一般不会太差。但正是大家很少关注的电驱系统，主要决定了车辆之间的性能差异。

1.永磁同步磁阻电机登场

2016年，特斯拉发布了Model S P100D汽车，它是一款搭载100kW·h电池包及前、后双感应电机的五门轿车，不但创造了当时电动汽车的续驶里程纪录，还打破了电动汽车的百公里加速时间纪录。根据当时特斯拉官方给出的数据，Model S P100D汽车0~96km/h的加速时间仅为2.5s。如果将燃油超级跑车也算进来的话，Model S P100D汽车的百公里加速性能仅屈居于法拉利的LaFerrari和保时捷918 Spyder两款车型。2017年，美国汽车杂志《汽车潮流》（*Motor Trend*）在特斯拉特有的"狂暴模式"下测试了Model S P100D汽车的加速性能，结果显示0~96km/h的加速时间只有不到2.3s，而这一切都是在前、后各一台感应异步电机驱动下完成的。

感应异步电机和永磁同步电机可能是纯电动汽车中最常见的两种电机类型。在一般情况下，只要是单电机车型，基本都会采用永磁同步电机；在双电机车型中则会经常见到感应异步电机的身影。早期的特斯拉无论是单电机版本的后驱车型，还是双电机版本的四驱车型都采用了感应异步电机。感应异步电机与永磁同步电机相比，因为后者的转子中布置了永磁体，所以整体工作效率会略高于前者，但其成本也会比前者高。

早期的特斯拉从零开始，在电机方面并没有什么技术沉淀，因此它选择购买电动汽车研发公司AC Propulsion的电机技术，而这家公司的电机技术恰好采用了感应异步电机。之后，据特斯拉的另一位创始人杰弗里·斯特劳贝尔透露，虽然特斯拉基本对购买的电机进行了全面的调整与优化，但整体的电机技术路线还是采用感应异步电机。这也是特斯拉从第一款车型Roadster到2019年之前下线的Model S与Model X两款车型都采用感应异步电机的原因。

电机之于纯电动汽车相当于发动机之于燃油汽车，其重要性不言而喻。向来青睐垂直整合策略的特斯拉也不会在这一点上受到限制。早期的特斯拉还需要依赖供应商进行生产制造，而现在的特斯拉无论是电机的研发，还是生产制造都是自行完成的。至于特斯拉电机技术路线的改变，还要追溯至Model 3车型。

2017年，特斯拉开启了Model 3车型在北美市场的交付工作，人们在官方的车型

247

申报文件中发现特斯拉的Model 3车型并没有采用感应异步电机，而是采用了永磁同步电机。从原则上来讲，Model 3车型是一款以销量为主的经济型轿车，如果特斯拉想要节省其成本，难道不应该使用成本更低的感应异步电机？

这就不得不提到特斯拉电机工程师康斯坦蒂诺斯在2016年接受纯电动汽车杂志*Charged*采访时提出的观点。康斯坦蒂诺斯认为有些电机在工作效率方面表现很好，有些电机则在加速性能方面表现突出，但难以同时兼顾两者，不过可以通过不断的系统模拟及优化让电机达到效率与性能两者兼顾且平衡的状态。他还举例表示，如果从整车系统角度出发，即使采用了成本更高的电机，但因为该电机能带来工作效率的提升，很可能就不需要使用大容量的电池包了。

例如，一款车型若采用感应异步电机的电驱系统，其工作效率是85%，综合续驶里程为500km；在电池包等其他系统不更换的前提下，将感应异步电机更换为永磁同步电机，更换后的电驱系统的效率可以提升10%，相应的续驶里程也提升至550km。如果将续驶里程增加的50km换算成电池的成本，因为电池系统的成本高于电驱系统的成本，结果是更换电机的成本会远远低于增加电池的成本。2019年4月，特斯拉推出了代号为Raven的全新驱动系统，其中一个重大的改变就是将原有Model S和Model X前驱的感应异步电机更换为采用全新技术的永磁同步电机。正是因为采用了效率更高的永磁同步电机，Model S和Model X两款车型在电池包容量不变的情况下，前者的综合续驶里程由536km提升至592km；后者的综合续驶里程由472km提升至520km，两者的综合续驶里程分别提升了10.4%和10.2%。

说到永磁同步电机，或许有人会好奇它究竟有什么不同，因为国内的电动汽车市场早在2011年就开始使用这种电机了。事实上，特斯拉研发的永磁同步电机应该称为永磁同步磁阻电机。简单地说，特斯拉目前使用的永磁同步电机是结合了磁阻电机与永磁电机的优势，并通过系统性的优化，在效率、性能和成本三方面实现兼顾的一款新型电机。

因为永磁同步电机的转子内固定有永磁体，所以其具备较大的起动转矩，中低转速工作区间的效率也非常高。但它在高转速区间工作时，因为转子内的永磁体与定子内的磁感线相切割产生的反向电动阻力越来越大，导致永磁同步电机在高转速工作区间的效率大幅度下降。同步磁阻电机与永磁同步电机的工作原理相似，只不过在转子层面，前者没有永磁体，只是通过改变转子内磁场的角度来与定子的磁场作用产生转矩，缺点是工作效率一般，但因为在高转速时不会产生反向电动阻力，所以高速性能较好。特斯拉通过在同步磁阻电机内部布置一些永磁体，并改变转子与定子的磁场角度等，实现工作效率、高速性能与成本的最优解。

在效率层面，搭载了永磁同步电机系统的Model 3单电机后驱版与同级别车型相比，在整车整备质量更小、电池包容量更小的情况下，其续航能力却能达到略微领先的水平；在性能层面，这款车型的最高车速要比同级别搭载双电机版本的车型高24%。这也是为什么仅搭载60kW·h动力电池的Model 3车型的中国轻型汽车行驶工况（CLTC）综合续驶里程可以达到556km，并且仅凭借后置单永磁同步电机就可以实现225km/h的最高车速。

2.既要效率，也要性能

在2021年最受关注的电动车型中，极氪001占有一席之位。独特的猎装轿跑定位、快速的充电能力及3.8s的百公里加速时间等特点，吸引了许多新能源汽车消费者。但好景不长，其在预售阶段就被用户抱怨发布会宣传的部分配置需要加价选装才能配备。而就在这起事件发生后不久，又有用户发现极氪001的官方配置表选项中电机的峰值转矩与发布会宣传的并不一致。于是有人通过工信部的网站查阅了极氪001的申报信息，结果显示极氪001在"发动机生产企业"这一选项中有"日本电产汽车马达(浙江)有限公司"和"威睿电动汽车技术(宁波)有限公司"两家公司。也就是说，极氪001存在两个不同电机品牌的版本，这也就解释了为什么网友会在官方配置表中发现峰值转矩为343 N·m的一款电机。

类似上述情况在汽车行业并不少见，汽车公司考虑到供应链与生产等问题，一般会多申报几款车型，只不过极氪汽车是在时间节点和用户早期沟通上出现了问题。秉承用户企业的承诺，极氪汽车将电机的选择权交给了用户。用户在锁定订单时可以自行选择威睿或日本电产的电机，又或是随机选择。但出乎极氪汽车的预料，这一操作又让一些用户感到不满。其原因很简单，根据表6-1显示的参数，试想你是一名新能源汽车的消费者，你会选择威睿还是日本电产的电机？

表6-1 极氪001超长续航单电机WE版的电机参数

电机参数	电机品牌	
	威睿	日本电产
峰值功率/kW	200	200
峰值转矩/（N·m）	343	384
最大轮端转矩/（N·m）	3 840	3 840
百公里加速时间/s	6.9	6.9
定子绕组	扁线	圆线
冷却方式	水冷	油冷

　　对于表6-1所示的内容，估计会有不少消费者对其中的专业名词感到陌生，尤其是最大轮端转矩、扁线/圆线定子绕组，以及水冷/油冷两种冷却方式。如果说在相关事件发生之前，多数消费者并不是很关心电动汽车的电机，那么相关事件的发生则促使已购买极氪001的消费者了解电机方面的知识。

　　关于定子绕组的扁线、圆线，指的是缠绕在定子中铁槽内的金属铜线的截面形状。目前，多数电机的定子绕组采用圆线设计，如2021年之前的特斯拉Model 3、小鹏P7及比亚迪汉EV等车型。但随着电动汽车行业的发展，电动汽车需要功率密度更大的电机，而定子绕组的金属铜线就成了电机工程师优化的首选。圆线绕组受限于其圆柱形状，铜线之间始终有一定的间隙。但在有限的定子铁槽内，电机工程师希望可以布置更多的铜线，从而提升电机的功率和转矩性能，扁线绕组应运而生。

扁线，即截面形状类似于矩形的金属铜线，早期用于雪佛兰Bolt、丰田普锐斯及捷豹i-pace等车型上；保时捷Taycan及大众集团的I.D.系列车型也搭载了自主研发的扁线绕组电机。2021年，特斯拉国产的Model 3和Model Y两款车型也开始搭载自研的扁线绕组电机。得益于其形状优势，金属铜线之间可以贴合得更紧密，从而能够有效利用圆线绕组中的空隙。这种设计可以有效降低定子绕组的电阻、提升磁场强度，从而提升电机的功率及转矩性能。

尽管如此，扁线绕组电机却迟迟未能得到普及，这与其高昂的生产制造成本及扁线绕组所带来的一些物理学问题不无关系。例如，扁线绕组电机使用的金属铜扁线的制造难度远高于圆线绕组电机。此外，随着扁线绕组带来电机性能提升的同时，又加重了扁线的"趋肤效应"[1]。为了降低"趋肤效应"所带来的能量损耗，扁线绕组电机的制造商又研发出4层、6层、8层及10层扁线绕组。

扁线绕组电机相较于圆线绕组电机，在效率和性能方面均有着非常明显的优势。例如，在定子体积不变的情况下，其可以布置更多的铜线绕组，这样可以提升电机的功率密度；扁线绕组因为截面积更大，降低了绕组的内阻，进而降低了铜线的热损耗；此外，扁线绕组的刚度更高，可以降低电机工作时的电磁噪声等。特斯拉国产Model 3车型使用的电机参数见表6-2。

---

[1] 当导体中有交流电或者交变电磁场时，导体内部的电流分布不均匀，电流集中在导体的"皮肤"部分，即电流集中在导体外表的薄层，越靠近导体表面，电流密度越大，由于导体内部的实际电流较小，导体的电阻增加，损耗功率也随之增加。这种现象就是趋肤效应(Skin Effect)。

表6-2 特斯拉国产Model 3车型使用的电机参数

电机代号	电机类型	最大功率/对应转速	最大转矩/（N·m）	最高转速/（r/min）	绕组类型	冷却方式
3D1	永磁同步电机	202kW/（5 000r/min）	404	17 000	圆线	油冷
3D3	感应异步电机	137kW/（6 380r/min）	219	17 000	圆线	油冷
3D5	永磁同步电机	180kW/（6 000r/min）	326	17 000	圆线	油冷
3D6	永磁同步电机	220kW/（5 000r/min）	440	19 000	扁线	油冷
3D7	永磁同步电机	194kW/（5 400r/min）	340	19 000	扁线	油冷

通过表6-2不难看出，采用扁线绕组的电机与采用圆线绕组的电机相比，无论是最大功率、最大转矩，还是最高转速，其都有一定的优势。这也是特斯拉、蔚来、智己、大众、极氪及比亚迪等品牌积极布局扁线绕组电机的原因。

正如定子绕组采用圆线绕组或扁线绕组的发展情况，各家汽车公司为了让车辆的动力性能更强劲，不断刷新其百公里加速时间及最高速度的纪录。蔚来首款轿车ET7的百公里加速时间为3.8s，美国造车新势力Lucid公司的首款轿车Air的0~96km/h时速时间仅为2.5s，而特斯拉的Model S Plaid版本车型的0~96km/h加速时间只有1.99s。就连售价不到40万元的Model 3高性能版车型的百公里加速时间也只需3.3s。上述突出的性能表现都离不开电驱系统，大功率、高转速也对电机的冷却系统提出了更高的要求。

通常大功率的部件会产生更多的热量，因此，电机的冷却系统也是至关重要的。与电动汽车动力电池冷却系统的重要性相似，电机冷却系统的优劣也决定了车辆最终的性能表现。目前，电动汽车的电机主要采用液冷的冷却方式，它又分为水冷和油冷两种技术路线。

因为早期电动汽车的电机功率并不如现在这样大，所以采用水冷方式就可以满足正常使用需求。但随着电机功率的增加，在高转速情况下，电机内部会产生大量的热量，而水冷系统就显得有些力不从心了。究其原因是水冷系统无法直接接触定子绕组及转子等，导致水冷系统的散热路径较长，散热效率降低。而采用不导电和不导磁的油品，则可以直接接触电机绕组及定子等，从而可以缩短热量传递的路径，提升散热效果。这也是扁线绕组电机和油冷在许多时候会同时出现的原因。

特斯拉在电动汽车行业可以算是油冷电机的先行者，就连其早期的感应异步电机也采用了油冷的技术路线。时至今日，已有越来越多的品牌意识到油冷电机的重要性，如"造车新势力"中的零跑汽车，其一直坚持自研电驱系统，旗下首款SUV车型零跑C11的电驱系统就采用了自主研发的油冷技术电机；由华为公司深度参与研发的赛力斯SF5及AITO问界M5、M7等车型，则搭载了华为自研的油冷电机DriveONE电驱系统；智己汽车L7也搭载了华域汽车电动系统公司的油冷电机。

采用油冷和扁线绕组技术电机的车型还有很多，相信随着扁线绕组电机和油冷电机技术与产业链的日渐成熟，会有越来越多的电动车型选择工作效率更高的扁线绕组油冷电机。既然提到电机工作效率，这里就要介绍一个热门词汇——碳化硅（SiC）。

正如前文所述，当前电动汽车使用的电机大致可以分为两类：永磁同步电机与感应异步电机。无论是永磁同步电机，还是感应异步电机都属于交流电机，而动力电池只能输出直流电。因此，人们经常听到的逆变器，就是电机控制器中必不可少的一个装置。在逆变器的作用下，电机控制器才能将动力电池的直流电转换为交流电进行对外供电及使用。这与日常给手机充电的充电器类似，因为手机电池也只能支持直流电，但家庭用电都是220V交流电，所以手机充电器需要将交流电转换为直流电，将高压电转化为低压电。正是在这个转换过程中，需要使用一个基于半导体材料的功率器件，而碳化硅就是电动汽车使用的新一代功率器件。近几年在手机充电器领域非常有名的氮化镓也属于新一代功率器件。

2020年，比亚迪率先在其汉EV车型上搭载了基于碳化硅功率器件的电机控制器，这也让比亚迪成为自主汽车品牌中第一个将碳化硅量产的品牌。更为重要的是，得益于比亚迪多年来在半导体行业的技术积累，此次汉EV车型使用的碳化硅功率器件为比亚迪自主研发。能在碳化硅研发方面拥有如此高的垂直整合度，比亚迪可以算是汽车行业中的首位了。

2021年，蔚来宣布其自主研发的碳化硅电驱系统样件下线，这意味着蔚来将成为继比亚迪之后，第二个具备碳化硅电驱系统研发生产能力的自主汽车品牌。这对于一个成立不满十年的"造车新势力"来讲实属不易。目前，蔚来已将碳化硅电驱系统首次搭载在其旗舰轿车ET7上，以确保此款车能在加速性能与续航方面拥有焕然一新的表现。

碳化硅近几年出现在电动汽车上的频次越来越高，究其原因，主要与电动汽车不断追求高电压、大电流及高功率等有关。与上一代硅基功率器件相比，碳化硅拥有更耐高压和高温、工作频率更高及能耗更低等优势。这也是某款电压平台为800V的电动汽车需要将其相应的功率器件升级为碳化硅的原因。而在电机层面，碳化硅功率器件可以使电机在工作时支持更大的电流，同时提升工作效率。也就是说，采用碳化硅功率器件的电机可以拥有更强的动力表现，并能降低整车能耗，从而提升续航能力。

这里以蔚来汽车采用的180kW永磁同步电机为例，得益于其所采用的碳化硅功率模块，电控系统的综合损耗可以降低4%~6%，电驱系统的综合工况效率可以提升至91.5%，而作为参照对象的基于上一代硅基元素的电驱系统的综合工况效率约为89%。正是因为碳化硅功率器件拥有如此突出的优势，特斯拉从Model 3车型开始就在其电机控制器中使用了碳化硅逆变器。尽管特斯拉对外宣传时很少提及这一点，但是Model 3优秀的动力和能耗表现与碳化硅的使用有很重要的关系。

特斯拉的电机工程师Konstantinos认为，如果将扁线绕组、油冷及碳化硅等技术都用于一款电机上，虽然电机的成本看上去会增加很多，但从汽车整体角度出发，因为采用了先进技术，车辆的效率和性能都会得到提升，这样不仅可以优化整车的生产物料成本，还可以提升产品本身的价值。这个想法说起来简单，但要实现它并不简单，因为它考验的不只是一家汽车公司的资金实力，甚至与其战略布局、组织架构等都有关。

3.自研的魅力

特斯拉在2021年的表现可谓是非常突出：全球交付量几乎突破百万辆大关，创始人马斯克荣获《时代周刊》年度风云人物，得克萨斯州超级工厂与柏林超级工厂的建设几乎完工，以及Model S Plaid版本车型斩获全球加速最快量产车型称号等。美中不足的是，因为改款Model S Plaid+车型的取消，让Lucid Air成为年度续驶里程最长的纯电动车型，并在美国汽车杂志《汽车潮流》举办的年度评选中获得了2022年度车型的称号。虽然当时交付量依然非常有限的Lucid还难以对特斯拉构成威胁，但Lucid Air的量产交付还是给多年来在豪华纯电动轿车细分市场占据主导地位的特斯拉Model S车型带来了一些压力。

根据《汽车潮流》的评选标准，Lucid Air在效率、价值、设计、工程、安全及性能六方面都拥有优异的表现，而最让Lucid感到骄傲的就是Lucid Air在效率方面的强大优势。2020年9月，Lucid发文表示，得益于其自研的动力系统，Lucid Air在续航和性能方面都达到行业领先水平。其中，续驶里程最长的车型在EPA标准下可以实现827km；性能最强的车型在四分之一英里竞速赛中可以达到9.9s的水平。这意味着当时的Lucid Air在理论上可以成为一款续驶里程最长、加速能力最强的纯电动车型。

那么问题来了，Lucid Air的动力系统究竟有何不同之处，可以让其兼顾最佳效率与最佳性能？

通过Lucid公开的一些资料不难发现，其不仅使用了采用油冷、扁线绕组技术的永磁同步电机，还在逆变器中使用了碳化硅功率模块。此外，为了让整个电驱系统的功率密度更高，Lucid还将逆变器、减速器和电机高度集成。尽管类似这种三合一的电驱系统在汽车行业已很常见，但Lucid的厉害之处就在于其采用了类似于行星齿轮的减速器结构，并将差速器融合在电驱系统中，这与很多采用平行轴齿轮结构的减速器相比可以节省不少空间。Lucid官方发布的相关视频显示，在Lucid Air的电驱系统中，转

257

子内装有一组齿轮组，这在业内还是很少见的。Lucid声称，这款电驱系统具备很高的集成度的优势，甚至可以放在一个登机箱中，事实上，Lucid在很多活动中也是这样操作的。在数据层面，这款电驱系统的质量只有74kg，却拥有478kW的功率表现。简单换算一下，这款电驱系统的功率密度可达6.5kW/kg。Lucid招股书中的相关数据显示，其电驱系统的功率密度是美国市场同级别竞品的2.8倍，而这个所谓的"同级别竞品"就是特斯拉的Model S Plaid版本车型。此外，为了配合超大功率的电驱系统，Lucid还创新性地在Lucid Air上采用了超过900V的电压平台。

综上所述，或许就能大致了解Lucid Air为何能击败奔驰EQS、保时捷Taycan及丰田GR 86等车型，获得《汽车潮流》评选的2022年度车型了。不可否认的是，Lucid Air的电驱系统中会有它不能与外界分享的核心技术，但是公司前身定位为三电系统供应商的Lucid，依靠在电驱系统方面的核心竞争力已为自己打开了市场。

特斯拉从一开始就坚持自研电驱系统，尽管早期依赖电机供应商进行生产，但在意识到电驱系统的重要性之后，特斯拉就在内华达州超级工厂建立了自己的电驱系统生产线。在2014年，特斯拉或许是第一个，也是唯一一个实现电驱系统全栈自研的电动汽车品牌。特斯拉始终坚持在电驱系统领域进行全栈自研，这也帮助它多次获得"电动汽车性能王者"的称号。

难以想象，特斯拉在2015年就凭借两个感应电机将Model S这样一款五门七座的家用电动轿车的0~96km/h加速时间缩短至2.8s。而在2022年，让百公里加速时间进入2s俱乐部依然是不少汽车公司还未解决的技术难题。2021年，特斯拉更是通过其自研的碳纤维包覆技术，让电机的最高转速超过20 000r/min，不仅将Model S Plaid版本车型的0~96km/h加速时间压缩至1.99s，还将电动汽车的极限速度提高至320km/h，而Model S Plaid版本车型也成为当时加速能力最好的量产汽车，同时也是跑得最快的量产电动汽车。值得一提的是，因为Model S Plaid版本车型上搭载的碳纤维包覆电机对生产工艺的要求非常高，特斯拉不得不让旗下的Tesla Automation公司来制造一套专用设备以将碳纤维包覆在电机上。

美国韦伯州立大学的约翰·凯里教授在拆解特斯拉Model 3车型的电驱系统时发现，用于Model 3性能版车型的前置异步感应电机与后置永磁同步电机两套电驱系统拥有极高的零部件通用率。首先，当他将永磁同步电机的转子与异步感应电机的转子更换后，发现两套电驱系统的输入轴是通用的，也就是说，两套电驱系统除了电机的定子和转子结构稍有不同，其余部件基本都是通用的；其次，他发现两套电驱系统的电机控制器电路板的尺寸规格完全相同；最后，诸如油泵、密封圈及热交换器等零部件也都是可以通用的。这样设计的好处是可以提高生产效率、降低制造成本，而这一切都离不开电驱系统的全栈自研。

尽管在当前的新能源汽车消费过程中，人们将更多的注意力放在电池及充电等方面，但作用类似于汽车发动机的电驱系统，有望在后续的市场竞争中成为企业的核心竞争力之一。特斯拉一直坚持电驱系统的全栈自研，这种策略也是支持Model S Plaid版本车型超越Lucid Air及保时捷Taycan等车型，成为全球加速能力最强的量产车型的核心原因，更是特斯拉各个车型的能耗水平可在同级别车型中占据一定优势的重要原因。正是看到了电驱系统的重要性及自研电驱的众多优势，诸如Lucid、蔚来、大众、比亚迪及零跑等汽车品牌也开始加大对电驱系统研发及生产的投入。相信随着各个汽车品牌在电驱系统的研发上逐渐发力，未来有望出现效率更高的电机，可以让每一度电都能得到有效利用，从而实现新能源汽车存在的价值。

最"大"的撒手锏

我们意识到真正的问题和困难，以及最具潜力的就是如何制造一个生产机器的机器，即将工厂按照一个产品来打造。事实上，我认为对于工厂潜力的改善要比改善产品潜力重要十倍。

——埃隆·马斯克（2016年特斯拉股东大会）

或许很少有人会注意到，特斯拉从2019年第二季度的财报开始新增了一项名为"全球库存周转天数"的指标。库存周转天数是指企业从收到存货开始至消耗、销售

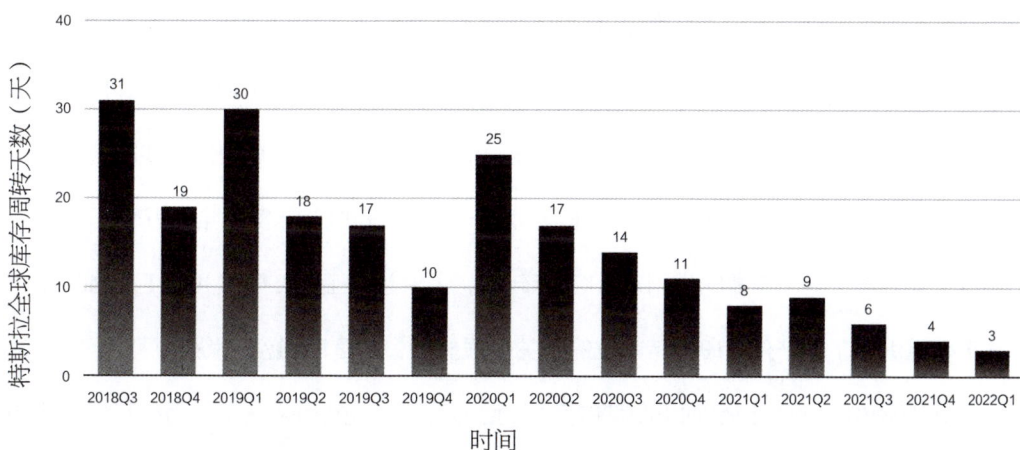

图6-1 特斯拉2018年第三季度（Q3）—2022年第一季度（Q1）的全球库存周转天数

261

结束所经历的天数。数值越小，代表产品越畅销，企业的库存压力越小。图6-1所示为特斯拉2018年第三季度（Q3）—2022年第一季度（Q1）的全球库存周转天数。作为参考，这里给出美国汽车行业全球库存周转天数的平均值——70天。在产能不断提升的背景下，连年下降的库存周转天数不仅意味着特斯拉的交付量正在不断攀升，也体现出特斯拉很强的产销一体管理能力，通过合理的产能安排，可以让其工厂高效运转。

马斯克在很多场合都在向外界传递特斯拉是按照设计产品的思路来设计其超级工厂及弗里蒙特工厂的信息。这不禁让人好奇，工厂应该是用于生产产品的，那它为什么会是一个产品？可以认为，这是马斯克的一种营销策略，但不可否认的是，特斯拉的工厂在产能提升、制造工艺及技术水平等方面正在不断改进，正如特斯拉的车型一样。

以特斯拉的上海超级工厂为例，其所生产的Model 3车型在2020年年初的产能还不足2 000辆/周，但根据特斯拉2020年第一季度的财报，上海超级工厂Model 3车型的产能已经爬坡至3 000辆/周，2020年第四季度的财报则显示上海超级工厂Model 3车型的产能已经爬坡至5 000辆/周。在没有额外增加Model 3车型生产线的情况下，上海超级工厂的产能得到大幅度提升，这对于特斯拉在2020年实现全球近50万辆的交付目标起到了至关重要的作用。2020年年底，上海超级工厂二期顺利完工，Model Y车型也进入了国产化阶段。特斯拉的相关财报显示，2021年上海超级工厂的产能会达到45万辆/年，其中Model 3车型的产能为25万辆/年。然而，在工厂面积和生产线均没有增加的情况下，特斯拉的上海超级工厂从2021年9月开始，每月的产销量都超过

5万辆，已远远高出当时特斯拉对外宣传的产能。生产效率的大幅度提升，让特斯拉的超级工厂显得颇具神秘感。

当时大众汽车的CEO赫伯特·迪斯在2021年的企业内部讲话中对特斯拉的柏林超级工厂给予了很高的评价。他认为特斯拉一直被诟病的生产制造质量问题正在得到解决，结合其在软件、续航及性能等方面的优势，特斯拉将会变得更强大。尤其是在制造领域，赫伯特·迪斯估计特斯拉只需使用7 000人力就可以在柏林超级工厂实现50万辆/年的产能，这比大众汽车茨维考工厂生产效率的两倍还要高，而大众汽车一直都是汽车行业生产效率的代表。

对此，不禁让人好奇，特斯拉究竟对一个生产汽车的工厂施展了什么魔法，才能让其超级工厂变得如此高效？

传统汽车的生产包含冲压、焊接、涂装及总装4个工序，随着电动车型的出现及各家车企对于三电系统的垂直整合，许多生产电动车型的车间一般会新增一个三电车间。如果基于"第一性原理"进行思考，仅从时间和空间两个维度来提高生产效率，则其对应的就是缩短每辆汽车的生产时间，以及减少生产每辆汽车的用地这两种思路。下面就特斯拉如何从上述两方面来提升特斯拉超级工厂的生产效率进行讨论。

在2020年第一季度的财报中，特斯拉首次对外公布了Model Y车型的后下车身将采用一体式压铸技术，以提高生产效率。为了阐述新的工艺所带来的优化效果，该财报用Model 3车型的后下车身作为对比，相较于Model 3车型由70个不同材料的零部件通过焊接、铆接及胶结等工艺组装而成，Model Y车型的后下车身只需要由两个压铸成形的部件组装而成，而特斯拉的最终目标就是通过一次压铸完成Model Y车型后下车身的生产，后续还会将后防撞钢梁纳入一次性成形的后下车身中。为了能够实现这种工艺，特斯拉从超大型高压压铸机IDRA集团订购了压铸力超过 6 000t的压铸机，因为该压铸机的尺寸已达到19.5m×5.9m×5.32m（长×宽×高），超大的尺寸让特斯拉不得不将其安装在弗里蒙特工厂车间的外面。对于该压铸机的大尺寸及高压铸能力，人们给它起了一个与特斯拉工厂非常贴切的名称：Giga Press，甚至连压铸机供应商IDRA集团的官网也在其产品系列中增加了"Giga Press"的产品介绍。

既然采用压铸一次性成形技术，后下车身的材料就不能使用之前那种不同强度的钢材。为此，特斯拉研发了一种新型的铝合金材料来满足压铸工艺，而这种材料还需要满足特斯拉对于车身安全的要求。2015年，马斯克邀请曾供职于苹果公司的查尔斯·库恩曼（Charles Kuehmann）加入特斯拉，查尔斯·库恩曼在材料设计方面拥有众多专利，有"材料设计之父"的称号。例如，他在苹果公司研制的苹果手表机身的强度比标准铝材的强度高60%，质量却更小。领英的相关资料显示，查尔斯·库恩曼同时在SpaceX与特斯拉两家公司担任材料工程副总裁一职。航天工业对于材料有非常高的要求，正是马斯克这种多公司的运营模式，才让特斯拉有机会在材料和工艺方面实现突破。纵观汽车行业，不知会有多少汽车公司愿意单独聘请权威的材料专家对车身材质及生产工艺进行改进。

2021年1月，有人在航拍特斯拉的弗里蒙特工厂时拍到了Giga Press工作的视频，根据视频中的时间估算，完成一次后下车身件的冲压全流程大概需要3.2min。相较于将70个零部件通过不同工艺组装的时间，Giga Press可以大幅度缩短制造流程。假设一台压铸机全年按照80%的全负荷工作，若其良品率按照95%进行估算，则每台压铸机全年可以压铸出约12.5万个后下车身件。70个零部件的设计、生产、运输及时间成本就是通过这种工艺实现优化的。即使有部分行业人士质疑针对此工艺带来的后续维修问题，但特斯拉依然坚持将这种工艺扩展用于车身的前端模块。目前，得克萨斯州超级工厂生产的Model Y车型上已使用这种工艺，后续即将量产的Cybertruck上也将采用该工艺。根据特斯拉中国于2022年年初发布的消息，特斯拉上海超级工厂的Model Y冲压车间已经装有4台超级压铸机，每分钟可以生产16个后下车身部件，并且压铸精度已达到0.01mm。特斯拉的柏林超级工厂更是配备了8台同样的超级压铸机，为在德国制造的Model Y车型生产一体式压铸车身。2022年年初，进入生产状态的得克萨斯州超级工厂已经可以对Model Y车型的前后车身都采用一体式压铸工艺，值得一提的是，未来在生产Cybertruck时，特斯拉将采用压铸力超过9 000t的超级压铸机。

2021年年初，国内汽车媒体太平洋汽车走进特斯拉上海超级工厂第二期，第一次将Model Y车型总装车间的秘密呈现给大众。工厂设计中的很多细节无不体现了特斯拉对于高效率的追求。例如，特斯拉的工作人员在接受采访时提到，为了能够有效利用工厂的场地，将Model Y车型的总装车间设计成两层，从而可以在不扩建的情况下，通过提高空间利用率来提升生产效率；与很多整车制造企业采用仓储零部件的策略不同，为了降低零部件的储运成本，特斯拉的总装车间会有很多"物料门"——来自供应商的零部件直接通过叉车运送至相应工位。此外，特斯拉的工作人员还提到了Model Y车型的仪表板都是以总成的形式送至总装车间的，这样可以缩短组装仪表板的时间，从而提升整条总装线的生产效率。

上述作业流程省去了仓储及管理的成本，唯一的要求就是企业具有高效的管理运营能力。这不禁让人想起苹果公司现任CEO蒂姆·库克（以下简称蒂姆）的第一份工作——IBM个人计算机生产线物料管理，蒂姆当时的主要职责就是确保个人计算机的每个零部件都能够在正确的时间出现在正确的位置，尽可能降低零部件库存所带来的经营成本。计算机的零部件比汽车少很多，可想而知特斯拉在生产效率方面的管理运营能力有多强。以汽车行业一直尝试解决的个性化生产问题为例，特斯拉在其强大的供应商及生产管理系统的帮助下也已顺利解决。例如，针对如何按照客户的订单顺序进行排产的问题，由于不同客户预订车辆的车身颜色、内饰颜色及轮毂等都不同，根据特斯拉上海超级工厂的工程师介绍，来自供应商的物料早已按照订单顺序进行分类，因而可以看到不同颜色、不同配置的同一车型同时出现在一条总装线上。

马斯克曾表示他希望特斯拉的超级工厂能做到一边是电池原材料，另一边是组装完成的电池包。如果现实条件允许，马斯克或许愿意将工厂直接建在原材料产地的旁边，从而可以有效降低运输成本。而现实是特斯拉真的在得克萨斯州超级工厂实现了这种设想。马斯克在得克萨斯州超级工厂的开幕活动上表示，得克萨斯州超级工厂可以实现原材料从一边进入工厂，在经过一系列加工后，整车即可以出现在工厂的另一边。为了尽可能减少物料之间的运输成本，高效利用每一立方米的空间，得克萨斯州超级工厂将电池制造、电驱制造、冲压、压铸、焊装、涂装及总装等所有工序都放在同一屋檐下，这也使其成为北美地区最大的单体工厂。

车辆拆解达人桑迪·门罗在参观完特斯拉的得克萨斯州（以下简称得州）超级工厂后，对得州超级工厂的超高效率感到惊叹，因为特斯拉在得州工厂的第四层生产电芯，完成分拣后就将电芯运送至得州工厂的第三层完成结构性电池组（电芯与车身的组装，特斯拉新一代的电池技术已经没有电池包的概念）的生产，最后被运送至总装生产线。得益于结构性电池组的技术，特斯拉甚至提前将前排座椅安装在结构性电池组上，直接省略了在总装生产线上单独安装前排座椅的工序。这种将电芯生产及整车生产都放在同一屋檐下的设计，在当前的众多电动汽车公司中，只有特斯拉的得州超级工厂能将其变成现实，如图6-2所示。

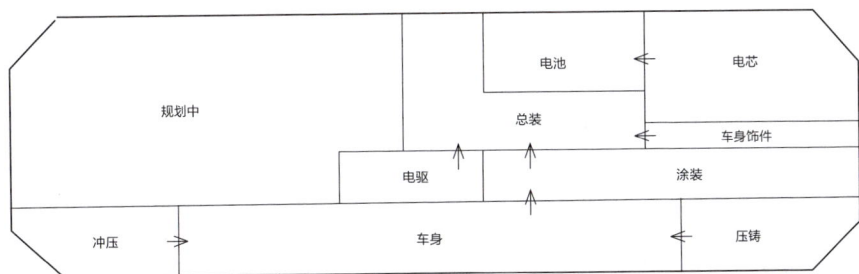

图6-2　特斯拉得克萨斯州超级工厂布局示意图

在马斯克提及的"第一性原理"的驱动下，特斯拉在生产制造方面不断进行创新。为什么说工厂在马斯克的眼中是一个产品？因为特斯拉的工厂就像其汽车一样不断改进，如制造效率的提升、制造工艺的提升及制造技术的提升等。在特斯拉2021年的股东大会上，马斯克将工厂比作芯片，希望工厂单位面积的工作效率能像芯片一样不断迭代升级，从而提高单位体积效率。他再次强调特斯拉长期的优势并非自动驾驶，而是生产制造，这将是其他制造商难以复制的。

从特斯拉超级工厂理念的诞生到内华达州、上海、柏林及得州4个超级工厂项目的落地，再到超级工厂内部的高效率运作等，一直备受马斯克推崇的"第一性原理"贯

267

穿始终，即凡事从问题的本质出发，摒弃以往的经验主义。例如，电池的成本主要涉及原材料、制造、运输及技术投入等方面，在短时间内电池技术无法实现质的突破的情况下，降低制造、运输及原材料的成本是非常有效的方法，内华达州超级工厂应运而生。为了降低制造物料成本，特斯拉上海超级工厂的零部件本地化率已超过90%；为了优化生产时间，特斯拉在汽车行业首次实现了后下车身的一次性压铸成形；为了有效利用生产空间，无论是在弗里蒙特工厂和得州超级工厂，还是上海超级工厂及柏林超级工厂，特斯拉都采用立体式生产线，从传统的"向平方米要效率"发展为"向立方米要效率"等。

马斯克认为，设计一套可以批量生产的体系要比设计一个产品难很多。在2020年的特斯拉电池日活动上，马斯克更是将生产制造视作特斯拉的核心优势，并作出以下发言："长期来看，特斯拉的目标是在生产制造领域成为全球最好的公司，无论是从公司的角度出发，还是尽快实现可持续发展，都是很重要的。同时，我也相信在长期的竞争中，每家汽车公司最终都会有续航能力非常强的电动汽车，也会有自动驾驶技术，但我认为并非每家汽车公司都擅长生产制造。特斯拉将在生产制造领域远超其他任何企业，这是我们的目标。"

在许多公司还在关注自动驾驶、续驶里程、补能体验或智能座舱时，特斯拉正在用自己的方式刷新汽车行业对于工厂的认知，同时强化自己的竞争优势。

小结

为了加速电动汽车的发展，让更多的公司参与电动汽车的研发和生产，特斯拉于2014年公开了其所有专利，之后，许多"造车新势力"犹如雨后春笋般涌现。现在看来，或许正是这一举动成就了当前的电动汽车市场，同时也成就了现在的特斯拉。近十年来，造车已经由原来的资本造车演进为科技造车，以前只要能得到资本的青睐就可以造车，而现在小米、苹果、华为及百度等科技公司也纷纷进入造车行业。纵观整个汽车行业，或许有公司能在长期发展后于某一领域超越特斯拉，但想要在自动辅助驾驶、智能座舱、三电技术与充电网络及生产效率等方面实现综合性的全面超越，就目前来看，这样的公司依然没有出现。

媒体人@G63T在2022年年初发博文评价："有一说一，现在的电车里真没有意思的车，过了这么久，还没有一个'性能+续航+高级辅助驾驶'能超过Model 3 Performance的车出现。"正如@G63T所述，在特斯拉的Model 3 Performance车型上市发布四年之后，依然找不到一辆综合实力更突出的车型，这充分说明了这款产品在细分市场的综合实力。在消费者购买任何商品时，会出现商品价格提升、商品容错率降低的现象。目前主流的电动汽车的售价基本都在20万元以上，而特斯拉在2022年上半年经过连续几次价格上调后，其连售价最低的Model 3也逼近30万元，Model Y的全系车型售价更是超过31万元。在这种情况下，特斯拉在当时依然能够保证充足的订单数量，充分说明了市场对特斯拉产品的认可。

作为一家企业来讲，再好的产品也需要盈利，特斯拉的产品不但横扫各个新能源车型销量排行榜，其在车型毛利率方面也处于领先水平。根据特斯拉的相关财报数据，特斯拉2021年第三季度与第四季度及2022年第一季度的车型毛利率分别达到30.5%、30.6%及32.9%，这比竞争对手同期的车型毛利率高出至少33%。如果说特斯拉正在打一场保卫战，那这场保卫战的对手就是特斯拉自己。正如马斯克所说，只有特斯拉保持足够高的创新速度，才不怕被其他公司超越，即使竞争对手可以借鉴，那也只是特斯拉几年前的技术了。

写在最后

一

列夫·托尔斯泰曾在其长篇巨作《安娜·卡列尼娜》中写道："幸福的家庭都是相似的，不幸的家庭各有各的不幸。"这种观点同样适用于公司，即成功的公司总是差不多的，失败的公司则各有不同。

如今的特斯拉，无论是从财务报表、品牌影响力，还是市值等方面都可以称得上成功。笔者在长期研究特斯拉及整个智能电动汽车行业的发展过程中，尝试挖掘特斯拉为什么会有现在的成就，在经过优中选优后，笔者认为有3个方面的表现促成了其前所未有的成功，详见下文。

1.清晰的战略及坚定不移的执行

2006年8月，马斯克在特斯拉的官方博客上发表了特斯拉的第一个宏伟计划——从Roadster车型开始逐渐推出价格更亲民的纯电动车型，于是在之后的十年中，特斯拉相继推出了价格与Roadster车型相当但实用性更强的Model S与Model X两款车型。直到2016年3月特斯拉推出改变其命运的Model 3车型，第一个宏伟计划才基本达成。之后，马斯克在2016年7月继续发布了特斯拉的第二个宏伟计划，简言之，就是特斯拉要实现太阳能发电与静态储能的无缝衔接，在各个细分市场推出自己的纯电动车型，通过车队的数据学习让车辆的自动驾驶能力比人类驾驶安全10倍，并推出自动驾驶出租车（Robotaxi）业务等。时间来到2022年，似乎除了Robotaxi业务看上去还相对遥远，其余计划或已完成，或已接近完成。

让笔者意识到，特斯拉在战略执行层面表现尤为突出的案例就是特斯拉的第一个超级工厂项目，该项目被外界所知还要追溯到特斯拉2013年第三季度的财报会议，可想而知，超级工厂的想法要远早于这个时间。回顾特斯拉的历史，在2013年，特斯拉仅交付了Model S一款车型，Model X车型也才发布一年，而Model 3车型还没有发布，特斯拉当时每个季度的全球交付数据也就在6000辆左右，甚至连其所持有的现金及现金等价物都还不足8亿美元，但是内华达州超级工厂的总造价就要超过30亿美元，规划的电池产量则要满足至少35万辆电池容量为100kW·h的Model S汽车使用。马斯克和当时的首席技术官斯特劳贝尔非常清楚，如果特斯拉想要在2020年实现全球50万辆的交付目标，建设这种电池超级工厂势在必行，否则一切都是空谈。而其中最让人为之惊叹的部分就是特斯拉非常清楚，上述交付目标需要依靠后续发布的Model 3来实现，但是特斯拉如何能保证3年后发布的Model 3就一定能获得足够的订单量？其中就包含了特斯拉对于电池技术的发展、电池成本的变化及Model 3所在细分市场的精准预测等。最终结果是特斯拉2020年的全球交付量达到499 550辆，仅差450辆就能完成其在2013年制定的交付目标。

制定清晰的战略目标已然充满挑战，坚定不移的执行更是难上加难。这里以苹果公司造车项目为例，苹果公司的泰坦项目从2014年到2022年可谓是一波三折，仅项目带头人就更换了4位，平均两年更换一次。苹果公司最初希望将苹果汽车按照一辆具备一定自动驾驶能力的超强硬件来打造，但在项目进行一段时间后，苹果公司从战略层面调整为研发制造一款具备全自动驾驶能力并可以充分被软件定义的汽车。接二连三的人员更换，让苹果汽车在损失大量人才的同时，也失去了造车最重要的东西——时间。时至今日，外界依然不清楚苹果要打造一款什么样的产品，但从不断的人事变化及供应商的消息等来看，苹果汽车的面世时间依然充满了很多不确定性。

反观特斯拉，多年来它经历了许多公司都可能经历的困难，包括创始团队的解散、设计师亨利·菲斯克的纠纷事件、几乎决定生死的融资困局、Model 3的"产能地狱"，以及有史以来最大的一次做空等。但在马斯克的带领下，特斯拉逐步实现自己的宏伟计划，铸就了市值曾超过一万亿美元的辉煌。

2022年3月，马斯克表示他已经在筹备第三个宏伟计划，并透露SpaceX、特斯拉及负责地下隧道项目的Boring公司都将参与其中。对于马斯克在六年之后又会给特斯拉带来什么新的战略规划，值得期待。

273

2.旗帜鲜明的企业文化

正如人们在谈到苹果公司时能感受到其包容性、多样性及注重隐私等文化，了解特斯拉的人都知道马斯克一直倡导的"第一性原理"。该原理作为一种思维方式的底层逻辑被深深印在特斯拉的企业文化中。这里笔者仅用基于"第一性原理"给特斯拉企业文化带来的一种变化为例进行说明。如果只能用两个字来形容特斯拉的文化，笔者认为是效率。

（1）工作方式层面。特斯拉是一家极其注重沟通效率的公司，马斯克曾通过邮件向全体公司人员明确提出，过度的会议是大公司的通病，尽量减少没有必要的会议，除非有极其重要的事情需要沟通，如果员工觉得会议的内容没有价值，也可以直接选择离开会议。马斯克还强调工作中的沟通应尽量采用最短的路径，任何倡导上传下达的管理者都会被开除。

（2）产品层面。特斯拉的Model S和Model 3两款车型的设计主题都透露着"效率"二字。例如，Model S车型从设计之初就定位为一款七座轿车，尽管如此，它依然拥有充足的前、后储物空间；Model 3车型的设计则更加凸显特斯拉对于效率的极致追求，如转向盘上的两个滚轮，其在软件定义的情况下可以实现车速、音量、后视镜及转向盘等的调节。此外，特斯拉每款车型的电驱系统效率在汽车行业也属于领先水平。

（3）销售与服务层面。特斯拉从一开始就选择直营策略，从而缩短了其与用户之间的沟通路径。特斯拉用户都知道，特斯拉的购车环节可以像购买家用电器一样高

274

效，而在其他一些传统汽车品牌经销商处购买车辆，往往需要经历一轮又一轮的商业谈判。由于特斯拉采用全国统一售价的策略，客户订车可以直接在手机或计算机上完成，选购保险和贷款也可以线上操作，这在很大程度上提升了零售门店的工作效率。

（4）生产环节。特斯拉的工厂都在向空间和时间要效率。例如，特斯拉的工厂会很好地利用垂直空间，将原来需要在地面上完成的工序尽可能规划在第二层，甚至第三层；一体式压铸技术可将多达70个零部件压缩为一个零部件，这有助于大量缩减原有的生产线和配套设施，生产时间也能够被大幅度压缩。在时间效率方面，根据路透社的相关报道，大众集团在德国和西班牙生产途观和Polo车型的用时分别为18h和14h，而特斯拉的柏林超级工厂生产Model Y车型仅需要10h。

诸如此类的效率体现在特斯拉内部更是不计其数，如2020年网络上流出的特斯拉的《"反员工手册"员工手册》，当一位新入职的员工看完该手册后，就能迅速了解特斯拉的企业文化，因为让志同道合的人在共事本身就是效率的体现。

企业发展到最后的竞争其实就是人才的竞争，而如何让优秀的人才自愿加入一家公司并发挥其最大的价值，核心承接点就在于这家公司的企业文化及价值观等。特斯拉的成功并非一蹴而就的，但其企业文化是旗帜鲜明的，就像其创始人马斯克看待各种事物的观点一样，因为只有这种企业文化，才能吸引所需的人才，从而实现互利共赢。

3.埃隆·马斯克

或许很多人不知道作为创始人的埃隆·马斯克（以下简称马斯克）实则为特斯拉的第四任首席执行官（CEO），而在此之前，他是以股东及首席产品架构师的身份管理特斯拉的。2008年无疑是马斯克人生中最为艰难的一年，8月初，由马斯克创立的太空探索公司SpaceX所研制的"猎鹰1号"火箭的第三次发射依然没有进入预定轨道，SpaceX只剩下最后一次尝试的机会，如果第四次发射依然以失败告终，那公司会因为资金问题而面临破产。正所谓"自助者，天助之"，9月底"猎鹰1号"第四次发射成功并进入预定轨道，创造了私人航天公司在航天领域的纪录。刚能松一口气的马斯克就在10月接任了特斯拉CEO的职位，因为特斯拉已经面临没有足够资金来保证Roadster车型交付的困境。与此同时，特斯拉还在与其前任设计师亨利·菲斯克对簿公堂，马斯克本人也身陷与首任妻子贾斯汀·威尔逊的离婚诉讼之中。幸运的是，特斯拉在2008年的圣诞节前夕收到了投资人的融资，SpaceX也在发射成功的三个月后获得了美国国家宇航局的订单。

无论是临危受命，还是在"产能地狱"期间身先士卒，又或是在自动驾驶、Cybertruck及Tesal Bot等关键项目上作出重大决策，马斯克都可以称得上是一位杰出的CEO，但其本人对于这样的称呼和定位似乎不是很满意。2021年3月，马斯克向美国证监会提交了更换称谓的文件，表示他将继续履行CEO的职责，但岗位称呼需要更改为"特斯拉电音之王"，不仅如此，马斯克还在同年12月参加《华尔街日报》组织的CEO理事会峰会上声称，CEO只是具有象征性的头衔。马斯克之所以能持有这种观点，或许与他对公司这个组织定义的理解有很大关系。

同样还是在《华尔街日报》组织的CEO理事会峰会上，马斯克在2020年接受采访时提到："公司存在的意义是什么？为什么我们需要公司？公司是一帮人聚集在一起创造出产品或者服务，然后将产品及服务交付给用户。有时候人们忽略了这一点，因为公司本身是没有任何价值的，只有当公司通过有效的资源分配创造出出色的产品和服务时才具备价值，而所谓的利润就是产品或服务在一定的时间积累后产出的价值与投入的价值的差值。"正是秉持这样的观点，马斯克才会将更多精力放在产品层面，因为在他眼中，汽车是产品，工厂是产品，软件是产品，服务等都是产品。只有足够优秀的产品，才能创造最大的价值，凸显公司存在的意义。这就能解释为什么马斯克在特斯拉和SpaceX都曾担任首席产品架构师。

无论是财报会议、年度股东大会、新车交付活动，还是内容烧脑的自动驾驶日、电池日及人工智能日等活动，人们总是可以看见那个对产品、技术及制造等方面无所不知的马斯克。一家公司在许多时候就像是创始人或最高管理者个人社会角色的延伸，它拥有自己的使命、性格及价值观等。特斯拉就像是马斯克的二重身一样，它拥有加速世界向可持续能源转变的使命、与汽车行业众多同行相比特立独行的性格，以及在社会角色中有所为，有所不为的准则。

毋庸置疑，没有马斯克，就没有特斯拉。